管理会计公告

（2009—2019）

第二辑

美国管理会计师协会（IMA） 发布

中国财经出版传媒集团
经济科学出版社
Economic Science Press

IMA《管理会计公告》专家指导委员会

丁平准 中国注册会计师协会原副会长兼秘书长
于增彪 清华大学经管学院会计学教授
王立彦 北京大学光华管理学院会计学教授
李扣庆 上海国家会计学院党委书记、院长
顾惠忠 中国会计学会副会长，中航工业集团有限公司原副总经理兼总会计师
蒋占华 中国盐业集团有限公司党委委员、总会计师
谢志华 财政部会计名家和管理会计咨询专家、教授

（以上按姓氏笔画排序）

翻译人员　赵　健　张　翔　叶凌波　张晓泉　曹宇虹　苏　珊
审校人员　冯一凡　陈　琴　郭　强

内容提要

美国管理会计师协会（IMA）发布的《管理会计公告》由国际知名专家精心撰写，涵盖了管理会计领域的各项实务及专题，突出实务导向，注重技术与分析、文化、职业道德和价值观对企业管理会计体系的影响，对企业管理人员建立商业逻辑思维框架、提升商业判断力具有很好的借鉴意义。

公告共分为五辑，主题分别为：战略、规划和绩效，报告与控制，技术与分析，商业和运营，价值观与可持续发展。本辑的主题是报告与控制，包括：企业风险管理：框架、要素与整合；企业风险管理：工具和技术的有效实施；未确认的无形资产：识别、管理和报告；企业责任的发展演变：会计师的可持续发展报告；综合报告；弹性预算在可持续发展绩效计量中的应用。

同时，IMA特邀上海国家会计学院专家团队结合我国管理会计发展现状为每篇公告撰写了评论。

目 录

企业风险管理：框架、要素与整合   1
    一、企业风险管理案例   3
    二、定义风险和 ERM   4
    三、范围   4
    四、风险分类   5
    五、管理会计师的作用   6
    六、ERM 框架   8
    七、ERM 的基本要素   12
    八、将 ERM 纳入持续开展的管理活动   23
    九、结束语   32
    术语表   33
    参考文献   34
评论　充分发挥管理会计师在企业风险管理中的作用
        ——评《企业风险管理：框架、要素与整合》   40

企业风险管理：工具和技术的有效实施   43
    一、执行摘要   45
    二、引言   45
    三、范围   46
    四、风险识别技术   48
    五、风险动因分析   58
    六、风险评估工具   60
    七、实施中的实际考虑因素   74
    八、结束语   80
    术语表   81

其他资料　81

　评论　要站在全局层面识别、防范风险

　　　　　——评《企业风险管理：工具和技术的有效实施》　87

未确认的无形资产：识别、管理和报告　93

　　一、执行摘要　95

　　二、引言　95

　　三、有效和透明报告的目标　97

　　四、无形资产和新经济体的涌现　99

　　五、无形资产与管理会计师　101

　　六、未确认的无形资产类型及其重要性　103

　　七、无形资产会计处理面临的挑战　109

　　八、无形资产报告　110

　　九、无形资产、CSR、可持续发展和三重底线　112

　　十、信息披露面临的挑战和解决方案　113

　　十一、全球最佳实践实例　118

　　十二、会计行业的披露进展　118

　　十三、结束语　119

　　术语表　121

　　参考文献　122

　　其他资料　123

　评论　找出真正决定企业发展的核心资源

　　　　　——评《未确认的无形资产：识别、管理和报告》　125

企业责任的发展演变：会计师的可持续发展报告　129

　　一、执行摘要　131

　　二、引言　133

　　三、范围　136

　　四、可持续发展问题的演进　137

　　五、报告与责任的重要性——谁会在乎呢？　141

　　六、建立一个可持续发展框架　144

七、责任意识带来的好处	159
八、可持续发展的社会影响	160
九、对会计职业的影响	161
缩写词	165
术语表	166
参考文献和参考资料	168
评论　与时俱进，肩负更大责任	
——评《企业责任的发展演变：会计师的可持续发展报告》	173

综合报告　　　　　　　　　　　　　　　　　　　　　　　　177

一、引言	179
二、综合报告	181
三、启动综合报告流程	185
四、应用指导原则	188
五、综合报告的内容元素	193
六、针对不同类型的资本制定指标	200
七、与投资者进行沟通	203
八、综合报告的未来	205
评论　企业财务报告该往何处去？	
——评《综合报告》	208

弹性预算在可持续发展绩效计量中的应用　　　　　　　　　　213

一、执行摘要	215
二、主要研究成果	215
三、可持续发展绩效计量与报告所处的环境	216
四、会计人员的新疆界	218
五、研究概览	221
六、百加得的企业责任	223
七、百加得发现当前计算可持续发展要素强度（效率）变化的方法会产生失真	225
八、百加得环境可持续发展跟踪（BEST）模型	228

九、业务部门间能耗作业指标不同的情景下应用 BEST 模型　　230

十、修改 BEST 模型以增加可持续发展要素的固定能耗驱动因素和多种变动能耗驱动因素　　232

十一、管理层对 BEST 模型的回应　　235

十二、经理和员工对企业可持续发展倡议的回应　　236

十三、会计人员参与企业责任报告　　238

参考文献　　239

评论　创新企业环境责任评价
　　——评《弹性预算在可持续发展绩效计量中的应用》　　242

企业风险管理：
框架、要素与整合

关于作者

保罗·L. 沃克（Paul L. Walker, CPA）博士，苏黎世金融服务集团企业风险管理主席及圣约翰大学 ERM 卓越中心执行主任。保罗与其他学者共同开发了企业风险管理（ERM）方向的最初课程之一，并为世界各地的高管和董事会提供 ERM 培训。他撰写了大量有关风险和 ERM 的文章，其中包括《通过最佳实践来提高董事会的风险监督》（*Improving Board Risk Oversight through Best Practices*）、《实施成功的企业风险管理》（*Making Enterprise Risk Management Pay Off*）和《企业风险管理：全力以赴》（*Enterprise Risk Management：Pulling it All Together*）。他曾担任美国反虚假财务报告委员会下属的发起人委员会（COSO）ERM 框架的顾问。保罗还曾在弗吉尼亚大学（University of Virginia）执教，并担任过伦敦政治经济学院（London School of Economics）风险分析中心和基督城坎特伯雷大学（University of Canterbury at Christchurch）的访问学者。

威廉·G. 申克（William G. Shenkir, CPA）博士，弗吉尼亚大学麦金太尔商学院法里士名誉教授，他曾在该学院执教并担任院长。他还担任过 COSO 2004 年 ERM 项目的顾问，在 1996 年与他人共同开发了 ERM 研究生课程，并在美国境内外面向众多专业团体发表 ERM 专题演讲。他曾担任国际商学院联合会（AACSB）主席和美国会计学会（AAA）副主席。

一、企业风险管理案例

领导力的意义在于有所作为、创造不同。21世纪，如果组织的领导者希望有所作为，那么，他们必须具备能力以引领企业在这个处处风险、步步陷阱的世界中砥砺前行。因此，理解和管理风险就成为了当今世界企业领导取得成功的必备要素。

当前，企业面临着一系列风险的挑战，其中任何一个风险都可能威胁到企业的运营，并最终导致利益相关者价值的减少。领导者需要提高风险意识，这不仅仅是因为面临网络威胁。全球化、企业经营所处的地缘政治环境等其他因素也增加了业务的复杂性，进而带来了更多的风险。颠覆、创新、技术与大数据都要求企业重新思考自身的商业模式、核心战略以及目标市场。客户对定制化产品与服务的需求与日俱增，这带来了更多的风险。如果客户的期望得不到满足，市场份额、销售额与利润很快就会受到严重影响。与此同时，组织一方面必须遵守日益增加的监管要求，另一方面又要面临去监管化，监管的加强和放松都会带来风险。合并与重组正让企业规模收缩，让管理层面临职责变化，这同样带来了潜在的企业风险。鉴于以上因素，领导者必须提高自身的意识，认识到全面风险管理以及健全公司治理结构的必要性。

管理完善的组织一般都会在一定程度上关注风险管理，但通常采取了条块分割、各管一段的部门风险管理模式，发现一个风险就处理一个风险。例如，司库部门专注于外汇、利率和大宗商品所带来的风险（即所谓的金融风险）。组织的保险部门更关注灾害性风险，比如火灾与事故。业务管理部门负责处理的则是种类繁多的运营风险，而信息技术部门关心的是安全与系统风险。会计与内部审计职能部门关注内部控制不充分和业绩指标趋势所带来的风险。人们通常假定高管层具有大局意识，能够全面看待企业在短期以及战略计划的整个生命周期内所面临的战略风险。

随着组织复杂性的增加并以全球市场为服务对象，组织领导者所面临的挑战是全面了解组织各个单元之间是如何互相影响与联系的，从而了解风险是如何打破各个条块壁垒的。企业风险管理（ERM）不是以各自为政的方式来管理风险，而是通过综合且全面的视角来看待组织所面临的风险。以风险为中心的领导方式并不意味着组织需要规避风险，而是在承担风险之时管理层有意识地（而非无意识地）努力识别、评估和管理风险。其关键在于评估企业风险，适当管理和化解风险，为股东利益服务。

二、定义风险和 ERM

组织会面临一些影响其执行战略和实现目标的事件。这些事件可能会带来负面影响（风险）或者积极影响（机会），也可能二者兼而有之。美国反虚假财务报告委员会下属发起人委员会（COSO）于 2017 年发布了《企业风险管理——与战略和绩效的整合》（*Enterprise Risk Management—Integrating with Strategy and Performance*）框架，其中对 ERM 做了如下阐述："组织依赖与战略制定和绩效相整合的文化、能力、实践操作来管理风险，以创造、保护和实现价值。"这个定义十分宽泛，其中强调了以下几点：

（1）风险管理应被视为一项核心能力；

（2）人人有责：不论其处于组织战略制定层级、单元目标设定层级或是日常运营层级。

企业需要为利益相关者创造价值，在 ERM 实施过程中，企业需要牢记这一目标。有鉴于此，ERM 是：

一种结构化、规范化的方法：将战略、流程、技术和知识整合起来，其目的是评估和管理企业在创造价值的过程中所面临的不确定性。这是一种真正全面的、综合性、前瞻性以及流程导向的方法，可以管理所有重要的业务风险与机会，而非局限于财务领域的风险和机会，旨在从整体上实现股东价值的最大化。①

本公告作者在早先发表的文章中是这样表述 ERM 目标的："通过管理那些可能给企业实现目标带来负面或积极影响的不确定性来创造、保护并提升股东价值。"由于 ERM 适用于所有类型的组织，如下文所述，一部分人或许倾向于使用"利益相关者价值"来替代定义中的"股东价值"。

三、范　　围

本公告简要介绍了 ERM 流程与框架。ERM 框架经过调整能适用于各种特定的组织（企业）文化，在不同规模以及不同类型的企业中实施，如服务或制造型企业、营利或

---

① James W. DeLoach, *Enterprise-wide Risk Management: Strategies for Linking Risk and Opportunity*, Financial Times, London, England, 2000.

非营利机构、私营企业等。本公告为管理会计师和其他有兴趣实施 ERM 的人士提供了以下信息：

（1）ERM 的定义；

（2）风险的分类；

（3）如何理解管理会计师在 ERM 项目中的角色与职责；

（4）概述了世界范围内几家专业组织所开发的 ERM 框架；

（5）讨论了 ERM 的基本要素；

（6）针对 ERM 如何改善持续开展的管理活动提出建议；

（7）提出了一些观点，以增加《萨班斯－奥克斯利法案》（SOX）第 404 条款相关合规要求的价值并通过实施基于风险的方法来识别、测试和记录关键内部控制，以便向投资者保证企业财务报表及其相关披露信息的质量。

本公告为组织考虑实施 ERM 提供了一些概述性信息，并不旨在全面讨论 ERM。此外，组织还应参考其他信息来源，例如本文参考文献部分所提及的资料。

四、风险分类

从整个实体的角度来看，风险可以按各种风险框架加以划分，其中较为常用的框架包括：

（1）战略风险：包含与战略、政治、经济、监管以及全球市场情况相关的风险；还包括声誉风险、领导风险、品牌风险以及不断变化的客户需求。

（2）运营风险：与组织的人力资源、业务流程、技术、业务可持续性、渠道有效性、客户满意度、健康与安全、环境、产品/服务失败、效率、产能、变革整合等有关的风险。

（3）金融风险：包含外汇、利率以及大宗商品价格波动等所带来的风险；还可能包括信用风险、流动性风险以及市场风险。

（4）灾害性风险：包括不可投保的风险，如自然灾害；各种不可投保的债务；实物资产的减值；恐怖主义等。[①]

[①] Paul L. Walker, William G. Shenkir, and Thomas L. Barton, *Enterprise Risk Management*: *Pulling it All Together*, The Institute of Internal Auditors Research Foundation, 2002.

如图 1 所示，传统的风险管理通常关注的是金融风险与灾害性风险。从 20 世纪 90 年代起，业界开始从企业整体视角来考虑如何处置风险并加以实施。这种全面看待和处置风险的方法让管理层能够识别组织所面临的大多数重要风险。不过，实施 ERM 并不意味着组织能够预知可能导致利益相关者价值受损的每一个风险。以下这句格言很好地总结了 ERM 的缺陷："总是存在着已知的已知、已知的未知以及未知的未知。"通过 ERM 流程，已知的风险会被识别出来，一些此前未知的风险也会被发现。然而，无论 ERM 流程如何强有力，仍会有一些未知的风险无法得以识别。组织必须制定出一个可执行的业务可持续性或者危机管理计划，以应对未知风险的出现并给组织带来的负面影响。或者，当未知风险可以创造独特机会时，企业必须做好准备以抓住这些机遇。

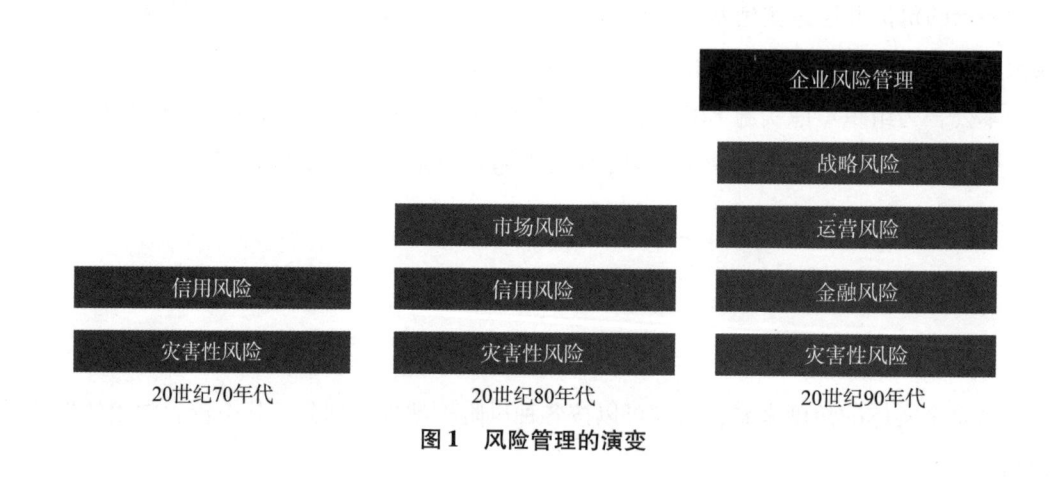

		企业风险管理
		战略风险
	市场风险	运营风险
信用风险	信用风险	金融风险
灾害性风险	灾害性风险	灾害性风险
20世纪70年代	20世纪80年代	20世纪90年代

图 1　风险管理的演变

五、管理会计师的作用

采用 ERM 是组织的一项主要工作。成功实施 ERM 需要获得企业高管层（CEO、CFO、会计长、首席审计师、首席信息官等）的支持。一些企业已经任命了首席风险官（CRO），或者成立了高管级别的风险委员会，他们可以直接向董事会下属的审计委员会报告工作，从而提高了其独立性与重要性。在获得董事会和审计委员会大力支持的情况下，ERM 项目才能得以顺利推进。管理层不能蜻蜓点水式地启动这个项目，随即又转而着手其他业务。大多数组织最不愿意看到的情况就是高管层下达一项强制执行指令，随后就放任不管，直至其逐渐淡出人们的视线。想要成功实施 ERM，组织就不能将 ERM 视为"总部下达的又一项任务"或者"管理层的心血来潮"。ERM 框架所涉及的员工教育、风险语言以及主动风险管理的价值对 ERM 的成功实施而言都是必不可少的。2006 年，Oversight Systems 发布的《财务高管风险管理报告》（*Financial Executive Report on Risk Management*）显示，企业正在逐步接受 ERM 理念，但也遇到了一些实施层面的困难，其中有 68% 的财务高管表示他们的 CEO 更加重视管理公司整体层面的所有风险。[①] 2017 年的一项 ERM 调查则显示，24% 的组织已经建立了全面整合的 ERM 体系，较 2013 年的 21% 有所上升。[②]

对于高管层而言，重要的一点是要让员工们知道他们将 ERM 视为稳健业务管理的有机组成部分。在整个组织范围内，以整体、全局的方法来实施风险管理无疑会影响到原来各自为政的风险管理所涉及的固有领域。在让 ERM 获得普遍认同和接受方面，风险倡导者可以发挥影响力。高管们设定高层基调，呼吁在整体范围内实现协调一致，提倡有力的公司治理，推进风险教育计划，这一点非常重要。

组织从孤岛式的风险管理（或根本谈不上任何意义的风险管理流程）向综合和全局的风险管理转变，在这个过程中，管理会计师可以做出重要贡献。从计量财富转向协助创造财富（独立的战略业务合作伙伴），在财务组织的"新"时代，组织越来越迫切地需要管理会计师加入跨职能团队（即便不是发挥引领作用）以实施覆盖整个企业范围的重大计划。ERM 为管理会计师提供了大量机会，他们可以帮助企业实施规范的、系统的流程以实现企业价值的最大化。在 ERM 所涉及的某些特定活动中，管理会计专业人员的技能和能力可以发挥作用，这些活动包括：

（1）作为 ERM 支持者，支持企业从孤岛式的风险管理向 ERM 转变；
（2）帮助企业解决 ERM 支持者与传统风险管理方法支持者之间的冲突；
（3）帮助组织中的其他人员学习和了解 ERM 流程；
（4）向组织的运营管理团队提供 ERM 框架和流程方面的专业见解；
（5）服务于跨职能、多元化的 ERM 委员会；
（6）协助高管和运营管理人员分析、量化组织各个单元的风险偏好与风险承受力；
（7）协助财务职能部门实施 ERM；
（8）为运营管理人员提供信息，协助他们识别风险；
（9）开展基准研究以用于识别风险；
（10）收集 ERM 的最佳实践信息；

[①] Oversight Systems, "The 2006 Oversight Systems Financial Executive Report on Risk Management," 2006.
[②] Brandon Righi and Carol Fox, "2017 Enterprise Risk Management Benchmark Survey," 2017.

（11）协助量化风险地图中单项风险的影响与发生可能性；

（12）协助识别和估算各类风险化解方案的成本与收益，指导管理层应对风险；

（13）设计报告以监控风险、开发财务与非财务指标来衡量风险化解（处置）行动的有效性；

（14）建议管理层将ERM与平衡计分卡及预算制定流程整合起来；

（15）参与制定业务持续性（危机管理）方案；

（16）就美国证券交易委员会（SEC）10-K表格和年度报告所涉及的风险披露提供建议；

（17）提倡纳入ERM的有力的公司治理；

（18）指导管理层认识到扩展SOX第404条合规要求以纳入ERM的价值所在，包括业务流程所有者和其他运营职能部门对影响其业务目标实现的风险进行全面评估；

（19）帮助组织了解自身所面临的具有破坏性的风险以及这些风险是如何与商业模式相关联的；

（20）帮助企业厘清、理解以及管理创新、产品及战略方面的风险；

（21）培养一种有风险意识、管理风险的强大文化。

只要高管层决定着手实施ERM，那么，管理会计师就应尽其所能推进项目，这符合他们的自身利益。有效实施ERM能为管理会计师履行自身职责提供一种良好环境，让他们可以了解到组织各级人员都具备了风险意识并在工作中加以落实，且承担管理风险的责任。

六、ERM 框架

ERM是一个已经得到全球公认且不断发展的领域，因此在全球范围内，已有数个专业组织发布了一系列风险框架与公告，其中最主要和使用最为广泛的两个框架分别由国际标准组织（ISO）和COSO开发。

（一）ISO 31000 风险管理——原则与指导方针

ISO于2009年发布了该框架，同时发布的还有一项支持性标准文件，称为ISO 31010：2009，其侧重于风险评估技术。新的ISO 31000框架已于2018年发布（如图2所示）。

图 2　ISO 31000 风险管理

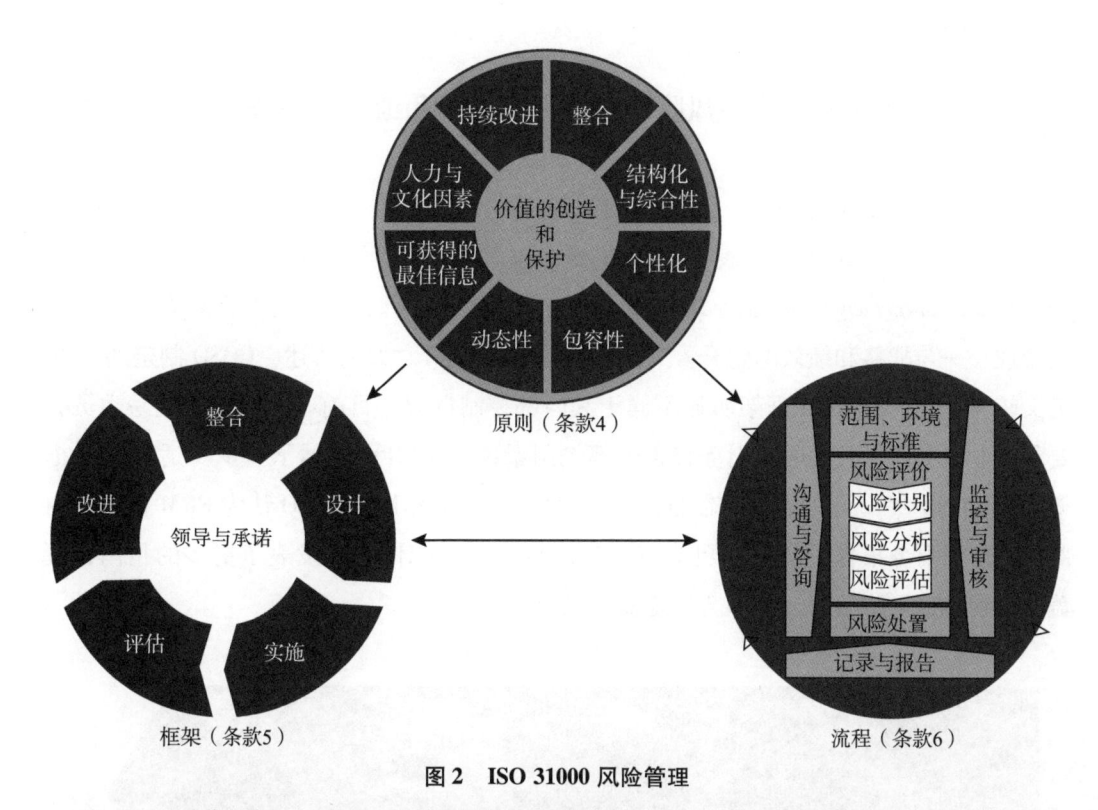

注：©ISO. 本资料源于 ISO 31000：2018，经美国国家标准协会（ANSI）（代表国际标准组织）批准使用。完整标准可以通过 ANSI 网站购买：https：//webstore.ansi.org。版权所有。

ISO 指导方针可应用于任何组织，是建立在一系列原则、一个框架以及一个流程基础之上的。指导方针指出，有些组织或许已经具备了其中一些要素，但是它们仍然需要调整这些要素以保证在自身制定战略、实现目标和做出明智决策的过程中其风险能够得到管理。该指导方针的风险管理流程包括沟通与咨询、监控与审查、记录与报告、范围与环境、风险评估以及风险处置。

原则（principles）是有效风险管理的特征表现，而框架（framework）则是用以帮助组织整合风险管理与其他（或许是现有的）职能或活动。流程（process）理论上应与实务操作、政策等整合起来，并成为决策制定工作的一部分。流程可适用于组织的所有层级（从项目延伸至战略层面）。同时，流程还应设计为迭代式的并在整个执行过程中考虑文化的重要性。

（二）COSO 的《企业风险管理——与战略和绩效的整合》

COSO 于 1992 年发布了《内部控制——整合框架》（*Internal Control—Integrated Framework*），后在 2004 年发表了 ERM 框架——《企业风险管理——整合框架》（*Enterprise Risk Management—Integrated Framework*），2017 年进一步将该框架更新为《企业风险管理——与战略和绩效的整合》（如图 3 和图 4 所示）。如上所述，COSO 制定的 ERM 定义较为宽泛，其 ERM 框架明显不同于其内部控制框架。目前，美国证券交易委员会要求企业以书面形式证明其财务报告内部控制系统（ICFR）遵循了一个"适当的"框架（如 COSO 1992 年的内部控制框架），能够发挥有效作用。COSO 认为 ERM 框架比内部控制以及财务报告内部控制更为宽泛。COSO 已经针对 ERM 发表了更多的指南，覆盖的话题包括风险偏好、董事会风险监管以及风险评估。

图 3　COSO《企业风险管理——与战略和绩效的整合》概览

注：©2017 COSO，版权所有，授权使用。

治理与文化	战略与目标设定	绩效	审查与修订	信息、沟通与报告
1.董事会履行风险监督职能	6.分析业务环境	10.识别风险	15.评估重大变化	18.利用信息和技术
2.建立运营架构	7.定义风险偏好	11.评估风险的严重程度	16.审查风险与绩效	19.就风险信息进行沟通
3.确定所期望的组织文化	8.评估替代战略	12.风险排序	17.追求企业风险管理的改进	20.风险、文化和绩效报告
4.秉持核心价值承诺	9.制定业务目标	13.落实风险应对举措		
5.吸引、发展并留住优秀人才		14.建立风险组合观		

图 4　COSO《企业风险管理——与战略和绩效的整合》组成要素和原则

注：©2017 COSO，版权所有，授权使用。

COSO 的 ERM 框架由五个环环相扣的部分组成（如图 3 所示），侧重于风险管理与业务活动和流程的整合。整合必须跨越使命、战略、业务目标、绩效和价值，并非静态不变的。我们必须再次说明，COSO 强调 ERM 包含了文化、能力以及组织的实践操作。

COSO 的 ERM 框架是由 20 项原则组成的，可应用于实体的各个层级及各个职能部门（如图 4 所示），且五个组成部分都具备自身的配套原则。如图 4 所示，原则覆盖了以下一些领域：

（1）董事会执行风险监管；
（2）评估备选战略；
（3）识别风险；
（4）报告风险、文化与绩效。

这些原则代表了 ERM 框架每个组成部分的关键。

第一个组成部分"治理与文化"非常重要，它为 ERM 的其余部分奠定了基础。这部分包括的原则有（如图 4 所示）：董事会履行风险监督职能、建立运营架构、确定所期望的组织文化、秉持核心价值承诺以及吸引、发展并留住优秀人才。我们再次强调，这一部分是 ERM 其余部分的出发点和基础。COSO 强调组织需要在这一阶段设定基调，确立 ERM 的重要性，与此同时，确保必要的监管职责落实到位。更进一步说，管理层与董事会应该界定文化和所期望的行为，同时确立文化对于识别风险、接受风险和管理风险的重要性与影响力。

（三）评估 ERM

ERM 是否应该在各行各业强制推行，其合法性或监管要求还有待讨论，但 COSO 提供了一种自愿的方法来评估 ERM，其中包含三个考量事项：第一，评估 ERM，组织可以借此确定是否所有的组成部分和相关原则都得到了体现且发挥了作用。第二，各个组成部分必须以整体方式运作（而非各自为政）。第三，必须针对相关原则制定必要的控制举措且正常执行。其他组织已经开发出了 ERM 成熟度模型，可用于判断 ERM 的实施进度。

甫瀚咨询公司（Protiviti）开发了一个能力成熟度框架，旨在帮助管理层验证各类风险的管理能力，进而确认其风险管理的成熟程度。该方法还可以帮助管理层比对现状，确定所希望达到的状态，然后引导管理层采取行动以考虑弥补这两者之间的差距。此外，德勤（Deloitte）也开发了一个风险成熟度模型，其包含起步、分段、自上而下、整合与风险智能（最高级别）等阶段。每个阶段都具备一系列特征，组织可以借此来判断自身是否处于这一阶段。德勤认为，风险成熟度的关键驱动因素是管理层和董事会对于"风险管理所扮演的角色和优先事项"的认知态度。此外，风险管理协会（RIMS）也开发了一个风险成熟度模型评估工具，组织可通过回答一系列问题，判断是否具备某些风险特质，进而为风险管理项目打分。

（四）标准普尔（S&P）与ERM

标准普尔已将公司的ERM实践纳入其公司评级之中。目前，标准普尔将这种评级方法应用于金融机构和保险公司。标准普尔用于评估银行ERM的框架包括对银行的ERM政策、ERM基础结构以及ERM方法进行审查。ERM政策应该解决的是风险文化、风险偏好和风险战略；控制和监管；信息披露和意识培养。ERM基础架构涵盖风险技术、运营和风险培训。而ERM方法是指资本分配、模型验证和估值方法。

用于评估保险公司的框架包括对风险管理文化、风险控制、新兴风险管理、风险与资本模型以及战略风险管理进行评估。标准普尔表示，保险公司的评级分为较差、适中、强健和极好等级。一个"适中"的评级意味着保险公司"针对所有主要风险建立了风险控制系统并加以全面实施"。

七、ERM的基本要素

虽然不同的专业组织和咨询公司提出了各式各样的ERM框架，但大多数框架的关键组成部分却是相似的，它们的差别在于对ERM流程组成部分的描述以及特定步骤的数量。在实施ERM的过程中，企业或许想要调整一个通用框架来契合自身的文化、管理理念、能力、需求、行业以及规模。本章将讨论ERM的组织环境以及ERM通用框架的基本组成部分。

（一）组织环境

有效实施 ERM 需要一个组织环境，其包含以下要素：
（1）高层基调；
（2）风险管理理念与风险偏好；
（3）诚信与道德价值观；
（4）文化与 ERM；
（5）ERM 范畴与基础架构。

1. 高层基调

有效实施 ERM 的必要条件是董事会董事和高管层设定的基调，他们对风险管理负有最终责任。董事会的大部分成员都是独立董事，他们应该针对以下问题定期寻求高管层的意见："公司面临的最大风险是什么？这些风险会持续多长时间？应该采取什么行动来管理这些风险？"董事会围绕这些问题进行讨论，向高管层传递一个信号，即董事会认识到任何组织都易受到风险的侵害，他们希望高管层能够维护有效的风险管理流程。反过来，高管层在制定决策时强调有效 ERM 的重要性，这也向整个组织释放了一个信号。再者，如果组织的风险委员会和首席风险官（CRO）直接向董事会下属的审计委员会报告工作，这一点也表明了 ERM 的重要性。

2. 风险管理理念与风险偏好

公司风险管理理念的核心是在制定决策时如何看待及考虑风险。管理层致力于通过公司的发展来创造价值，而风险管理理念可作为公司追求增长机会过程中控制可接受风险的一种手段。一个组织通常无法同时追求所有可预见的、为数众多的增长机会，而必须选择那些处于自身风险偏好和承受范围内的机会。

组织的风险管理理念体现在其风险偏好上，而风险偏好反映了组织在考虑自身能力及各个利益相关者的期望之后，能够有效应对的风险数量。公司的能力（就人员、技术和资本方面的核心能力而言）是其相对于业务和利益相关者目标所能承受的风险总量的关键性决定因素。公司的风险偏好影响到公司文化、战略决策和运营风格。公司的利益相关者——股东、高管、员工以及其他方面，对适当的风险数量各有看法，因此，他们也会影响到风险偏好的设定。如果公司希望取得最理想的经营成果，那么，它应该了解并充分认识所有利益相关者的风险偏好。

虽然风险偏好是一个广泛的、覆盖整个实体的概念，但风险承受能力的范围较窄。组织各个运营单元可能具有不同的风险承受能力，但若将单个风险承受能力综合起来，它们应该落在高管层和董事会所设定的总体风险偏好范围内。这是 ERM 的本质所在，即综合、全面地看待风险，而非采用孤岛方式来管理风险。此外，ERM 所涉及的风险化解举措也需采用企业整体视角，而非各自为政，以低效的方式来化解风险。

3. 诚信与道德价值观

对于决策制定过程中各个领域所涉及的诚信和道德行为问题，管理层绝不能做出任何妥协，这是有效实施 ERM 的先决条件。如果员工觉得管理人员总是投机取巧，没有为可接受的行为树立榜样，那么，他们可能会加以效仿，在判断大是大非问题时秉持相同的态度，从而将组织的声誉置于危险境地。组织建立声誉需要多年的苦心经营，但不道德行为能让组织声誉毁于一旦。业界认识到声誉风险是组织必须积极加以管理的重要风险之一。

通过培训计划不断强化规范的行为准则，这有助于设定边界，让所有员工明白哪些行为不可接受。根据 SOX 的规定，美国证券交易委员会需要制定规则，要求公司披露自身是否已采用道德规范，如果没有，则需要解释具体原因。这一披露要求可以强化公司内部环境，为 ERM 的实施提供支持。

4. 文化与 ERM

ISO 2009 版框架曾数次提及文化，而在 COSO 2017 版企业风险管理框架中，提及文化的次数超过了 100 次。再者，该框架中还有两条原则与文化相关，第 3 条原则是"定义所期望的文化"，第 20 条原则是"报告风险、文化与业绩"。许多组织都承认文化是实现成功与卓越的关键所在，必须更为积极地加以管理。IMA 针对"风险挑战文化"开展了一项研究，为我们提供了新的视角，强调了文化以及董事会与高管层之间的关系必须得到监督和管理。①

5. ERM 范围与基础架构

在启动 ERM 计划时，组织应该明确说明工作范围。一些组织最初只在某个特定运

---

① Paul L. Walker, William G. Shenkir, and Thomas L. Barton, "A Risk Challenge Culture," IMA and ACCA, 2014.

营单元中开展 ERM 工作，对所使用的 ERM 框架进行验收测试，而后再决定是否在整个公司范围内加以推行。此外，组织还必须从治理和领导责任的角度出发来制定风险基础架构方面的决策。这项工作是接受首席风险官、首席财务官、ERM 咨询委员会的监督还是由监督组监督？一种方式是由首席风险官进行监督，由跨职能部门的风险咨询委员会提供支持。无论采用何种方式，所确定的风险需归属于对应的运营单元，而非首席风险官或风险委员会。此外，如果风险基础架构没有得到高管层的支持，整个企业没能围绕 ERM 方法开展主要的培训教育工作，那么，ERM 工作将无法成功开展。

（二）ERM 框架的基本组成部分

大多数 ERM 框架的基本组成部分如下（如图 5 所示）：
（1）设定战略和目标；
（2）识别风险；
（3）评估风险；
（4）处置风险；
（5）控制风险；
（6）沟通与监督。

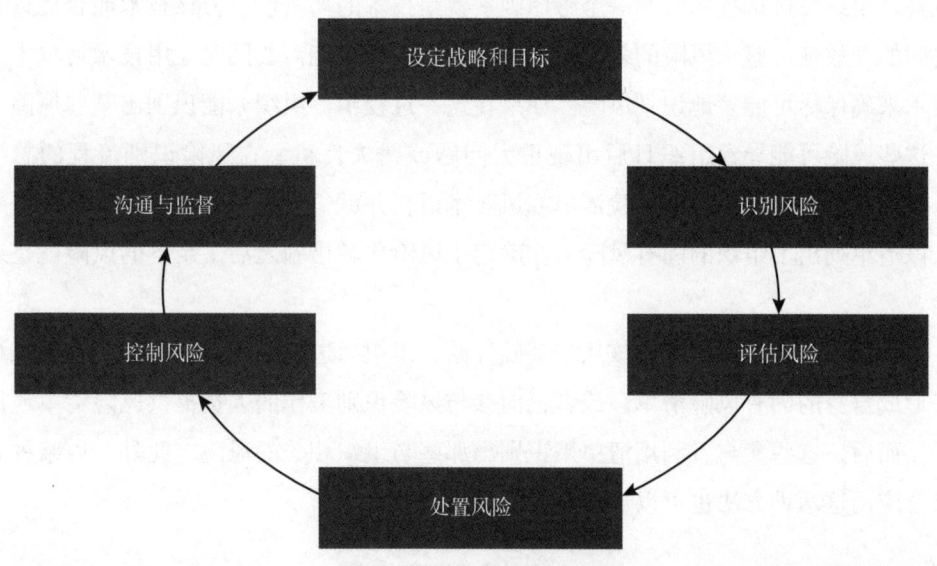

图 5　持续的风险管理流程

资料来源：Adapted from The Institute of Chartered Accountants in England & Wales, *No Surprises*: *The Case for Better Risk Reporting*. ICAEW, London, U. K., 1999, p. 47。

1. 设定战略和目标

实施 ERM 框架的第一步要求组织理解和明确战略及目标。战略和目标对公司决定把握的机会加以阐述和说明。风险是指威胁到战略及相关目标实现的事件或行为。从好的方面来说，组织全面和主动地了解风险或许能创造新机会或发现以前未能识别的机会。风险的识别取决于所分析单元的目标清晰度，单元可能是指整个组织、战略业务单元、职能部门、一项活动、一个流程或一项报告和合规要求。

ERM 带来的益处之一是，实施流程可以揭示某些目标并不为所有利益相关者或者负责实现这些目标的人员所了解和认识。员工可能并不清楚他们的日常工作和任务如何与目标相关。对于这一点，一些公司发现在将 ERM 推进到下一步骤之前，有必要投入精力来明确各个单元的目标。ERM 要求企业之中已发现风险的各个层级清晰地阐述自身目标，毫不夸张地说，从车间到董事会均需如此。

2. 识别风险

图 6 列出了可用于识别风险的技术清单［管理会计公告《企业风险管理的工具和技术》(*Tools and Techniques of Enterprise Risk Management*) 对这些技术进行了讨论］。识别风险的目标是全面罗列风险并加以评估，而后筛选风险清单直至整理出组织所面临的最大风险。组织在挑选技术时，一个考虑因素就是技术的严密性以及该技术能否促进参与者之间的开放性。鉴于风险的多样性和复杂性，组织可能需要同时运用技术清单中的多项技术来确保尽可能多地识别风险。如果在这一过程中，组织未能识别出某些风险，那么，这些风险可能导致组织日后出现重大问题或错失良机。在风险识别流程的总结阶段，公司应该制定出自己的风险清单或风险术语，并就每个风险的具体含义达成一致意见。该清单列出了组织的固有风险，在确定了风险化解措施之后，余下的风险就是剩余风险。

一种观点认为风险识别应该从零基础开始，组织通过应用图 6 列出的一种或几种技术来形成自身的固有风险清单。或者，向参与风险识别工作的人员提供风险清单或风险范围，而后，这些参与者利用清单来识别出那些与组织相关的风险。此外，以某种方式来组合应用这两种方法也可以形成全面的风险清单。

```
内部谈话与讨论
● 谈话
● 问卷调查
● 头脑风暴
● 自我评估以及其他辅助性研讨会
● SWOT分析（优势、劣势、机会与威胁）
外部资源
● 与其他组织进行比较
● 与同行讨论
● 基准管理
● 风险顾问
工具、诊断与流程
● 清单
● 流程图
● 情景分析
● 业务流程分析
● 系统工程
● 流程制图
```

图 6　风险识别技术

资料来源：American Institute of Certified Public Accountants （AICPA） and Canadian Institute of Chartered Accountants （CICA）, *Managing Risk in the New Economy*, AICPA, New York, 2000, p. 9。

3. 评估风险

一旦确定了风险，下一步工作就是评估风险。ERM 的一项关键工作是弄清公司可以控制的风险、几乎不能控制或根本无法控制的风险。第二项相关的关键工作是明确哪些风险可以衡量，哪些无法衡量。通过风险评估了解风险的重要程度，组织可以借此实现更好的风险管理和资源分配。此外，了解某个风险如何与组织中的其他风险相互关联则可以强化 ERM。COSO 企业风险管理框架的第 14 条原则强调，组织需要形成一个全面的风险视角。图 7 列出了实施 ERM 的各种可用方法（从定性方法到定量方法）。

定性	定性/定量	定量
风险识别 风险评级 风险地图 标示了影响和发生可能性的风险地图 映射到目标或部门的风险 确定风险的相关性	验证风险的影响 验证风险的可能性 验证相关性 风险修正收入 利得/损失 龙卷风图 情景分析 基准管理 净现值 传统衡量指标	概率技术： 风险现金流 风险收益 收益分配 每股收益分配

难度和所需数据量 →

图 7　风险评估的定性与定量方法

一旦风险被识别出来，这就意味着这一风险具有一定的重要性，可以按某种重要性刻度进行排名。表 1 提供了一个示例，其说明了风险的主观评估和相关排名。在风险评估研讨会中，每个参与者可以针对已识别的风险进行打分，分值为 1～3 分，且可以根据排名情况进行分类。随后，管理层便可以专注于那些重要性最高的风险。

表 1　　　　　　　　　　风险的主观评估

风险	头脑风暴得出的结果															合计得分
	调查回复															
	1	2	3	4	5	6	7	8	9	10	11	12	13	14	15	
样本风险 1	3	1	1	1	1	1	1	1	1	1	1	1	1	1	1	17
样本风险 2	2	1	1	1	2	1	1	1	1	1	1	1	1	2	1	18
样本风险 3	2	1	2	1	2	1	2	1	1	1	1	1	1	1	1	19
样本风险 4	3	1	1	1	1	1	1	1	2	2	2	1	1	1	1	20
样本风险 5	3	1	1	1	1	2	1	1	1	1	2	1	2	1	2	21
样本风险 6	2	1	1	1	2	2	1	1	2	1	1	1	1	2	2	21
样本风险 7	3	2	3	1	1	1	1	2	1	2	1	2	1	1	1	23
样本风险 8	2	1	2	1	2	2	1	1	1	1	1	2	2	2	2	23
样本风险 9	3	2	1	1	2	2	1	1	1	2	2	2	1	2	2	25
样本风险 10	2	3	3	2	2	3	3	3	2	1	2	3	2	1	1	32

　　　　　　　　　1. 非常重要　　　　2. 比较重要　　　　3. 不太重要

此外，组织可以根据影响或重要性的高、中、低水平来评估风险；或者，还可以根据按货币衡量的影响来评估风险。其他组织还使用与自身更为相关的刻度来确定风险的影响大小。例如，一些组织将影响定义为声誉、安全、环境或合规方面所受到的影响。除了风险的影响或重要性之外，组织还应考虑风险发生的可能性。一旦确定了影响和发生概率，组织就可以绘制风险地图，如图8所示。

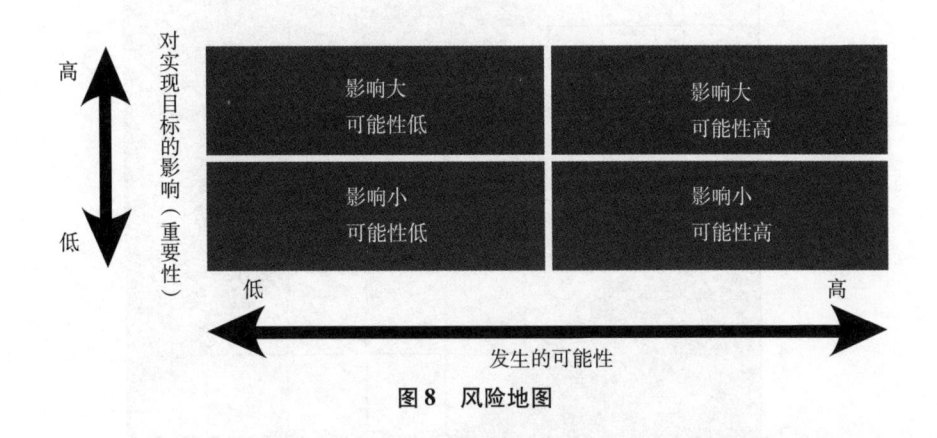

	影响大 可能性低	影响大 可能性高
	影响小 可能性低	影响小 可能性高

对实现目标的影响（重要性）：高 ↔ 低
发生的可能性：低 ↔ 高

图 8　风险地图

如图9所示，风险地图可以更为详细，可根据影响大小将风险细分为不同的类别，或按照选定的指标来衡量风险的具体货币数值。组织可以根据某些指标来衡量风险影响的年化数值，如每股收益或净收入。公司也可以按风险事件的发生概率来扩展风险分类，如发生概率大于90%、发生概率介于30%~60%之间或发生概率低于10%。

影响的严重程度		?		发生的可能性				
	非常高	>1500万美元	5					
	高	1000万~1500万美元	4					
	中	500万~1000万美元	3					
	低	100万~500万美元	2					
	不太明显	<100万美元	1					
	按?衡量的年化影响			1	2	3	4	5
	按一年时间范围衡量的概率			<10%	10%~30%	30%~60%	60%~90%	>90%
				微乎其微	不太可能	较有可能	非常可能	几乎肯定

图 9　详细的风险地图

一些公司采用特定颜色来标注风险地图上的风险区域,如图10所示。位于绿色区域的风险,其以货币表示的影响较小且发生概率较低;黄色区域表示风险的影响大小和发生概率居中;红色区域则表示风险具有最大的影响和发生可能性。

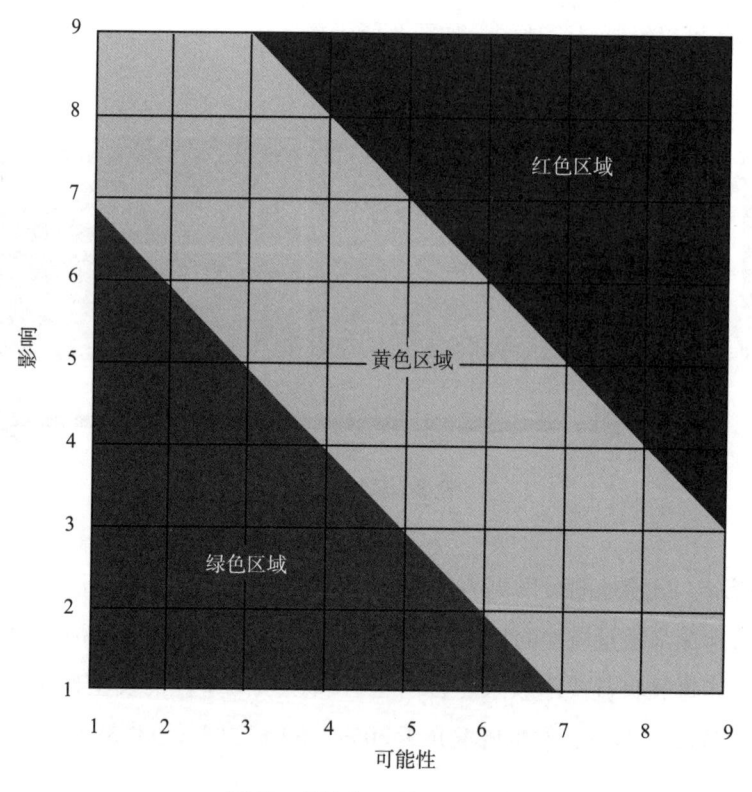

图10 颜色标示的风险地图

用颜色标示风险地图的各个区域,其优点是公司在评估了整个组织的风险之后,能够在报告中用颜色标示并比较风险评估结果。例如,图11中的报告显示了组织是如何按照职能或部门在整个组织范围内对每项风险进行评估的。解决风险评估中存在的差异并寻求可能的风险解决方案,组织可以就此展开有价值的讨论。《企业风险管理的工具和技术》对其他定量分析和风险工具进行了讨论。

组织可以根据内在评估在风险地图上标出风险,内在评估是指在采取任何化解措施之前每个事件的风险水平。而剩余风险是指管理层采取化解措施之后仍然存在的风险。风险地图还可以显示剩余风险。例如,一家公司通过风险识别流程发现了许多风险,其中一个主要风险是金融风险,但该公司的高管和内部审计师认为对于已经发现的金融风险，组织已采取了强有力的控制措施。因此，该领域的剩余风险较少，公司选择关注其他已发现的重大风险。

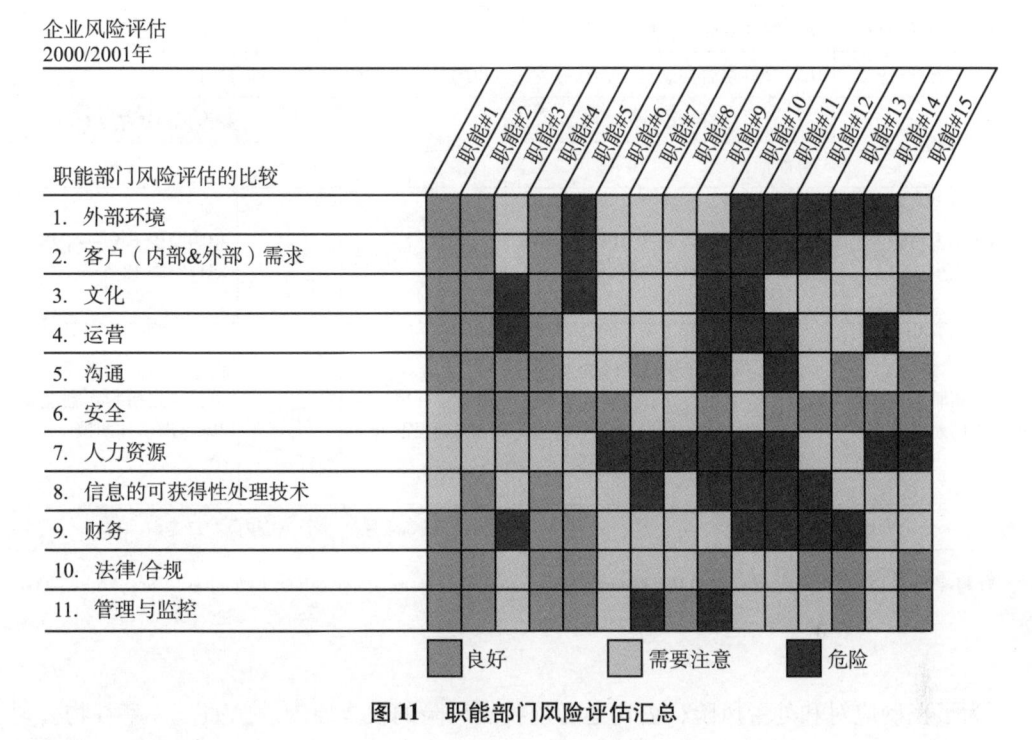

图11　职能部门风险评估汇总

资料来源：Paul L. Walker, William G. Shenkir, and Thomas C. Barton, *Enterprise Risk Management：Pulling it All Together*, The Institute of Internal Auditors Research Foundation, 2002, p. 45。

4. 处置与控制风险

在识别和评估风险之后，管理层必须决定如何应对这些风险。ERM 的目标之一应该是围绕风险做出慎重决定。针对特定风险，管理层可以采取的行动包括：回避、减少、分担和接受。管理层考虑特定决策的影响、风险发生的可能性以及相关行动的成本和收益情况，进而确定风险应对举措。其目标是采取行动，让组织的整体剩余风险落在其风险偏好范围内。如上文所述，各个部门的风险承受力可能会有所不同，但就总体而言，它们应落在高管层和董事会所批准的风险偏好范围内。表2将固有风险和剩余风险与风险承受力联系起来。在这一分析中，公司分析的第一个风险就是合格候选人的可选人数。公司确定了几个相关风险，而后采取了风险管理战略。通过这一行动，管理层得出结论，风险大约从20%降至10%。

表2　　　　　　　　　将目标、事件、风险评估与风险应对结合起来

运营目标	• 为满足客户需求,所有制造部门新增180名合格员工,并未超编 • 维持每美元订单22%的员工成本					
目标的衡量单位	雇用的合格员工人数					
容忍度	165～200名合格新员工,且每美元订单的员工成本在20%～23%之间					
风险	固有风险评估		风险应对	剩余风险评估	
	可能性	影响		可能性	影响
合格候选人可选人数的减少	20%	招聘减少10%→未填补职位空缺18个	与第三方招聘机构签订合同以搜寻候选人	10%	招聘减少10%→未填补职位空缺18个
在我们招聘流程中不可接受的差异	30%	由于候选人筛选工作不力,导致招聘人数减少5%→未填补职位空缺49个	每两年开展一次招聘流程审查	20%	由于候选人筛选工作不力,导致招聘人数减少2%→未填补职位空缺4个
与风险承受力匹配	应对措施有望让公司处于风险承受范围内					

资料来源：COSO, *Enterprise Risk Management—Integrated Framework*: *Application Techniques*, New York, 2004, p. 56。

　　为了正确应对和处置风险,公司还必须找出风险的根本原因。例如,一家谷物公司将天气确定为一项风险。在研究这一风险之后,公司认定需要管理的风险是谷物数量,而不是天气。除天气原因之外,还有许多因素会影响到谷物数量,例如运输和处理过程中的产品损失或浪费。与此相似,一家公司将地震确定为一项风险。在彻底研究了地震风险之后,公司认定需要关注几个相关的风险。例如,公司的建筑物可能具有抗震性,但供应商的建筑物或员工的住房可能不够安全。其他相关的极其重要的风险是潜在地震将如何影响到客户服务、新产品的研发以及新市场的开拓。地震对实物设施的破坏具有深远影响,公司必须加以分析。

　　若要处置和控制风险,组织可能需要采取各种行动。例如,公司可以实施新的政策和控制措施、购买衍生品、聘请新的管理层或实施新的培训计划。风险处置方法具有多样性,这就是为什么ERM是一个比财务报告和内部控制风险宽泛得多的概念。当然,如果接受并承担风险符合利益相关者的期望,公司就可以这样做。例如,一些航空公司采取了比竞争伙伴更为激进的方法来管理燃料价格上涨和下跌的风险。

　　一家保险和金融服务公司发现其销售队伍已经慢慢脱离控制。为了促进销售,销售

人员未经公司授权便擅自开发培训材料。销售人员越来越忽悠客户，告诉他们可以忽略公司发出的保费通知。此外，他们还要求客户签署空白的提款表格，如此一来，销售团队就可以从客户账户提取资金。与此同时，该公司还面临与行业趋势相关的风险，这些趋势表明公司某个主要产品领域正面临市场的不断萎缩。更广泛的行业趋势和不断下行的市场可能是造成销售团队和营销领域压力增大的根本原因。该公司采取的应对措施是聘请一位新的首席执行官，对于公司所希望扩展的领域，该首席执行官具备相关专业知识。此外，该公司还采用新的销售和营销政策，对销售人员使用未经授权的广告和培训材料来误导客户这一风险加以控制。该公司还开通了客户服务热线，以协助解决客户纠纷，并与独立的行业组织携手合作，以确认客户了解他们所购买的产品。

5. 沟通与监督

每个运营单元在追求自身利润目标以及业务增长目标时都会面临风险，因此，组织通常需要处理风险的分配和承担问题。ERM 的理想结果不是组织得以回避风险，而是组织各个层面积极主动地基于风险情况制定决策，管理层借助恰当的风险指标，主动承担某些风险。因此，风险相关信息必须在组织内部实现自上而下、横向的以及自下而上的沟通和流动。如图 11 所示，部门或职能层面的风险评估汇总报告为高管层提供了有价值的信息，让他们了解中层管理人员是如何看待组织所面临的最大风险。

在管理良好的组织中，持续监控关键绩效指标（KPI）和关键风险指标（KRI）是指导业务开展的正常途径。在 ERM 中，组织可结合风险识别和评估的相关信息以及通过识别特定风险的归属来加强监控。我们将在下一节中进一步讨论监控问题。

八、将 ERM 纳入持续开展的管理活动

商业环境不断发展变化，因此，实施 ERM 是一个持续过程，这一点与组织战略非常相似，而 ERM 旨在帮助组织实现其战略。持续开展 ERM 需要高管人员的持续关注，将 ERM 与持续开展的管理举措整合起来，这强调了 ERM 对各级员工的重要性。当 ERM 被视为良好的企业管理行为而不是"管理层的心血来潮"时，它就成为了组织 DNA 不可或缺的组成部分。组织可以抓住一些机会将 ERM 纳入持续开展的管理活动，其中包括：

（1）战略规划；

（2）平衡计分卡；

（3）创新；

（4）预算编制；

（5）全面质量管理与六西格玛；

（6）业务持续性（危机管理）；

（7）公司治理。

战略规划、平衡计分卡及预算编制之间的关系如图12所示。

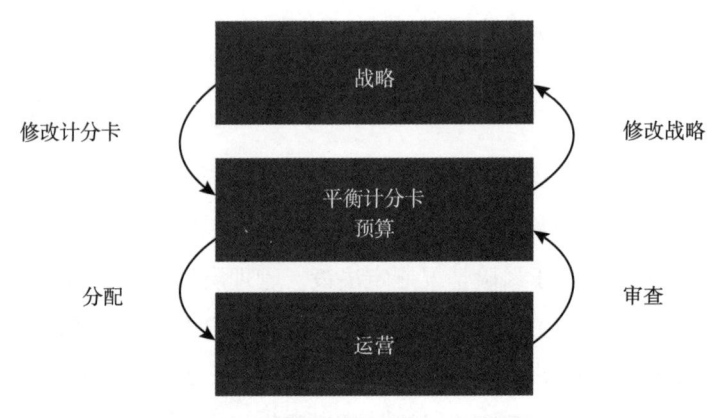

图12　战略、平衡计分卡与预算

（一）战略规划

COSO 的企业风险管理定义指出，ERM 是战略制定工作的一部分。ERM 和战略制定应视为互相补充，而不是各自独立的活动。如果组织在制定战略时没有确定战略所包含的风险并加以评估和管理，那么，战略就不够完整，存在失败的风险。同样，如果 ERM 未将全面识别与公司战略相关的风险作为出发点，由于未能识别出一些非常重要的风险，那么，ERM 工作开展得也不够全面。以下两项研究指出，战略风险管理不善已被证明是造成股东价值重大损失的罪魁祸首：

美世管理咨询公司（Mercer Management Consulting）针对1993~1998年间财富1000强公司所遭受的价值严重受损开展了一项研究。[①] 该分析发现，10% 的财富

---

① Economist Intelligence Unit, *Enterprise Risk Management*: *Implementing New Solutions*, The Economist Intelligent Unit, New York, N.Y., 2001.

1000强公司在一个月内损失了25%的股东价值。美世公司追溯了价值严重受损的根本原因,发现58%的损失是因战略风险造成的,31%及6%的损失是由运营风险和金融风险分别引发的。灾害性风险并未造成股东价值的任何下降。博思艾伦咨询公司(Booz Allen Hamilton)最近一项研究以1999~2003年间市值超过10亿美元的1200家公司为研究对象开展了分析。[①] 业绩表现最差的公司是指公司的业绩表现落后于这一时期表现最糟的指数,即标准普尔500指数。引发股东价值损失的主要事件是战略和运营失败。在该研究所涉及的360家业绩表现最差的公司中,87%的价值损失与战略和运营管理不善有关。

在制定公司战略时,高管层会分析其战略备选方案并确定那些可能威胁到组织实现其战略的事件。随着每个战略备选方案所包含的风险被一一识别出来并显示在风险地图上,组织可以根据自身的能力以及备选方案与组织风险偏好的契合程度来评估备选方案。一些战略可能超出了公司的风险偏好范围,组织决定放弃这些方案——做出回避风险的决定。其他战略可能具有很高的风险,但组织能加以谨慎管理和监控,因此,组织决定执行这些战略——做出接受风险的决定。另一项战略可能存在风险,但组织决定通过合资企业形式来实施这一战略——做出分担风险的决定。还有一项备选战略包含相当高的风险,组织以逐步推行方式来采用这一战略——做出减少风险的决定。ERM强化了战略制定工作,这是因为风险得到识别且公司根据既定的风险偏好来评估战略备选方案。反过来,如果没有制定明确的战略,ERM的实施基础就不够充分。将ERM和战略制定结合起来考虑,这为组织关注战略及其风险奠定了基础。例如,战略制定过程的前端工作通常是调查环境。全面的环境调查可以揭示风险和机会。

(二)平衡计分卡

平衡计分卡(BSC)是一种沟通工具,可在整个组织范围内层层传递公司的战略。传统平衡计分卡通过四个关键维度来反映公司的战略:

(1)客户;

(2)内部;

(3)创新与学习;

[①] Paul Kocourek, Reggie Van Lee, Chris Kelly, and Jim Newfrock, "Too Much SOX Can Kill You," *Strategy + Business*, Reprint, January 2004, pp. 1-5.

（4）财务。

将平衡计分卡与ERM结合起来可以强化绩效管理。在平衡计分卡中，组织针对每个维度确定目标，如上文所述，ERM始于对目标的理解。组织为每个平衡计分卡维度挑选衡量指标（KPI）并进一步设定延伸目标。ERM识别出那些可能妨碍BSC各个维度目标实现的事件（风险），增加了平衡计分卡的价值。通过监控KPI，管理层可以评估其风险化解工作的有效性。实际上，每个维度的KPI还可作为关键风险指标（KRI），尽管它们最初被挑选出来的时候并非出于这一目的。例如，如果客户满意度目标未能实现，这表明存在着一些与该项目相关的风险。组织可采用相同的指标来监控战略和风险。

传统的平衡计分卡可以与ERM进行整合以管理和监控与战略目标相关的风险。针对平衡计分卡每个维度所确定的重要风险使用风险计分卡，这可作为风险管理责任的分配方法。特殊的风险计分卡首先阐述了特定维度的具体目标；接下来针对每个目标，确定关键风险并提出控制流程方面的建议（见表3）。重点领域将风险确定为战略、运营或金融风险。管理层评估自身所采取的风险化解措施并将结果显示在工作表之中，同时提出问题："风险化解措施是否落实到位？如果已经落实到位，效果如何？"最后一栏专注于识别风险的负责人，即谁负责管理风险。将风险计分卡一直放在公司的内部网上，让管理层可以随时查看计分卡，加大风险管理的问责力度。

表3　　　　　　　　　　平衡计分卡与战略风险评估

学习与成长目标				风险化解流程				
编号	目标	风险数量	风险	建议的控制流程	重点领域	落实到位	有效性*	评论	纠正行动的负责人

*有效性评分：1到10分，10分为非常有效。

与平衡计分卡类似的是，一些公司使用战略地图来梳理出对战略最为重要的四到五个主要领域。公司可将风险追踪至战略领域以确定某个特定战略维度的风险是否特别集中。

（三）ERM与创新

ERM通过两种方式与创新紧密互动。第一，领先的企业已经学会了利用风险工具来帮助它们理解风险以及对自身商业模式的影响。组织必须尽可能早地识别和理解影响其商业模式的风险，以便自身能够管理可能出现的不利影响，同时能够调整自身的战略定位以抓住有利机会。一些经常使用的风险工具包括价值杀手研讨会、黑天鹅研讨会、战略蝴蝶结分析、博弈理论、机会研讨会、新兴风险分析。有一项研究发现，超过90%的受访高管均认为组织如何预测和解读市场变化、趋势以及干扰因素并做出应对之举是决定其成功与否的关键所在。为了保持成功，企业必须提高自身能力以辨认和理解具有风险性的变革浪潮，必须及时识别风险以防一切为时已晚。

ERM 还可以用于帮助组织实现更为成功的创新。如果未能充分认识到新的创新项目所蕴含的风险，公司的成功机会就会减少。不要盲目承担风险。许多公司通过实践已将 ERM 纳入创新当中。例如，一些公司针对创新项目设定了一定的金额门槛，一旦超出就会强制要求 ERM 团队参与其中。其他公司则要求创新团队接受 ERM 和风险敏锐性的相关培训，以便他们在设计和形成新观点以及新的商业模式时能够清楚认知诸多风险。其他方法还包括风险事后分析、风险调整数据等，以便组织考虑风险的数量和维度。另一种成功的方法就是针对创新建立创新监管和平衡计分卡。在学习将 ERM 纳入创新的过程中，公司很快认识到只有了解了真正的风险，它们才能开展更多的创新、更好地管理风险组合以及提高每项创新的成功概率。

（四）预算编制

公司的预算反映了为实现组织的长期战略而做出的当前年度的财务保证。年度预算可与 ERM 结合起来提供深入的见解，帮助战略业务部门的领导层认识其财务计划执行过程中的威胁因素。在传统的预算编制过程中，战略业务部门的领导层将自身的利润计划提交给高管层，而高管层负责审查这些计划并提出问题以弄清数字所隐含的风险。

与部门预算一同提交的风险地图可为高管层提供信息，说明落实年度财务计划所面临的主要威胁。在预算审查过程中，风险地图为高管层提供了出发点，而不必把时间浪费在揭示隐含的预算风险上。如果运营部门有机会完成自身计划，那么，它们应该弄清相关风险。针对预算风险绘制和提供风险地图，这样做还可以带来另一个好处，由于高管层负责审核各种预算和风险地图，他们可以将自己所确定的战略计划相关风险与运营部门所确定的风险进行比较；如果在看待组织所面临的风险方面，两个团体存在不同意见，则可以开展进一步的分析。

如果为预算附上风险地图，高管层可以围绕影响大/发生可能性高的风险（图 10 中处于红色区域的风险），询问预算中哪部分费用与这些风险的化解决策相关。如果针对特定风险，部门决定不采取化解行动，那么，这一举动可能给部门成本结构带来什么样的影响，弄清楚这一点也是非常重要的。另一个相关问题是了解化解风险或接受风险的相关成本已在多大程度上纳入产品或服务的价格之中。与预算审查流程结合起来，ERM可以丰富讨论内容，从而更好地了解预算编制所面临的威胁。

（五）全面质量管理与六西格玛

质量举措侧重于提高具体流程的效率和有效性。ERM需要企业各个层面明确说明其目标，通过使用质量工具和方法来处理具体流程的目标。在组织实施一项质量计划后，它可以获得具体流程的相关信息。反过来，组织可以在更广泛的企业环境下对这些信息进行评估以识别ERM实施过程中的风险。此外，质量计划可以提供相关信息，有助于组织规划其流程风险的化解举措。在实施质量计划时，组织应该确定流程风险的负责人以及风险来源。这些信息应该提供深刻见解，帮助组织采取一些控制方面的化解举措来处置固有风险。一旦控制得以实施，固有风险与剩余风险之间的差异就应该明显体现出来。[①]

（六）业务持续性（危机管理）

在风险识别过程中，无论组织付出了多大的努力，在流程结束之时，一些未知风险仍然未被发现。公司需要通过其业务持续性或危机管理计划（ERM流程的必备要素之一）来应对这些未知风险。

危机是一个连续过程的端点，而另一个端点则是组织面临的风险。面对基于互联网的新媒体（如博客、留言板、聊天室、电子邮件列表以及独立新闻网站），公司必须做好准备以识别危机，在声誉和品牌遭受损害之前迅速做出应对以控制危机。公司需要通过"战争游戏模拟"来测试危机管理计划，确保所有关键员工了解自身的角色和责任。此外，准备工作的一个重要组成部分就是进行沟通，要在危机发生之前，让所有员工了解危机管理计划。

当危机真正发生之后，不会以线性方式推进：如果组织未能迅速识别危机并采取措

[①] Protiviti, *Guide to Enterprise Risk Management*, 2006.

施来控制危机，那么，组织内部和（或）外部的其他领域就可能因此而触发一系列连锁反应和事件。图13展示了危机的"触发或膨胀"影响以及它是如何以指数级方式迅速蔓延的。例如，一家大型公司在两个国家销售了一些受到污染的产品并导致一些使用者出现异常状况。公司未能迅速觉察这场危机，导致两国政府勒令相关产品下架。经过一段时间的拖延之后，公司的CEO才动身前往相关国家并最终做出公开道歉。然而，损害已经造成，该公司的股价下跌，CEO最终被取而代之。

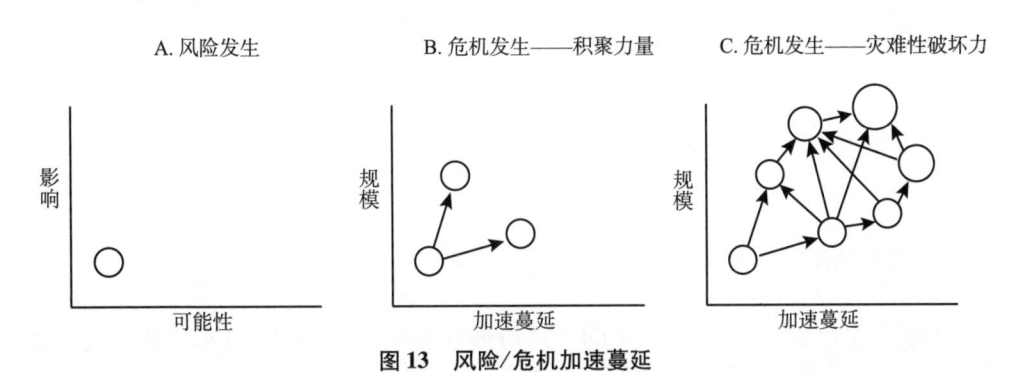

图13 风险/危机加速蔓延

资料来源：Paul L. Walker, William G. Shenkir, and Thomas L. Barton. *Enterprise Risk Management. Pulling it All Together*, The Institute of Internal Auditors Research Foundation, 2002。此图出现在通用汽车公司案例中。当时，德勤企业服务部门（Deloitte Enterprise Services）的弗雷德里克·芬斯顿（Frederick Funston）正在与通用汽车公司相关人士商讨企业事务，画了此图。

（七）公司治理

ERM与公司治理紧密相关，因为它能：
（1）改善公司与董事会之间风险相关信息的流动；
（2）加强高管与董事会之间的战略和相关风险讨论；
（3）监管关键风险以及向董事会报告风险；
（4）确认可接受和可承担的风险可接受水平；
（5）侧重于管理已识别的风险；
（6）面向利益相关者，改善风险信息披露，告知已承担的风险以及将管理的风险；
（7）向董事会保证管理层不再以孤岛方式管理风险；
（8）了解组织哪些目标面临最大风险。

如上文清单所述，将风险信息传递给董事会对于改善公司治理而言是至关重要的。例如，美国一家主要零售商将风险地图提交给审计委员会，以便让委员会成员充分了解相关情况。此外，它还向审计委员会报告了自身拟采取的风险行动计划以及如何监控这些风险。最后，它向审计委员会介绍了风险评估以及用于监控风险的指标是如何与股东价值的衡量相互关联的。

我们再以某非营利组织为例来说明风险信息是如何强化公司治理的。这个实体按部门来分析风险，并通过一百名高管的视角来解析风险。组织董事会和高管人员围绕风险分析结果展开了讨论，他们还将风险信息作为自身战略规划工作的参考资料。该组织识别出那些超过一定重要性级别或风险承受能力的风险，自动向董事会进行报告，并由该风险归属部门的管理人员制订行动计划。

（八）证券交易所与监管机构要求

1. 证券交易所

纽约证券交易所（NYSE）制定的公司治理规则在 2003 年 11 月 4 日获得美国证券交易委员会批准通过，它将风险评估和风险管理要素纳入了上市要求。NYSE 公司治理规则规定，探讨风险评估和风险管理的相关政策是公司审计委员会的职责所在。治理规则在对这一要求做出解释时指出，CEO 和高管层的工作包括评估和管理风险。此外，NYSE 规则还规定，董事会下属的审计委员会应与 CEO 和高管层讨论风险流程的相关政策。

此外，纳斯达克交易所（NASDAQ）还发布了新的上市公司治理规则并获得了美国证券交易委员会的批准通过。纳斯达克表示强化公司治理其目标包括赋予股东权力以及加强信息披露。纳斯达克的公司治理要求涉及报告分发、独立董事、审计委员会、股东大会、法定人数、代理权征集、利益冲突、股东批准、股东投票权以及行为准则。然而，纳斯达克并未将风险或 ERM 流程纳入其上市要求。

2. 董事会风险监管信息披露

美国证券交易委员会修改了其董事会风险监管代理信息披露的相关要求，这在一定程度上让公司董事会加强了 ERM 和风险的监管力度。美国证券交易委员会这一规则形成于 2009 年，它要求公司披露其董事会的领导结构、董事会在风险监管方面的职责以及风险管理和激励措施如何与薪酬政策挂钩。美国证券交易委员会指出，风险监管是董事会的"核心能力"之一。

3. 管理层讨论与分析

"有意义的披露",这是美国证券交易委员会在2003年针对10-K表格的"管理层讨论与分析"(MD&A)部分制定指引的目的所在。美国证券交易委员会表示,完善的"管理层讨论与分析"应该能帮助投资者了解组织在短期和长期所面临的重大机遇、挑战和风险。此外,公司还应该针对这些机会和风险讨论拟采取的相关行动。美国证券交易委员会补充到,这些信息并不一定是会计信息,也可能是非财务信息。与机会和风险相关的非财务信息可能是指关键指标、关键变量、上市时间抑或客户满意度、员工保有或业务战略的相关信息。ERM流程和管理会计师可以收集和报告此类信息的潜在影响,成为有价值的信息来源。

4. 10-K 表格 1A 事项——风险因素披露

美国证券交易委员会规则强制要求公司从2005年12月1日起在其10-K表格的新项目1A中"披露风险因素"。此外,公司还需要针对风险因素的重大变化发布季度更新报告。美国证券交易委员会指出,一些公司已经披露与其"前瞻性陈述"相关的风险,但每家公司必须明确说明其风险因素,这是一项强制要求。风险因素披露是基于"发行人所面临的重大风险的评估",因此,公司必须了解并评估其风险。美国证券交易委员会在2017年提出了一项建议规则,拟修改美国证券交易委员会登记公司的风险因素披露要求。该规则建议,风险因素披露应该基于登记公司自身的风险识别流程(而非根据通用清单)。

5. 其他自愿性披露

即使公司已经履行了上述披露,也并不意味着公司已经积极且持续地管理了自身风险并将其作为战略和运营规划流程的一部分。董事会、股东和其他利益相关者应该希望更多地了解公司的ERM流程。对于公共部门组织或私营组织而言,亦是如此。

一些公司公开披露已实施了ERM流程;另一些公司披露已经成立了风险委员会、设置了CRO岗位或建立了风险基础架构;还有一些公司披露ERM所采用的软件。一家生物技术公司除了披露关键流程/运营风险之外,还披露了其他风险因素以及如何将这些风险纳入ERM。一些公司则进一步披露了自身是如何衡量和管理风险的。

6. 国际范围内的披露与风险监督

此外，其他国家还采用了风险、公司治理以及 ERM 方面的最佳实践。例如，新加坡等国家要求审计委员会应该了解已有的 ERM 框架，且董事会应该确保 ERM 框架和战略得以建立。而南非等国家则制定的"King IV"报告，列明了良好治理的相关原则，同时指出董事会应该监管风险以便为战略目标提供支持。

九、结 束 语

每年召开的世界经济论坛（WEF）不断提醒我们全球风险环境正处于发展变化之中，包括非自愿性移民、极端天气、政府垮台、水资源危机等。在这个充满风险的世界中，商业领袖们还面临着越来越多的新风险，比如新的竞争、干扰因素、创新、大数据、分析技术的兴起、物联网、数据隐私法律的修订、自动化、人工智能、区块链、持续的网络安全威胁、机器流程等等。这个清单似乎无穷无尽，风险似乎不断增加，变得越来越复杂，且变化似乎越来越快。公司的管理会计师、财务部门、会计长、财务总监以及整个领导层发现自身在识别和管理风险方面承担的责任越来越大。风险能力已经成为商业领袖的一项核心能力。实际上，无法了解或发现风险的企业领导者已经不为业界所接受，这会成为其被公司解雇的潜在原因。

在当今高风险的世界中，企业不能再依赖于孤岛式的风险管理方法。针对组织所面临的全部风险，必须形成综合而全面的看法。一个专注于风险的组织并不会一味规避风险，而是根据自身的风险偏好，有意识地承担风险。由 COSO 和 ISO 编写的企业风险管理框架在全球范围内具有普遍的应用性和适应性，可应用于任何规模的组织。这两个框架都是以原则为基础的，可以帮助企业更好地管理和应对范围广泛且快速变化的各种风险。

将 ERM 与持续开展的管理活动进行整合，这有助于在整个公司范围内推行风险管理。在公司尝试实施 ERM 的过程中，一些最佳实践（见表 4）可作为有价值的参考。在当前的商业环境中，ERM 不可或缺，其目标依然是创造、保护和提升价值。

表 4　　ERM 最佳实践所具备的特征

序号	特征
1	让高管层和董事会参与进来，设定"高层基调"，提供组织支持和资源
2	设置独立的 ERM 职能，接受首席风险官（CRO）的领导；CRO 直接向 CEO 报告工作，同时抄报董事会
3	自上而下的治理结构，在管理层和董事会层面设置风险委员会，通过内部和外部审计予以强化
4	建立 ERM 框架，其中包含公司面临的所有重要风险：战略风险、业务风险、运营风险、市场风险和信用风险
5	通过共同术语、培训、教育以及按风险调整的成功和激励衡量指标来培植风险意识文化
6	制定书面政策，界定特定风险边界和业务边界，共同反映公司的风险偏好
7	ERM 仪表盘技术和报告功能，其集成了关键的风险量化指标以及风险定性评估
8	稳健的风险分析，如情景和模拟模型，用于衡量风险集中程度和相互依赖性
9	将 ERM 纳入战略规划、业务流程以及绩效考核
10	通过基于风险的产品定价、资本管理以及风险转移战略来优化公司的风险调整盈利

资料来源：James Lam & Associates Inc., "Hallmarks of Best-Practice ERM," *Financial Executive*, January/February 2005, p.38。

术　语　表

影响（impact）：风险对于组织的重要性。影响反映了风险的重要程度，可进行定量或定性衡量。

固有风险（inherent risk）：在管理层采取化解措施之前，与事件或流程相关的风险水平。

可能性（likelihood）：对风险事件发生概率或发生可能的估计。

机会（opportunity）：风险带来的好处。

剩余风险（residual risk）：在管理层采取措施来化解风险之后，仍然存在的风险。

风险（risk）：任何可能妨碍组织实现其目标的事件或行为。

风险偏好（risk appetite）：组织根据自身能力以及利益相关者的期望所愿意接受的总体风险水平。

风险承受力（risk tolerance）：针对特定目标，组织愿意接受的风险水平。风险承受力比风险偏好的范围更窄。

参 考 文 献

American Institute of Certified Public Accountants (AICPA) and Canadian Institute of Chartered Accountants (CICA), *Managing Risk in the New Economy*, AICPA, New York, 2000.

Augustine, N. R., "Managing the Crisis You Tried to Prevent," *Harvard Business Review*, November-December 1995, pp. 147 – 158.

Barton, Thomas L., William G. Shenkir, and Paul L. Walker, *Making Enterprise Risk Management Pay Off*, Financial Executives Research Foundation, Upper Saddle River, N. J., 2001.

Barton, Thomas L., William G. Shenkir, and Paul L. Walker, "Managing Risk: An Enterprise-wide Approach," *Financial Executive*, March-April 2001, pp. 48 – 51.

Basel Committee on Banking Supervision, *International Convergence of Capital Measurement and Capital Standards*, *A Revised Framework*, June 2004.

Bernstein, P. L., *Against the Gods: The Remarkable Story of Risk*, John Wiley & Sons, Inc., New York, 1996.

Bodine, S., A. Pugliese, and P. L. Walker, "A Road Map to Risk Management," *Journal of Accountancy*, December 2001.

Brancato, Carolyn, *Enterprise Risk Management: Beyond the Balanced Scorecard*, The Conference Board, New York, 2005.

Burns, Judith, "Everything You Need to Know About Corporate Governance…," *The Wall Street Journal*, October 27, 2003, p. R6.

Byrne, John, "Joseph Berardino (Cover Story)," *Business Week*, August 12, 2002, pp. 51 – 56.

Committee of Sponsoring Organizations of the Treadway Commission (COSO), *Internal Control—Integrated Framework: Executive Summary Framework*. AICPA, New York, 1992.

COSO, *Enterprise Risk Management—Integrated Framework: Executive Summary*, AICPA, New York, 2004.

COSO, *Enterprise Risk Management—Integrated Framework: Application Techniques*,

AICPA, New York, 2004.

COSO, *Enterprise Risk Management—Integrating with Strategy and Performance*, COSO, 2017.

Corporate Executive Board, *Confronting Operational Risk: Toward an Integrated Management Approach*, Corporate Executive Board, Washington, D. C., 2000.

DeLoach, J. W., *Enterprise-wide Risk Management: Strategies for Linking Risk and Opportunity*, Financial Times, London, 2000.

Deloitte, "Enterprise Risk Management: A 'risk-intelligent' approach," 2015.

Deloitte & Touche LLP, *Perspectives on Risk for Boards of Directors, Audit Committees, and Management*, Deloitte Touche Tohmatsu International, 1997.

Economist Intelligence, *Managing Business Risks—An Integrated Approach*, The Economist Intelligent Unit, New York, 1995.

Economist Intelligence, *Enterprise Risk Management Implementing New Solutions*, The Economist Intelligent Unit, New York, 2001.

Emen, Michael S., *Corporate Governance: The View from NASDAQ*, NASDAQ, 2004.

Epstein, Marc J., and Adriana Rejc, *Identifying, Measuring, and Managing Organizational Risks for Improved Performance*, Society of Management Accountants of Canada and AICPA, 2005.

Federation of European Risk Management Associations, *A Risk Management Standard*, 2003.

Financial and Management Accounting Committee of the International Federation of Accountants (IFAC), prepared by PricewaterhouseCoopers, *Enhancing Shareholder Wealth by Better Managing Business Risk*, IFAC, New York, 1999.

Gates, Stephen, and Ellen Hexter, *From Risk Management to Risk Strategy*, The Conference Board, New York, 2005.

Gibbs, Everett, and Jim DeLoach, "Which Comes First…Managing Risk or Strategy – Setting? Both," *Financial Executive*, February 2006, pp. 35 – 39.

Hands On, "Risk Management Issues for Privately Held Companies," *ACC Docket*, May 2006, pp. 76 – 88.

King Committee on Corporate Governance, *King IV Report on Corporate Governance for South Africa*, Institute of Directors in Southern Africa, 2016.

IEC 31010: 2009, *Risk Management—Risk Assessment Techniques*, 2009, International Organization for Standardization.

Institute of Chartered Accountants in England and Wales (ICAEW), *No Surprises: The Case for Better Risk Reporting*, ICAEW, London, 1999.

ISO 31000, *Risk Management—Risk Assessment Techniques*, 2009, International Organization for Standardization.

ISO 31010, *Risk Management—Principles and guidelines*, 2009, International Organization for Standardization.

ISO 31000, *Risk Management*, 2018, International Organization for Standardization.

IMA, "A Global Perspective on Assessing Internal Control over Financial Reporting (ICoFR)," Discussion Draft for Comment, September 2006.

IMA, "IMA Announces Bold Steps to 'Get it Right' on Sarbanes-Oxley Compliance," December 21, 2005.

James Lam & Associates Inc., "Hallmarks of Best-Practice ERM," *Financial Executive*, January/February 2005, p. 38.

Kaplan, Robert S., and David P. Norton, "The Balanced Scorecard—Measures that Drive Performance," *Harvard Business Review*, January-February 1992, pp. 71 – 79.

Kaplan, Robert S., and David P. Norton, "Putting the Balanced Scorecard to Work," *Harvard Business Review*, September – October 1993, pp. 134 – 147.

Kaplan, Robert S., and David P. Norton, *The Balanced Scorecard*, Harvard Business School Press, Boston, Mass., 1996.

Kaplan, Robert S., and David P. Norton, *The Strategy-Focused Organization*, Harvard Business School Press, Boston, Mass., 2001.

Kocourek, Paul, Reggie Van Lee, Chris Kelly, and Jim Newfrock, "Too Much SOX Can Kill You," *Strategy + Business*, Reprint, January 2004, pp. 1 – 5.

McNamee, D., and G. M. Selim, *Risk Management: Changing the Internal Auditor's Paradigm*, The Institute of Internal Auditors Research Foundation, Altamonte Springs, Fla., 1998.

Miccolis, J. A., K. Hively, and B. W. Merkley, *Enterprise Risk Management: Trends and Emerging Practices*, The Institute of Internal Auditors Research Foundation, Altamonte Springs, Fla., 2001.

Nagumo, T., "Aligning Enterprise Risk Management with Strategy through the BSC: The Bank of Tokyo-Mitsubishi Approach," *Balanced Scorecard Report*, Harvard Business School Publishing, Reprint No. B0509D, September-October 2005, pp. 1 – 6.

Nagumo, T., and Barnby S. Donlon, "Integrating the Balanced Scorecard and COSO ERM Framework," *Cost Management*, July/August 2006, pp. 20 – 30.

National Association of Corporate Directors, *Report of the NACD Blue Ribbon Commission of Audit Committees: A Practical Guide*, 1999.

New York Stock Exchange (NYSE), *Final NYSE Corporate Governance Rules*, November 4, 2003.

Nottingham, L., *A Conceptual Framework for Integrated Risk Management*, The Conference Board of Canada, 1997.

Oversight Systems, "The 2006 Oversight Systems Financial Executive Report on Risk Management," 2006.

Protiviti, U.S. *Risk Barometer—Survey of C-Level Executives with the Nation's Largest Companies*, 2005.

Protiviti, *Guide to Enterprise Risk Management*, 2006.

Protiviti, *Guide to Enterprise Risk Management: Frequently Asked Questions*, 2006.

Protiviti, "Board Perspectives: Risk Oversight: How Mature are Our Risk Management Capabilities," 2015.

Righi, Brandon, and Carol Fox, "2017 Enterprise Risk Management Benchmark Survey," 2017.

RIMS, Risk Maturity Model, 2018, www.rims.org/resources/ERM/Pages/RiskMaturityModel.aspx.

Sarbanes-Oxley Act of 2002, H.R. 3763.

Schwartz, Peter, *The Art of the Long View*, Currency Doubleday, New York, 1991.

Shaw, Helen, "The Trouble with COSO," CFO, March 15, 2006, pp. 1 – 4.

Shenkir, W., and Paul L. Walker, "Enterprise Risk Management and the Strategy-Risk-Focused Organization," *Cost Management*, May-June 2006, pp. 32 – 38.

Simons, Robert L., "Control in an Age of Empowerment," *Harvard Business Review*, March-April 1995, pp. 80 – 88.

Simons, Robert L., "How Risky Is Your Company?" *Harvard Business Review*, May-

June 1999, pp. 85 – 94.

Slywotzky, Adrian J., and John Drzik, "Countering the Biggest Risk of All," *Harvard Business Review*, Reprint R0504E, April 2005, pp. 1 – 12.

Smith, Carl, "Internal Controls," *Strategic Finance*, March 2006, p. 6.

Smith, Wendy K., and Richard S. Tedlow, "James Burke: A Career in American Business (A) (B)," Harvard Business School Case 9-389-177 and 9-390-030, Harvard Business School Publishing, 1989.

Smutniak, John, "Living Dangerously: A Survey of Risk," *The Economist*, January 24, 2004, pp. 1 – 15.

Standard & Poor's, *Criteria: Assessing Enterprise Risk Management Practices of Financial Institutions: Rating Criteria and Best Practices*, September 22, 2006.

Standard & Poor's, *Insurance Criteria: Refining the Focus of Insurer Enterprise Risk Management Criteria*, June 2, 2006.

Stroh, Patrick, "Enterprise Risk Management at United Health Group," *Strategic Finance*, July 2005, pp. 27 – 35.

Thornton, Emily, "A Yardstick for Corporate Risk," *Business Week*, August 26, 2002, pp. 106 – 108.

Treasury Board of Canada Secretariat, *Integrated Risk Management Framework*, 2001.

Treasury Board of Canada Secretariat, *Integrated Risk Management Framework: A Report on Implementation Progress*, 2003.

U. S. Securities and Exchange Commission (SEC), "Commission Guidance Regarding Management's Discussion and Analysis of Financial Condition and Results of Operations," Release No. 33 – 8350, December 19, 2003.

SEC, "Securities Offering Reform," Release No. 33 – 8591, December 1, 2005.

Walker, Paul L., "Innovation and ERM: Partners in Managing the Waves of Disruption," IMA and ACCA, 2016.

Walker, Paul L, "Noise to Signals to Business Models—Tools and Challenges for Managing the Risky Waves of Change," Center for Excellence in ERM (at St. John's University) white paper, 2017.

Walker, Paul L., and Mark L. Frigo, "Managing Risk in A Disruptive World," Financial Executives Research Foundation, 2017.

Walker, Paul L., William G. Shenkir, and Thomas L. Barton, *Enterprise Risk Management: Pulling It All Together*, The Institute of Internal Auditors Research Foundation, 2002.

Walker, Paul L., William G. Shenkir, and Thomas L. Barton, "ERM in Practice," *Internal Auditor*, August 2003, pp. 51 – 55.

Walker, Paul L., William G. Shenkir, and Thomas L. Barton, "Improving Board Risk Oversight through Best Practices," Institute of Internal Auditors, 2012.

Walker, Paul L., William G. Shenkir, and Thomas L. Barton, "A Risk Challenge Culture," IMA and ACCA, 2014.

Walker, Paul L., William G. Shenkir, and C. Stephen Hunn, "Developing Risk Skills: An Investigation of Business Risks and Controls at Prudential Insurance Company of America," *Issues in Accounting Education*, May 2001, pp. 291 – 304.

World Economic Forum, "The Global Risks Report 2017," 12th Edition.

评论

充分发挥管理会计师在企业风险管理中的作用
——评《企业风险管理：框架、要素与整合》

宋 航

风险管理最早起源于美国。1930年，美国管理协会保险问题会议上最早提出了风险管理这一概念。20世纪70年代以后，风险管理逐渐形成完整的科学理论体系。美国、澳大利亚、英国、新西兰等国家先后颁布了风险管理准则，形成了较完善的国家风险管理标准。风险管理理论也被广泛应用于金融公司、大型企业、跨国集团、政府和公共组织的管理活动中。从管理风险角度来看，企业从最初侧重于管理金融风险和灾害性风险逐步转移到管理战略和营运风险。1995年，联合技术委员会制定并出版了澳大利亚-新西兰风险管理标准（AS/NZS 4360），标志着全世界第一个企业风险管理标准诞生。1999年，《巴塞尔新资本协议》的签订推动了全面风险管理发展，该协议在资本约束中加入了市场风险和操作风险，阐述了全面风险管理的三大监管支柱：资本充足率、监管部门监查和市场纪律。步入21世纪后，无论学界还是实务界都开始不断讨论关于企业风险管理的相关定义和目标，风险控制受到越来越多关注。

一、管理会计师的重要职责

2004年，COSO正式颁布《企业风险管理——整合框架》，形成了综合性企业风险管理框架。该框架将风险管理定义为"在企业经营管理和制定战略全过程中的一种活动"，其目的在于将企业的风险控制在可以接受的程度以内，从而保证企业能够实现既定生产经营目标和提供可靠的财务报告。该框架明确了企业风险管理组成的八要素：内部环境、目标设定、事项识别、风险评估、风险应对、控制活动、信息沟通以及监督。风险管理的每个过程环环相扣，以内部环境为基础，制定科学的风险管理目标，并对每一具体影响风险的项目进行识别，进而在识别基础上对各项风险评估，采取针对性措施进行应对和系统控制，并将有效的信息沟通和完善的监督系统贯穿整个管理过程中，从而在风险监控过程中随时进行修正。企业风险管理八个要素是相互作用、不可分割的整体。企业风险管理并不以各自为政的方式来管理风险，而是通过综合且全面的视角来看待组织所面临的风险。以风险为中心的领导方式并不意味着组织需要规避风险，而是在承担风险之时管理层需要有意识地努力识别、评估和管理风险。通过计算风险让企业管理层全面了解营运情况，管理和化解风险，并最终实现企业价值提升。企业风险管理框架能适用于各种特定的企业文化，并能在不同规模以及不同类型的企业中实施。

在企业风险管理中，管理会计的职责非常重要。企业风险管理框架要求企业在经营过程中对组织结构进行合理设计、明确职责并合理分工。而管理会计区别于财务会计的核心内容之一便是责任会计系统的实施，因此管理会计是公司风险管理有效实施的必要保障。风险管理要求管理层在责任中心范围内履行职责，因此在开展管理会计工作时，可以建立相应的责任中心并进行规划和控制，落实每项责任，并及时进行考核和监督反馈。并且，风险管理和管理会计拥有共同的目标和追求，从企业经营活动管理过程来看，控制是管理会计的主要职能，目的在于强化企业决策者规避风险的能力以追求企业价值最大化，而该目标与企业风险管理完全一致，这也为二者的有机结合提供了现实需求。最后，从整个体系流程上来看，管理会计可以根据企业特定的组织结构和经营模式，针对企业综合风险为管理层提供管理会计信息与报告，从而对企业的整个经营过程做到及时监督和反馈，有效地帮助公司识别风险并采取相应方法规避或者降低风险。尽管公司采取什么样的战略不属于风险管理职能范围，但为保证决策的科学性和出于风险管理的考量，其设立的流程必须符合内部控制的要求，这就需要管理会计中的有效预算管理。将管理会计信息与报告系统提供的管理规划报告、决策报告、控制报告、评价报告，嵌入企业风险管理的每一个要素和流程中。因此，风险管理的重要性也将管理会计提升到了战略高度，管理会计的有效运用是企业构建风险管理框架的重要保证。

二、密切融合企业风险管理

根据以上分析，本篇公告就显得非常有理论和现实意义——探讨了管理会计与企业风险管理如何相互影响、互相促进。

首先，企业风险管理成功与否最关键在于执行的人，管理会计师可以在企业风险管理中发挥非常重要的作用。公告中提到企业实施有效风险管理，需要将企业风险管理框架从孤岛式的风险管理（或根本谈不上任何意义的风险管理流程）向综合和全局的风险管理转变，在这个过程中，管理会计师可以做出重要贡献。从计量财富转向协助创造财富（独立的战略业务合作伙伴），在财务组织"新"时代，组织越来越迫切地要求管理会计师加入跨职能团队（即便不是发挥引领作用）以实施覆盖整个企业范围的重大计划。企业风险管理为管理会计师提供了大量机会——管理会计师可以帮助企业实施规范的、系统的流程以实现企业价值的最大化。

其次，公告分析了企业风险管理的框架，并探讨了管理会计在风险管理各要素中所发挥的作用。虽然不同的专业组织和咨询公司提出了各式各样的企业风险管理框架，但大多数框架的关键组成部分却是相似的，它们的差别在于描述企业风险管理流程组成部分所使用的语言以及特定步骤的数量。在实施企业风险管理的过程中，企业应该对通用框架进行调整来契合自身的文化、管理理念、能力、需求、行业以及规模。在这个调整过程中，管理会计可以在风险管理各个要素中发挥重要作用。

最后，公告分析了如何将企业风险管理模型纳入各种持续开展的管理会计活动中。企业风险管理可以在企业战略规划、平衡计分卡、预算编制、全面质量管理和公司治理等管理活动中发挥重要作用。例如，将平衡计分卡与企业风险管理结合起来可以强化绩效管理。在平衡计分卡中，组织针对每个维度确定目标，企业风险管理可以帮助企业更好地明确企业经营目标，从而为每个平衡计分卡维度挑选更好的衡量指标（KPI）并进一步设定延伸目标。企业风险管理识别出那些可能妨碍平衡计分卡各个维度目标实现的事件（风险），增加了平衡计分卡的价值。通过监控 KPI，管理层可以评估其风险化解工作的有效性。实际上，每个维度的 KPI 还可作为关键风险指标，又进而帮助企业风险管理更好地运行。

总之，本篇公告对于促进企业风险管理与管理会计更好地结合，并进一步在企业中得到运用都可以起到很好的作用。

企业风险管理：工具和技术的有效实施

关于作者

保罗·L. 沃克（Paul L. Walker, CPA）博士，苏黎世金融服务集团企业风险管理主席及圣约翰大学 ERM 卓越中心执行主任。保罗与其他学者共同开发了企业风险管理（ERM）方向的最初课程之一，并为世界各地的高管和董事会提供 ERM 培训。他撰写了大量有关风险和 ERM 的文章，其中包括《通过最佳实践来提高董事会的风险监督》(*Improving Board Risk Oversight through Best Practices*)、《实施成功的企业风险管理》(*Making Enterprise Risk Management Pay Off*) 和《企业风险管理：全力以赴》(*Enterprise Risk Management: Pulling it All Together*)。他曾担任美国反虚假财务报告委员会下属的发起人委员会（COSO）ERM 框架的顾问。保罗还曾在弗吉尼亚大学（University of Virginia）执教，并担任过伦敦政治经济学院（London School of Economics）风险分析中心和基督城坎特伯雷大学（University of Canterbury at Christchurch）的访问学者。

威廉·G. 申克（William G. Shenkir, CPA）博士，弗吉尼亚大学麦金太尔商学院法里士名誉教授，他曾在该学院执教并担任院长。他还担任过 COSO 2004 年 ERM 项目的顾问，在 1996 年与他人共同开发了 ERM 研究生课程，并在美国境内外面向众多专业团体发表 ERM 专题演讲。他曾担任国际商学院联合会（AACSB）主席和美国会计学会（AAA）副主席。

一、执 行 摘 要

本公告作者早期针对企业风险管理（ERM）开展的一项研究指出，ERM 的目标旨在创造、保护和提高股东价值。此后的 ERM 相关研究已经表明 ERM 能够为组织创造价值并有助于组织做出更为明智的决策。ERM 从宏观角度出发，识别可能影响组织实现其战略和目标的风险。美国反虚假财务报告委员会下属发起人委员会（COSO）将 ERM 定义为"组织依赖与战略制定和绩效相整合的文化、能力、实践操作来管理风险以创造、保护和实现价值"。为了能够在大多数时候实现更多的目标（战略、运营或其他领域的目标），组织必须更好地对风险进行管理。在本公告中，作者讨论了多个风险识别技术，并以公司为例进行了说明。一旦组织识别到风险，下一步就是确定风险的根本原因，即什么引发了风险。在讨论了风险评估的若干定性和定量程序之后，作者还提出并介绍了相关建议方法。此外，本公告还探讨了 ERM 实际实施过程中需要考虑的一些因素，其中包括基础架构和成熟度模型、分阶段推行、管理会计师的作用、教育与培训、技术、与企业文化相契合、创建 ERM 案例以及 ERM 投资回报率（ROI）。任何一个组织，无论其规模大小，是上市公司、私营企业抑或非营利组织，美国本土公司或国际公司，只要其利益相关者期望组织能够取得商业成功，都能够通过本公告所提供的工具和技术获益。

二、引 言

在 21 世纪经济环境中，组织的商业模式不断受到竞争者和巨大风险事件的挑战。为了保持增长以及为利益相关者创造价值，组织必须努力寻找创新方法来持续调整其商业模式。公司通过从事具有一定风险的活动来获取收益及增加利益相关者价值，而利益相关者也往往希望得到稳定的预期回报，并为此"投桃报李"。但是，如果组织未能识别、评估和管理其商业模式所面临的重大风险，利益相关者价值就可能遭受重大的意外损失。因此，高管层必须通过实施一定的流程来有效管理组织所面临的重大风险。

虽然成功组织的领导者始终都会在一定程度上关注风险管理，但是他们一般站在"发现一个管理一个"的被动角度或是采取各自为政的方法，而不是从主动性、整体性和全局性的角度来管理风险。按照"条块分割、各管一段"的风险管理方法，各个组织单元处理各自的风险，组织中往往没有一个团队或个人能够了解公司所面临的整体风险（尤其是组织的整体"声誉"风险）。为了改变这一局面，组织近年来开始推行实施ERM，从整体及全局视角来看待组织所面临的风险。

本公告是 IMA 以 ERM 为主题发布的第二份公告。第一份公告《企业风险管理：框架、要素与整合》为理解和实施 ERM 奠定了基础，并着重介绍了世界各地的专业组织所发布的各种风险框架和公告。此外，第一份公告还结合公司案例讨论并说明了 ERM 通用框架的核心要素，指出当 ERM 融入战略规划、平衡计分卡、创新、预算制定、业务持续性规划和公司治理等持续开展的管理活动之后，组织能够获得一些有助于推动变革的新商机（同时说明了管理会计师应发挥的特定领导作用）。

三、范　　围

本公告所针对的对象是组织实施 ERM 过程中作为管理层战略业务合作伙伴的管理会计师和财务专业人员，但组织中负责风险管理、信息技术和内部审计工作的其他人员也能通过本公告受益。

在充满活力的组织中，ERM 就像组织实施的诸多其他变革一样，为管理会计师和财务专业人员提供了一个机会，改变他们在组织其他人员心目中的形象。通过成为组织 ERM 实施工作的战略合作伙伴，管理会计师和财务专业人员就可以被视为这项新管理举措的"价值创造者"，而不仅仅是"价值核算者"。此外，他们可以从账户的"历史记录者""保管者"向"未来主义思想家"转变。在事关公司未来整体利益的至关重要的新管理举措中，管理会计师和财务专业人员还可以担当"教练"和"球员"，而不仅仅是记录完成或未完成情况的"记分员"。①

本公告关注的重点是可以促进 ERM 成功实施的核心工具和技术。虽然文末的"附加资料"部分还列举了其他工具和技术，但本公告侧重的是对大多数 ERM 举措而言具有关键意义的工具和技术。由于各类组织的利益相关者都在不断提高自身对于组织的期

---

① 本公告作者在此说明：本段有关财务专业人员职责不断转变的观点来自美国玛蒙集团公司（Marmon Group, Inc.）的吉姆·史密斯（Jim Smith）几年前所作的一次演讲（时间和地点不详）。其原话并非针对企业风险管理，本公告引用时做了相应调整。

望，所以本公告所讨论的工具和技术通常适用于如下组织：

（1）大型和小型组织；

（2）制造业及服务业企业；

（3）上市公司和私营组织；

（4）营利和非营利组织。

COSO 在 2017 年发布了《企业风险管理——与战略和绩效的整合》框架，其中列举了 ERM 所能带来的以下潜在益处：

（1）通过考虑所有可能性扩大机遇范围；

（2）实现更多积极成果；

（3）减少负面意外事件；

（4）识别实体整体风险；

（5）管理实体整体风险；

（6）减少绩效波动；

（7）改善资源配置。

所有管理会计师可能都希望所在组织能够获得上述潜在益处。

组织若希望获得上述大部分益处，方法之一就是采用 ERM 框架并应用 ERM 原则。COSO 在其新框架中确定了 20 项 ERM 原则，如图 1 所示，共分为五大组成要素。

治理与文化	战略和目标设定	绩效	审查与修订	信息、沟通与报告
1.董事会履行风险监督职能	6.分析业务环境	10.识别风险	15.评估重大变化	18.利用信息和技术
2.建立运营架构	7.定义风险偏好	11.评估风险的严重程度	16.审查风险与绩效	19.就风险信息进行沟通
3.确定所期望的组织文化	8.评估替代战略	12.风险排序	17.追求企业风险管理的改进	20.风险、文化和绩效报告
4.秉持核心价值承诺	9.制定业务目标	13.落实风险应对举措		
5.吸引、发展并留住优秀人才		14.建立风险组合观		

图 1　COSO《企业风险管理——与战略和绩效的整合》组成要素和原则

注：©2017 COSO，版权所有，授权使用。

本公告所强调的诸多工具和技术能够将上述 COSO 企业风险管理框架组成要素统一起来，帮助组织实施该框架并遵循相关的 ERM 原则。虽然本公告并未针对所有原则详细列举所有工具，但有助于组织进一步熟悉和掌握 ERM。

本公告的大部分内容有助于组织实施图1中所示的"绩效"和"审查与修改"组成要素。例如，本公告在第四、第五和第六部分探讨了风险识别技术、风险动因分析和风险评估工具。上述内容将有助于组织掌握相关原则以识别风险、评估风险的严重程度、确定风险的优先级、应对风险以及建立风险组合观（同样，请参见图1以了解这20个ERM原则）。第四部分有关情景分析的讨论给出了一种方法，借此可以审视有多少风险可能是围绕某个中心风险事项而相互关联的，并且与原则14息息相关。此外，本公告还介绍了其他工具和技术，这些工具和技术与评估重大变化和改善企业风险管理的原则相关，而后者将在第七部分加以说明。本公告介绍的一些工具还特别有助于落实COSO企业风险管理框架第二个组成要素中与战略和目标设定相关的原则。例如，第四部分介绍的引导式研讨会（facilitated workshop）上的讨论内容着重强调了某些公司是如何通过环境扫描、黑天鹅和战略中断研讨会来帮助自身了解当前和未来的战略风险。研讨会特别有助于组织落实ERM原则、分析环境以及评估备选战略。

四、风险识别技术

图2展示了2017版COSO企业风险管理框架的组成要素。首先关注的是使命、愿景与核心价值，然后转向战略制定和业务目标设定。风险识别工作的聚焦点可以落在组织的任何一个层级，如整体层级、战略业务单元、职能部门、项目、流程或作业。如果没有设定明确的目标，无论组织调查的范围如何，都不可能识别出可能引发风险的事件，而这些风险将阻碍组织实现某个特定战略或目标。

图2　COSO《企业风险管理——与战略和绩效的整合》概览

注：© 2017 COSO，版权所有，授权使用。

假定参与风险识别工作的人员都清晰地了解组织的使命、愿景、核心价值、战略和目标，那么，正如某个公司的企业风险管理高级经理所建议的那样，他们应该提出恰当的问题，即"哪些事项可能妨碍我们实现组织的最高目标？"以及"哪些事项会严重影响到组织的生存能力？"经过适当修改，这些问题可适用于对组织各个层级的风险管理状况开展调查。

在风险识别过程中，相关参与者应该意识到将风险视为"突发事件"[①] 是一种错误观念。识别并事先讨论组织所面临的问题，这种做法或许可以化解风险并带来两个好处：

"其一，对于一个影响到整个行业的具有连续破坏性的灾难事件，如财务丑闻，如果贵组织化解了该事件所引发的风险，而同业组织却没有，那么，贵组织就赢得了所谓的幸存者奖励。其二，如果贵组织能够幸存下来，或者比其他组织更好地幸存下来，那么，事后贵组织将获得上行优势，且这一点应成为董事会战略考量的一部分。"[②]

在考虑风险识别工作可以采用的一些具体技术之前，组织有必要留意这一程序所涉及的几项重要因素：

（1）风险识别程序的最终结果应当是公司或业务单元、职能部门、作业或流程（无论聚焦点在哪）形成特定的"风险语言"；

（2）明确实际风险与风险的成因或影响；

（3）与仅仅依靠单一方法相比，结合使用多种技术能够形成更为全面的风险列表；

（4）所采用的技术应当能够促进开诚布公的讨论，避免员工因担心遭到报复而不愿就可能导致公司重大损失的潜在事件发表看法；

（5）考虑可能会限制个人正确识别风险能力的认知偏差（如框架效应）；

（6）风险识别工作应由来自跨职能部门的人员组成的多元化团队负责，这既是为了听取各方意见，也是为了获得各方对 ERM 的支持和参与；

（7）最后，风险识别程序可能会生成一个冗长的风险列表，关键是聚焦于"几个重大风险"，而不是"众多的琐碎风险"。

可采用以下技术进行风险识别：

（1）头脑风暴；

（2）风险事件清单和损失事件数据；

（3）访谈与自我评估；

[①②] Corporate Board Member, 2006 *Academic Council Supplement*: *Emerging Trends in Corporate Governance*, Board Member, Inc., Brentwood, Tenn., p. 20.

(4) 引导式研讨会；

(5) SWOT 分析；

(6) 风险调查问卷和风险调研；

(7) 情景分析；

(8) 利用技术；

(9) 其他技术。

（一）头脑风暴

在清楚说明目标并且参与者了解目标之后，组织就可以召开头脑风暴会议，通过激发参与者的创造性，从而形成风险列表。在有效组织的头脑风暴会议上，参与者都是合作者，大家组成一个团队携手合作，阐明团队中某些成员所知的风险。在头脑风暴会议上，之前已知的未知风险可能会显现出来，甚至是以前未知的某些未知风险也可能会为人们所认识。引导和推进头脑风暴会议需要特殊的领导才能，在有些组织中，内部审计人员和 ERM 人员经过培训和认证之后就能主持风险方面的头脑风暴会议。除了受过良好培训的引导人员（facilitators）之外，参与者也需要了解 ERM 框架以及头脑风暴会议如何与 ERM 流程相契合。组织最好要求参与者在参加头脑风暴之前做好充分准备。

本公告作者熟知的一家公司指出，在使用头脑风暴技术时，由于某些参与者不太清楚目标，头脑风暴会议不得不暂停举行，以便向参与者阐明目标。跨职能团队的组建大大提高了头脑风暴会议的价值，因为头脑风暴会议能够说明风险与目标是如何关联的以及它们是如何对业务单元产生不同影响的。由于头脑风暴会议往往聚焦于风险识别，所以当某位参与者提及一项风险时，另一位参与者可能会说："想想看，我所在领域也存在这种风险，而我之前却从未考虑过。"由于参与者背景不同、视角各异，头脑风暴会议能让参与者分享彼此经验，从而成功地识别风险。在高管层面或审计委员会和（或）董事会层面，这项工具同样十分有效。

在头脑风暴会议上，组织必须向参与者做出保证，即他们不会因自己所提出的想法而遭到羞辱或降职处分。否则，参与者就不能畅所欲言，指出组织所面临的重大风险。例如，一系列经常被忽略的风险是"人员风险"，而不是环境风险、财务风险或其他技术性风险。人员风险包括继任计划（如果能力雄厚的领导者离开了组织，我们该怎么办？）及能力和技能培养（如果我们的团队不具备成功所需的必要技能，我们该怎么办？）。一旦形成了风险清单，组织就可以利用集群软件（group software），让参与者对目标和风险进行匿名投票,进而从诸多风险中筛选出团队认定的几个重大风险。人们认为匿名投票能增加风险排序的真实性。由于有了互动投票软件和网络投票,头脑风暴会议可以采用虚拟会议方式,参与者在各自的办公场所参与头脑风暴,就风险识别和排序发表匿名意见。

(二) 风险事件清单和损失事件数据

在头脑风暴会议中,围绕风险给予参与者某种形式的启发显得非常重要。一种可能就是提供行业的风险事件清单(如图3所示)或基本风险清单。各种咨询公司和出版物

图3 行业风险组合

资料来源:Debra Elkins, "Managing Enterprise Risks in Global Automotive Manufacturing Operations," presentation at the University of Virginia, January 23, 2006. 授权使用。

可以随时提供基本风险清单。① IMA 发布的有关 ERM 的第一份公告给出了一个常见的风险分类方案，组织可以此为基础来推动相关讨论。头脑风暴会议或引导式研讨会（下文将对此加以讨论）的目的是压缩风险事件清单，仅保留那些与公司相关的风险事件，并明确公司的各种特定风险。组织还可以通过已掌握的损失事件数据来推进风险识别程序。某个特定行业的相关损失事件数据库还可以激发组织"以事实为基础展开讨论"。② COSO2017 版企业风险管理框架特别指出，数据跟踪可以作为一种有价值的风险识别技术。所跟踪的数据可以源于历史数据或通过服务提供商购买。

（三）访谈与自我评估

这项技术结合了两个不同的流程。首先，组织或经营单元的每个人获得一个模板，指导他们列出自身职责领域的主要战略和（或）目标以及阻碍目标实现的各个风险。此外，组织还让每个经营单元采用实用的框架类别（如 COSO 的企业风险管理框架所包含的类别）来评估其风险管理能力。表 1 至表 4 提供了一个模板样本。文件填写完成之后就可以提交给 ERM 人员或协调人员，即首席财务官、财务总管、首席运营官或首席风险官。ERM 人员或协调人员继续跟进，通过访谈形式来明确问题。最终，识别并明确经营单元的风险，然后按五分制对风险管理能力进行打分，如表 4 所示。当然，采用了 COSO 2017 版企业风险管理框架的组织希望对表 4 做出调整以匹配该框架的组成要素。访谈还可与引导式研讨会结合使用。

表 1	风险识别模板
1. 请列出自身职责领域的主要战略和（或）目标	
2. 请列出所在单元实现目标所面临的主要风险。所列风险不得超过 10 个	
3. 请评估自身职责领域在把握机会和管理已识别风险方面的风险管理总体能力	

---

① Economist Intelligence Unit, *Managing Business Risks—An Integrated Approach*, The Economist Intelligent Unit, New York, N. Y., 1995.

② COSO, *Enterprise Risk Management—Integrated Framework*: Application Techniques, AICPA, New York, N. Y., 2004, p. 28.

表2	所在单元的主要战略/目标

请列出所在单元的主要战略/目标

表3	所在单元的主要风险

请列出所在单元实现目标所面临的主要风险。所列风险不得超过10个

表4	风险管理能力

按以下类别*来评估所在职责领域在把握机会和管理风险方面的风险管理总体能力（请采用底部所列量表）

内部环境	VL	L	M	H	VH
目标设定	VL	L	M	H	VH
事件识别	VL	L	M	H	VH
风险评估	VL	L	M	H	VH
风险应对	VL	L	M	H	VH
控制活动	VL	L	M	H	VH
信息/沟通	VL	L	M	H	VH
监控	VL	L	M	H	VH

对于所在职责领域在把握机会和管理风险方面的风险管理总体能力，您的关注度如何？
请在最恰当的答案上画圈：
VL＝很低　　　　L＝低　　　　M＝中等　　　　H＝高　　　　VH＝非常高

注：*所列类别摘自COSO的《企业风险管理——整合框架：执行摘要》（Enterprise Risk Management—Integrated Framework: Executive Summary），AICPA，纽约，2004年。

(四) 引导式研讨会

在完成信息填写和收集工作之后,来自本单元或多个单元的跨职能管理团队就可以召开一场引导式研讨会来对此进行讨论。组织再次利用投票软件为各种风险进行评级,并就前五大或十大风险达成共识。如前所述,互动式投票软件可以让个人以匿名形式识别风险并对风险进行评级,无需担心遭到上级领导的报复。

组织还可以利用研讨会来审查环境调查情况以及各种原因所引发的变化(政治、经济、技术等),进而识别潜在的风险。另一些组织则利用以未来为导向的研讨会,借此,未来主义者可以采用在规划过程中发现的传统环境调查结果,并"迫使"内部专家团队花更长的时间、更加深入、更为广泛地调查环境情况,从而扩大可识别风险的范围。其他组织通过黑天鹅和战略中断研讨会取得了成果。在这些研讨会中,相关人员对商业模式和相关假设提出质疑,以确保识别和充分理解所有的战略风险。组织可以扩大研讨会的参会范围,将客户、供应商或其他利益相关者包括进来,以期从中获得更加深入的见解。

(五) SWOT 分析

SWOT 分析(优势-劣势-机会-威胁)这一技术经常用于战略制定工作。优势和劣势是公司的内部因素,包括公司文化、组织架构以及财务和人力资源。公司的主要优势共同构成了核心竞争力,为公司获取竞争优势奠定了基础。机遇和威胁由公司外部变量组成,通常是指在短期内不受高管层控制的因素,比如广泛的政治、社会、环境和行业风险。

若想通过 SWOT 分析有效识别风险,组织必须花费一定的时间和精力来认真思考自身的劣势和威胁。人们往往会在优势和机会上花费更多的时间,而对劣势和威胁只是简单地一带而过。如果能深入讨论劣势和威胁并根据所达成的共识来绘制一张风险地图,组织就能够确保有关劣势和威胁的讨论可以得到有效的分析。在考虑一项可能的并购交易时,作者所熟悉的一家公司就采用了 SWOT 分析方法,其中包含明确的风险识别程序。在向董事会提交的拟议收购书面商业案例中,包含了有关主要风险的讨论以及风险地图。

（六）风险调查问卷和风险调研

风险调查问卷中包含一系列关于内部和外部事件的问题，可用于有效识别风险。对于外部领域，所提问题可能针对的是政治和社会风险、声誉风险、监管风险、行业风险、经济风险、环境风险、竞争风险等。对于内部因素，所提问题可能针对的是客户、债权人/投资者、供应商、运营、产品、生产流程、设施、信息系统等涉及的风险。风险调查问卷非常有价值，因为问卷能够围绕特定风险提出一系列问题，帮助公司思考自身的风险。调查问卷的不足之处在于通常未与战略联系起来。

如果不想采用冗长的调查问卷，组织还可以采用风险调研。在一家公司中，相关人员针对基层和高层管理人员开展风险调研。针对基层管理人员，调研要求受访者"列出对所在单元实现其目标影响最大的五种风险"。针对高层管理人员，调查则要求受访者"列出对公司实现自身战略目标影响最大的五种风险"。

调研表有一栏让受访者采用1（无效）至10（最为有效）的量表，针对所列出的五种风险按管理效果进行排序。无论是采用调查问卷还是风险调研，汇总的信息都可以与引导式研讨会结合使用。在引导式研讨会上，参与者可进一步讨论和明确这些风险。

（七）情景分析

在情况不明、应该进行"假设分析"的情况下，情景分析是一种特别有效的战略风险识别技术。从本质上讲，这项技术是通过揭示何处存在具有高影响/低概率的事件来发现风险的。[1] 在这个过程中：

"管理者针对未来前景设定几个具有同等合理性的场景，然后进行深入思考。这些场景都经过认真研究，相关细节充实，并以现实决策为导向，旨在（人们也希望它能）为管理者带来意外收获，并使管理者对于组织风险的理解程度获得意想不到的显著提升。"[2]

通过采用情景分析技术，跨职能团队能够审视因声誉受损、客户流失或缺乏满足客户需求的能力而造成的长期影响。与此同时，还需要提出一个相关问题，即"行业会发生怎样的巨变？企业将从中受到怎样的影响？"

---

[1] Deloitte & Touche LLP, *The Risk Intelligent Enterprise: ERM Done Right*, Deloitte Development LLC, 2006, p. 4.
[2] Peter Schwartz, *The Art of the Long View*, Currency Doubleday, New York, N.Y., 1991, p. xiii.

某公司的风险管理团队采用情景分析来识别某些主要经营风险。① 该公司面临的风险之一是地震。在公司的经营场所中，有 50 多幢建筑物位于地质断层带。从整体角度来看，因地震而造成的损失不仅仅是建筑物损失，还包括产品开发周期的业务中断和无法为客户提供服务。

公司的风险管理团队与外部顾问一起分析了这一灾害情景，试图量化地震灾害的真实成本，并考虑了各项风险是如何相互关联的。在此过程中，除了财产损失外，团队还识别出了许多其他风险，其中包括：

（1）如果某些人认为管理层没有做好有效准备，那么董事和管理者将承担责任；
（2）关键人员风险；
（3）因公司无法进行交易而造成的资本市场风险；
（4）工人薪酬或员工福利风险；
（5）地震区域的供应商风险；
（6）因经营中断而造成的市场份额丧失风险；
（7）因研发活动中断和产品延期推出而造成的研发风险；
（8）因公司无法答复客户询问而造成的产品支持风险。②

本例揭示了情景分析具有的价值，即单个事件可能引发多种风险，其总体影响可能非常之大。这家公司的风险管理团队分析的另一种情景是低迷的股票市场（即熊市）。该团队还定义了五种或六种其他情景。在每一种情景中，管理团队都尽可能多地识别与该情景相关的重大风险，针对每种风险撰写白皮书并提交给高管层和董事会。③

（八）利用技术

风险识别流程还可以利用公司现有的技术基础设施。例如，大多数组织都在管理流程中使用了内联网。负责公司 ERM 流程的团队可以鼓励业务单元将自身的最佳风险实践发布在 ERM 网站上。内联网上的风险对照表、趣闻轶事和最佳实践可以激励和推动运营管理层认真思考所在单元的风险。此外，组织还可以分门别类地列出对各个单元特别有效的工具。在启动新项目时，组织应该鼓励业务经理参考风险管理团队在内联网站上列出的内容。

---

① Thomas L. Barton, William G. Shenkir, and Paul L. Walker, *Making Enterprise Risk Management Pay Off*, Financial Executives Research Foundation, Upper Saddle River, N. J., 2001, pp. 132 – 135.

②③ Thomas L. Barton, William G. Shenkir, and Paul L. Walker, *Making Enterprise Risk Management Pay Off*, Financial Executives Research Foundation, Upper Saddle River, N. J., 2001, p. 133.

技术的另一种用途是识别公司在互联网方面存在的潜在风险。例如，公司的产品、服务和整体声誉易受到互联网新媒体的攻击，比如博客、留言板、电子邮件列表、聊天室和独立新闻网站等。一些公司投入大量信息技术资源来不断浏览博客，甄别那些涉及公司产品、服务和声誉的风险。

其他公司将技术、数据（结构化和非结构化数据）与情景分析研讨会等工具结合起来，少数公司还使用了人工智能（AI）。一家公司使用人工智能对各个国家的非结构化数据进行审核，形成了可用于情景分析的最终产品模式。另一家公司将数据趋势与情景结合起来，以便战略偏离轨道之时就能及时觉察，并在不可挽回之前加以修正。

（九）其他技术

许多组织通过将自身风险与外部风险来源进行比对来校准已确定的风险集合。例如，世界经济论坛每年都会提出一系列重大风险。另一种校准方法是与同行组织进行基准测试，并比较各自确定的风险。对已识别风险进行基准测试的最后一种方法是查看其他公司"1a 项目"涵盖的风险因素（美国证券交易委员会要求披露的内容），以确定是否存在所在组织尚未考虑的风险。

一些组织利用单独的风险识别技术来识别新出现的风险。COSO 2017 版企业风险管理框架指出，在业务环境发生变化之后，新的风险随之而来。该框架的第 15 条原则提出，各个组织需要识别和评估变化（可能源于内部或外部环境）。2017 年在圣约翰大学（St. John's University）ERM 卓越中心召开的 ERM 峰会上，与会者重点关注了新兴风险。参与本次峰会的公司确定了新兴风险的来源，其中包括运营事件、行业报告、初创公司投资方向、客户满意度调查、宏观经济新闻、行业会议、客户意见以及市场的价值变化。

另一种新的风险识别技术包含了战略风险分析。COSO 2017 版企业风险管理框架指出，战略风险可能源于公司与自身战略的不匹配、所选择的战略以及实施战略所带来的风险。这一观点，再加上数据、商业模式、创新、业务中断等方面的重大变化，让组织开始重新重视战略风险的识别。

IMA 发布的一份题为《战略风险管理：优化风险 – 收益状况》的管理会计公告回顾了 COSO 2017 版企业风险管理框架，[①] 该公告可作为组织战略风险识别的良好出发点。在战略风险识别领域，工具不断被开发出来，但一些传统工具，如商业模式分析和

---

① James Lam, "Strategic Risk Management：Optimizing the Risk-Return Profile," IMA, 2016, www. imanet. org/insightsand-trends/risk-management/strategic-risk-management？ ssopc = 1.

价值链分析等，仍可用于识别战略风险。其他公司尝试使用黑天鹅研讨会和战略中断研讨会来梳理出自身商业模式所面临的战略风险。

五、风险动因分析

在识别风险之后以及完成进一步分析之前，组织应避免量化风险。在量化风险影响之前，ERM 团队和管理层需要深入了解风险的潜在成因。ERM 团队应该与面临同一风险的各个单元携手合作，深入分析风险，揭示表象之下所隐藏的内容，更好地了解潜在的风险动因。此时，组织可以采用情景分析来绘制影响力图或进行根本成因分析，具体操作上，可利用辅助文档记录以及与面临同一风险的人员或单元进行访谈。图 4 列举了某个大型公司的 ERM 高级管理人员所提供的战略风险影响力图。在该图中，组织在识别了战略风险（收入目标未能实现）之后，将既定情景中的一系列可能事件一一列举出来。

绘制影响力图并量化风险动因：界定风险的根本原因和主要动因。在可能的情景中定义系列事件。动因范围应该足够小，以便进行量化。

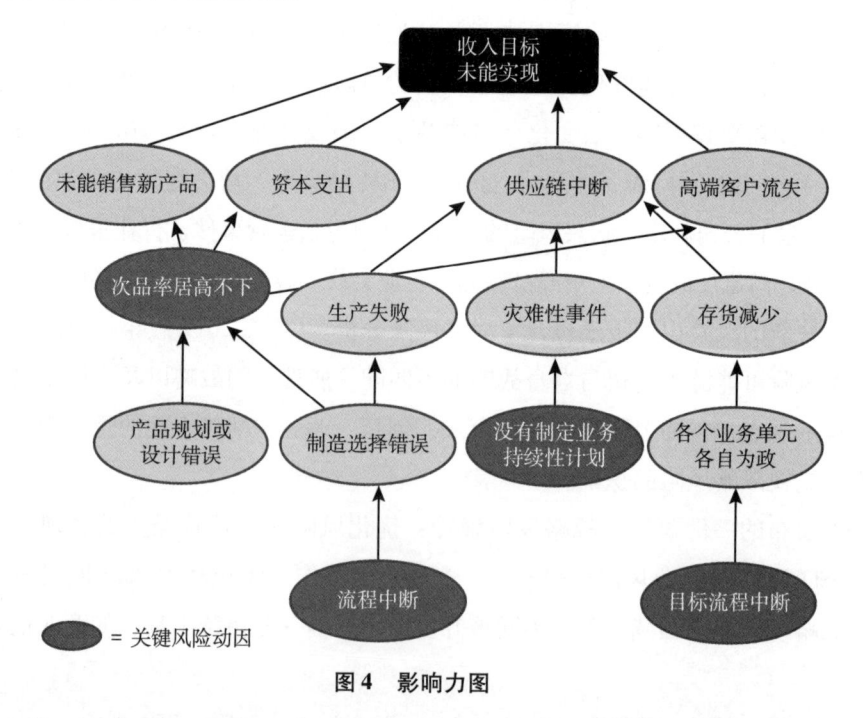

图 4　影响力图

通过研究图4，针对未能实现收入目标这一风险情景，调查确定的可能动因包括：

（1）未能销售新产品。

（2）由于购置流程出现问题，导致所购置的用于生产新产品的新机器和新设备选择不当；进而因产品设计问题而造成生产失败，导致产品次品率居高不下。

（3）供应链的中断影响了实现收入目标的能力。主要供应商遭遇灾难性事件，业务持续性计划未能及时发现这一事件，导致无法及时找到可替代的供应商。

（4）上述事件共同造成了高端客户的部分流失，因为组织无法按客户要求提供优质产品。此外，经过更加深入的分析，组织发现各个部门各自为政，可能存在特定目标不协调一致的情况。例如：生产部门的目标可能是削减成本；客户服务部门自然是希望减少产品缺陷；定价部门追求产品的高利润；销售人员则努力创造收入。

在深入了解战略风险如何发生之后，组织可以获得更多的信息来助其量化风险。为了着手估算风险的影响，组织可以像图5那样对信息进行梳理。这项分析的要点在于了解最佳的风险量化层面。如果风险量化层面过高，就会导致量化工作过于广泛或者缺乏可操作性。围绕风险动因采用模块法对风险进行量化，则可以推动风险量化过程。但是，在量化工作结束之后，量化结果仍然是一个估计值，只能视为反映了影响力的"重要性等级"。

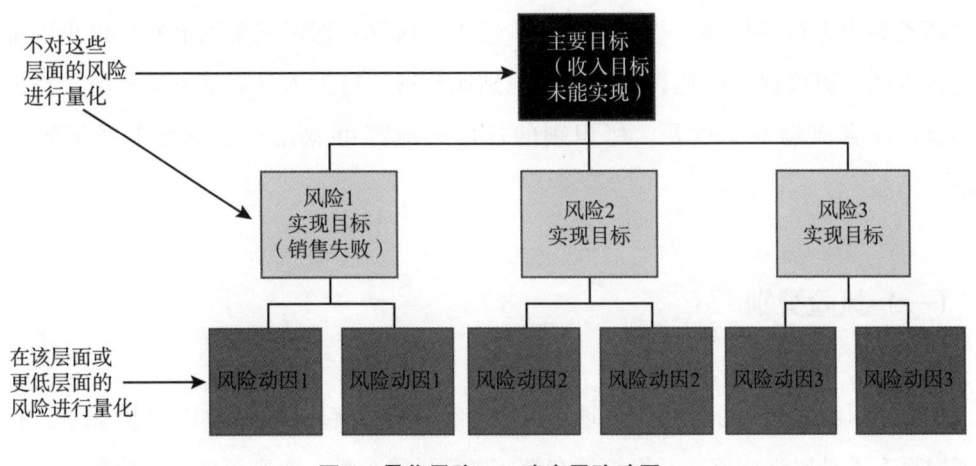

图5　量化风险——确定风险动因

与风险动因分析类似的是 COSO 的"制定关键风险指标以加强企业风险管理"。①关键风险指标（KRI）可作为识别风险变化的早期指标，为组织提供帮助。KRI 可与风险、战略和利润联系起来，如图 6 所示。

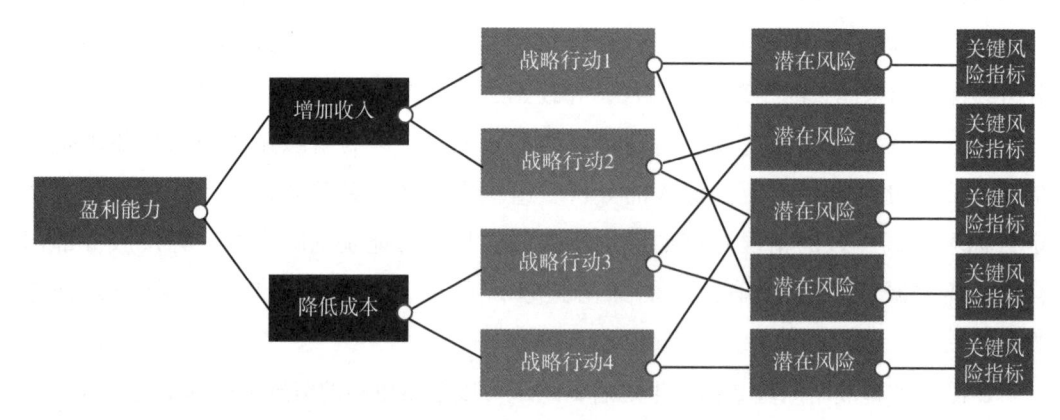

图 6　将目标与战略、风险以及 KRI 联系起来

六、风险评估工具

在采取下一步行动之前，组织必须正确地识别风险。对错误的风险列表或者不完整的风险列表进行评估都是徒劳无功的。组织应该尽一切可能采用上文所讨论的部分或全部方法，以确保正确地识别风险。识别风险这一行为本身就是风险评估工作的一个步骤。不言而喻的一点是，所识别的任何风险都可能在一定程度上对组织产生影响。

（一）风险类别

在识别风险之后，一些组织发现对风险进行分类会有所帮助。如果风险识别过程列出了成百上千种风险，那么，组织就有必要进行风险分类，否则可能因风险数量过多而

---

① Mark S. Beasley, Bruce B. Branson, and Bonnie V. Hancock, "Developing Key Risk Indicators to Strengthen Enterprise Risk Management," COSO, 2010.

难以进行管理。风险类别包括：灾害性风险、运营风险、财务风险和战略风险。此外，风险还可以划分为其他类别，如可控与不可控风险、外部与内部风险。对风险进行分类，这要求在整个组织范围内统一风险语言或术语（通用的或特定的），而不是仅仅针对某个子单元或部门。研究表明，整个组织若没有使用统一的语言来界定风险，那么，有效实施 ERM 战略将面临一大障碍。当然，医药公司与科技公司的风险术语会有所不同，非营利组织与能源公司之间也会存在差异。几种风险可以围绕一个更广义的风险进行归类，比如声誉风险。其他风险分类方法还包括财务与非财务风险、可保风险与不可保风险。有些公司还将风险划分为可量化风险与不可量化风险。

了解风险类别有时候可以帮助组织了解风险之间的相关性。COSO 2017 版企业风险管理框架强调了采取风险组合观的重要性。事实上，第 14 条原则就是关于如何建立风险组合观。尽管为数不多的公司设置相关矩阵，但图 7 列出了一种建立风险组合观的方法。了解风险之间的相互依赖关系，可以帮助组织更好地管理风险，查看风险总体状况是否与自身的风险偏好保持一致。

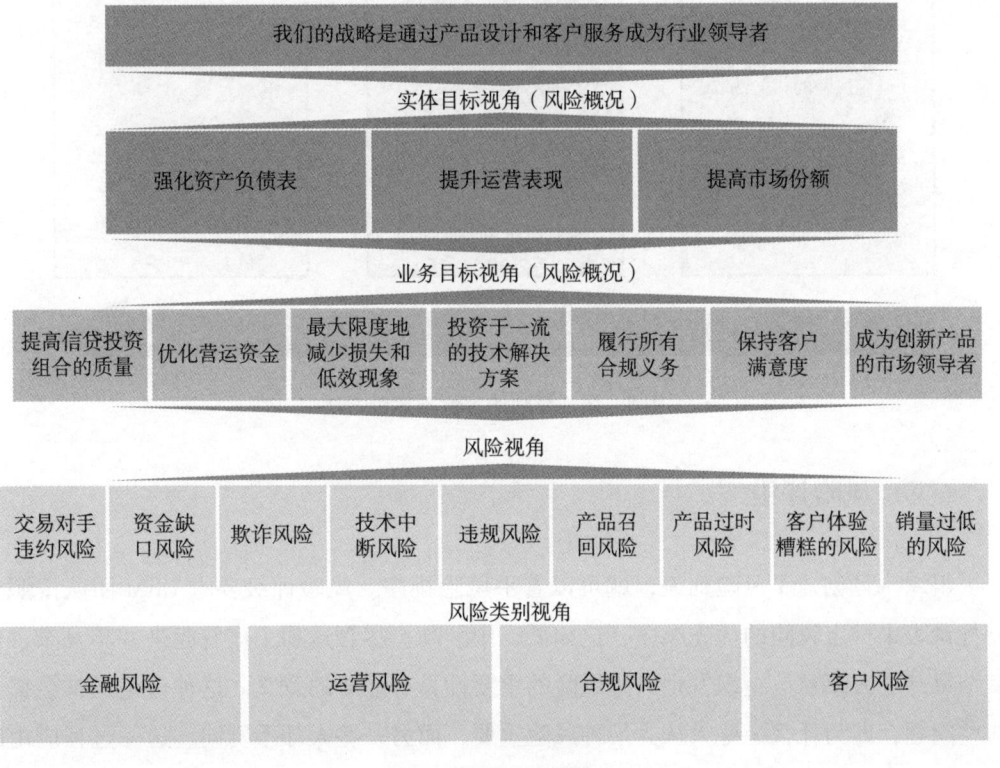

战略视角（风险组合）
我们的战略是通过产品设计和客户服务成为行业领导者

实体目标视角（风险概况）
| 强化资产负债表 | 提升运营表现 | 提高市场份额 |

业务目标视角（风险概况）
| 提高信贷投资组合的质量 | 优化营运资金 | 最大限度地减少损失和低效现象 | 投资于一流的技术解决方案 | 履行所有合规义务 | 保持客户满意度 | 成为创新产品的市场领导者 |

风险视角
| 交易对手违约风险 | 资金缺口风险 | 欺诈风险 | 技术中断风险 | 违规风险 | 产品召回风险 | 产品过时风险 | 客户体验糟糕的风险 | 销量过低的风险 |

风险类别视角
| 金融风险 | 运营风险 | 合规风险 | 客户风险 |

图 7　风险组合视角

（二）定性与定量

如图 8 所示，风险评估技术可分为定性分析和定量分析。定性技术包括所有风险的简略列表、风险评级和风险地图。风险列表是一个很好的着手点。虽然最初的风险列表没有涉及任何定量分析或正式评估，但风险列表及所附信息颇有价值。风险列表中的某些风险不能加以量化，对于这些风险而言，识别它们并添加到优先列表中可能是唯一可行的量化形式。组织不应担心它们无法将复杂的建模技术应用于每种风险。

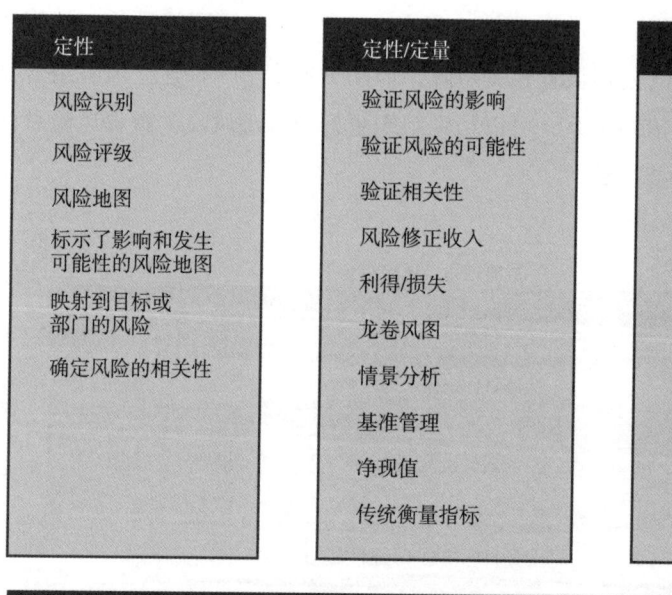

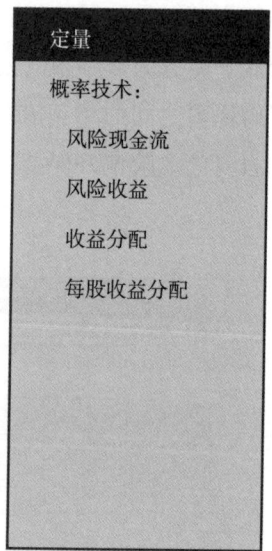

定性	定性/定量	定量
风险识别	验证风险的影响	概率技术：
风险评级	验证风险的可能性	风险现金流
风险地图	验证相关性	风险收益
标示了影响和发生可能性的风险地图	风险修正收入	收益分配
映射到目标或部门的风险	利得/损失	每股收益分配
确定风险的相关性	龙卷风图	
	情景分析	
	基准管理	
	净现值	
	传统衡量指标	

→ 难度和所需数据量

图 8　风险评估的定性与定量方法

（三）风险评级

组织一旦创建了风险列表，就可以着手风险排序。风险评级要求 ERM 团队按照重要性量表来排定风险的优先顺序，比如低、中、高。尽管这项工作看起来并不复杂，但其结果却令人瞩目。组织发现讨论风险的重要性具有显著的意义。这种讨论通常会提出一些问题，即为什么一些人认为某种风险重要，而另一些人却不赞同。这一过程应由跨职能风险管理团队参与，以便在进行风险评级时考虑整个组织的各方观点。风险评价是一项重要任务，需要公开的辩论、坦诚的讨论以及可能的数据支持（例如对某个业务流程的历史失误率进行追踪、记录和分析）。

（四）影响力与发生概率

某个事件的重要性不仅涉及该事件的影响，还涉及发生的可能性。因此，许多实施 ERM 的组织都采用影响力和概率来绘制风险地图。在 ERM 实施过程中，公司绘制风险地图不仅是为了反映风险的影响力和发生可能性，还为了审查将风险放在一起时可能会出现什么情况。风险地图的价值在于它反映了所有参与者的集体智慧，此外，还在醒目位置列示了大量的风险信息。如图 9 所示，基础的风险地图反映了事件影响力和发生可能性。

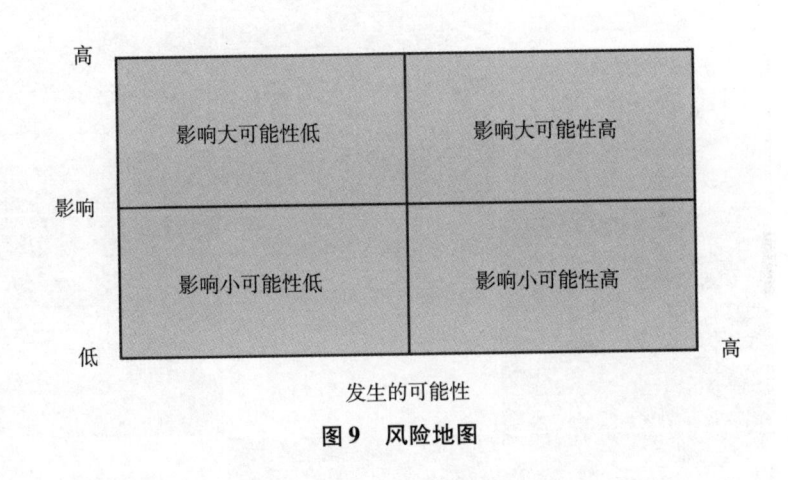

影响 高	影响大可能性低	影响大可能性高
影响 低	影响小可能性低	影响小可能性高
	低　　发生的可能性　　高	

图 9　风险地图

在评估发生可能性或概率时，ERM 团队可以采用以下各种量表：
(1) 低、中、高；
(2) 不太可能、有可能、很有可能、几乎可以确定；
(3) 不可能、略有可能、可能、很可能、可以预期。

评估影响力时也是如此：
(1) 小、中、大；
(2) 不太重要、一般重要、很重要、事关生存；
(3) 金额水平，比如 100 万美元、500 万美元等。

在定性评估这些风险时，组织也可以估算范围。例如，公司可能认为客户相关风险产生 1 亿美元影响的概率很低，产生 5000 万美元影响的概率中等（或最佳猜测），而产生 1000 万美元影响的概率很高。现在，在金额数据以外，许多组织还补充通过其他维度来帮助自己确定风险的影响大小，包括声誉、环境、健康等方面带来的影响。

  风险地图能够帮助组织决定如何应对风险。当组织看到更大的风险时，可以制定应对计划。图 10 展示了一家公司采用的风险地图。对于影响力和发生概率处于较低水平的风险，即处于地图中绿色区域的风险，公司应该通过加强监控来进行应对。而对于影响力和发生概率都处于较高水平的风险，即处于地图中红色区域的风险，公司应该采取更强有力的应对措施，投入更多的精力来管理这些风险。风险地图最近新增了一项内容，即添加了风险速度。如今，许多领导者希望了解风险的变化发展速度。此外，一些公司倾向于使用不同的维度，而非影响力和发生概率，如选择影响力和管理层的准备程度或其他维度。

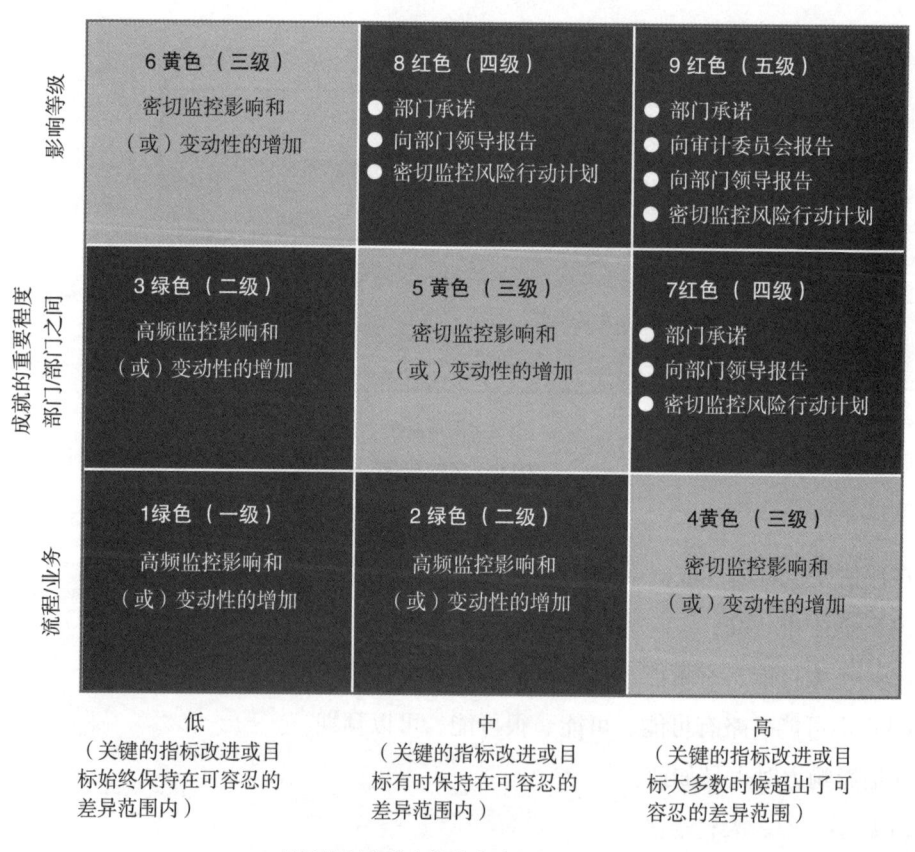

影响等级	6 黄色（三级） 密切监控影响和（或）变动性的增加	8 红色（四级） ● 部门承诺 ● 向部门领导报告 ● 密切监控风险行动计划	9 红色（五级） ● 部门承诺 ● 向审计委员会报告 ● 向部门领导报告 ● 密切监控风险行动计划
成就的重要程度 部门/部门之间	3 绿色（二级） 高频监控影响和（或）变动性的增加	5 黄色（三级） 密切监控影响和（或）变动性的增加	7 红色（四级） ● 部门承诺 ● 向部门领导报告 ● 密切监控风险行动计划
流程业务	1 绿色（一级） 高频监控影响和（或）变动性的增加	2 绿色（二级） 高频监控影响和（或）变动性的增加	4 黄色（三级） 密切监控影响和（或）变动性的增加
	低 （关键的指标改进或目标始终保持在可容忍的差异范围内）	中 （关键的指标改进或目标有时保持在可容忍的差异范围内）	高 （关键的指标改进或目标大多数时候超出了可容忍的差异范围）

目标的实际/潜在绩效波动
实现目标/执行流程/实施变革/管理风险

图 10　风险地图模型

风险地图的一个非常积极的用途是创建风险和机会地图。许多工商界专业人士自然倾向于以负面方式看待风险。风险和机会地图可能会施加压力，迫使他们认真考虑与所知风险相关的机会（以及全部好处）。图 11 摘自 COSO 的《实践中的风险评估》（*Risk Assessment in Practice*）[①]。

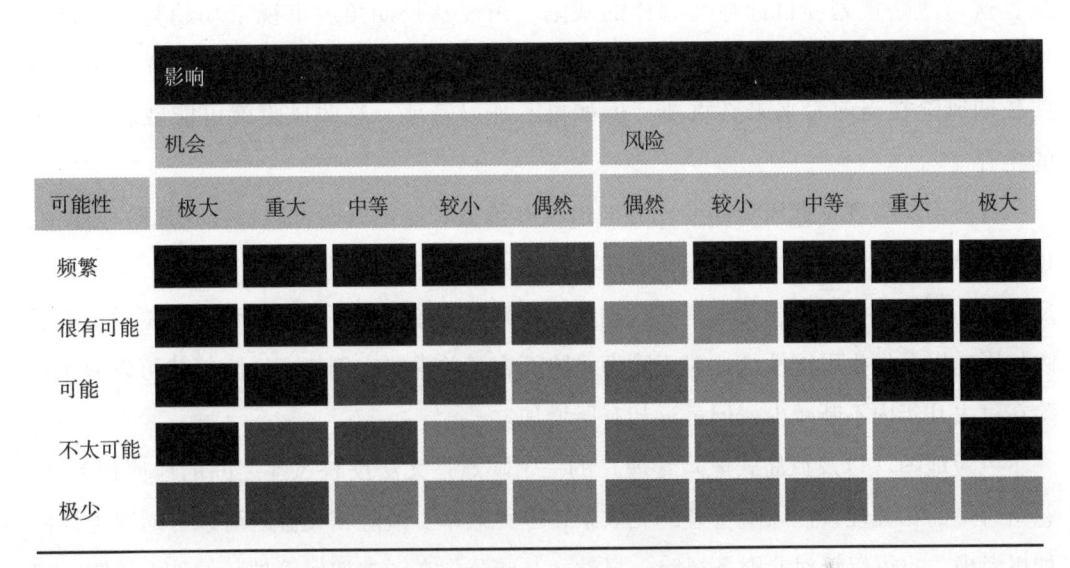

影响										
	机会					风险				
可能性	极大	重大	中等	较小	偶然	偶然	较小	中等	重大	极大
频繁										
很有可能										
可能										
不太可能										
极少										

图 11　风险与机会综合说明图

（五）风险地图的关键要素

在绘制风险地图时，组织需要考虑的几个关键要素是：保密性、定义、时间框架、变动方向和相关性。组织可能希望以保密形式来分析风险的影响力和发生可能性。正如上文所说，一些软件工具可以在保密基础上实现共享。另外，有些公司认为在团队内部公开分享风险评估结果也是可以接受的。即使采取保密方式，优秀的风险协调人员也能找出风险来源和根本问题。

在绘制风险地图的过程中，组织所采用的定义是关键所在。对某个业务单元或个人"重要"的风险，对另一个业务单元或个人未必"重要"。如果组织以货币金额来衡量风险影响，那么金额数据必须明确。风险会影响某种产品或分部的货币金额，还是会影响每股收益？同样，一些人可能将"不可能"解读为1%的概率，而另一些人

[①] Patchin Curtis and Mark Carey, "Risk Assessment in Practice," COSO, 2012.

则认为它代表15%的概率。在召开风险地图会议之前，这些定义和术语应该予以明确。

与定义密切相关的是时间框架。事件框架应该一开始就得到确立，以便人们能清楚地了解风险及其影响，如风险将在何时对组织产生影响。在某个时点评估风险，这与战略规划和目标存在同样的缺陷，未能从长期角度审视市场趋势、客户需求、竞争者等等。今天或本周看似重要的事项在五年之后未必重要。同样，尽管有些长期风险在当前看来未必重要，但如果不加以管理，这些风险就可能威胁到组织的生存。

有些组织发现掌握风险的变化方向也很有价值。变化方向可以标注在风险地图中，也可以单独加以说明。风险的变化方向可以用"增加""保持稳定""减少"等词语来反映。与风险变化方向相关的是风险趋势。了解风险的变化方向、趋势、以货币金额反映的影响以及发生可能性，这对于管理风险而言至关重要。例如，风险趋势可以揭示风险在过去几年内不断减少，但最近却有所增加。

风险地图（以及孤岛式风险管理）的一个缺点是无法反映风险之间的任何相关性。忽略风险的相关性会让风险管理既无效果，也无效率。风险相关性既可以针对财务风险加以考虑，也可以针对非财务风险。显然，某些公司在考虑如何管理某种外汇风险时应该同时考虑如何管理另一种外汇风险。由各自为政的部门来管理这些风险（而不是采用覆盖整个企业的全局性方法）可能会缺乏效率，这是因为只考虑美元对日元或对欧元的风险，就会忽略日元与欧元之间的相关性。同样，各自为政的风险管理会忽略这样一个事实，即利率的变动会给组织的养老金义务和债务带来不同影响。再比如，考虑当前应如何管理大宗商品风险时，某个组织也应同时考虑自身计划如何改变长期战略以管理同一风险。外汇风险管理的短期解决方案与在其他国家建立工厂的长期解决方案相比会有所不同。显然，风险之间的相关性和采用覆盖整个企业的全局性方法是关键所在。

（六）与风险目标或风险部门联系起来

根据目标识别风险，这为组织提供了一种按照目标绘制风险地图的可选方法。对于非营利组织而言，这一点可能尤为重要，因为每股收益并不是它们最为关注的问题。根据目标绘制的风险地图能够反映与这一目标相关的所有风险，帮助组织了解该目标所面临的广泛风险。例如，公司某个层级的目标是维护公司声誉，可能有许多风险需要绘制。采用这种风险地图，组织就能了解影响声誉的最大风险。同样，风险也可以按分部来加以识别，这能为分部经理提供更多的信息。组织可以针对每个分部和整个组织来绘制风险地图。

（七）剩余风险

在评估了风险之后，组织还应该考虑相关的控制，以便了解剩余风险。剩余风险是指组织采取了化解举措和控制措施来应对最初发现的、会威胁到目标实现的固有风险之后所剩下的风险。风险地图可以反映总体风险，也可以只反映剩余风险。了解剩余风险能够给公司带来巨大好处，这是因为对于管理层和利益相关者所认定的对既定业务目标而言"可容忍的"或可接受的风险，公司并不希望对这一风险过度管理或管理不力。这就是为什么一些公司采用 ERM 并力求了解（哪怕是定性评价）ERM 项目投资回报率的主要原因。在识别风险和施加控制的过程中，管理团队或流程负责人显然发挥着领导作用，但控制环境中存在一种"监督和制衡"机制。例如，财务报告内部控制的控制环境就包括审计委员会以及内部和外部审计师。

（八）验证影响力和发生概率

组织可以通过考察历史数据来确定事件在过去的发生频率或所产生的影响，从而对定性评估中的初始影响和概率估计加以验证。组织也可根据其他组织曾经发生过的事件，来了解类似事件可能对本组织产生的影响。采集此类数据可能相当耗时，但肯定会带来好处。例如，了解销售大幅下降的实际频率或可能性，这能为组织提供必要的信息，在选择潜在解决方案时，能做出对成本效益有利的决策。

（九）损益曲线

损益曲线是一个有效的工具，能够帮助组织了解风险如何影响自身的财务报表，进而形成收益或损失。此外，损益曲线还能揭示潜在收益和损失的分布情况。但损益曲线并不能反映风险之间的相关性，也不能同时反映所有风险。图12列示了一个损益曲线。该曲线说明了公司因某种风险而发生了多大的损失或取得了多大的收益。横轴表示金额，纵轴表示概率。图12所示的曲线表明组织因这一风险平均损失了115万美元（图中概率是50%）。沿着概率纵轴移动，我们可以看到，组织因这一风险而发生30万美元损失的概率为90%，发生428万美元损失的概率为10%。了解某种风险对概率分布能产生多大的影响，这能够为管理层提供必要的信息以决定投入多少资金来管理这一风险。损益曲线还能揭示有些风险有时会带来收益，而不是造成损失。绘制损益曲线可能需要采集大量数据，公司必须在数据采集的投入收益之间寻求平衡。

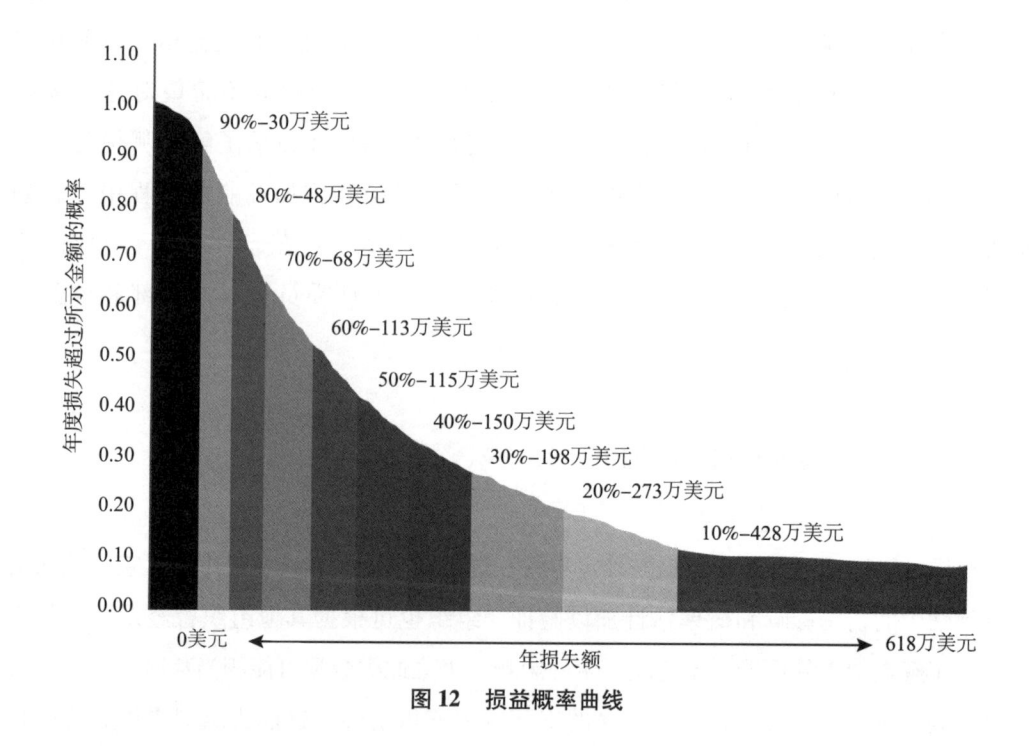

图12 损益概率曲线

（十）龙卷风图

与损益曲线相似，龙卷风图也力求反映风险对收入、净收益或每股收益等特定指标的影响程度。图13列示了一张龙卷风图。龙卷风图不能反映风险的相关性或分布情况，但依然很有价值，因为高管能够一目了然地知道对单个绩效指标影响最大的风险。

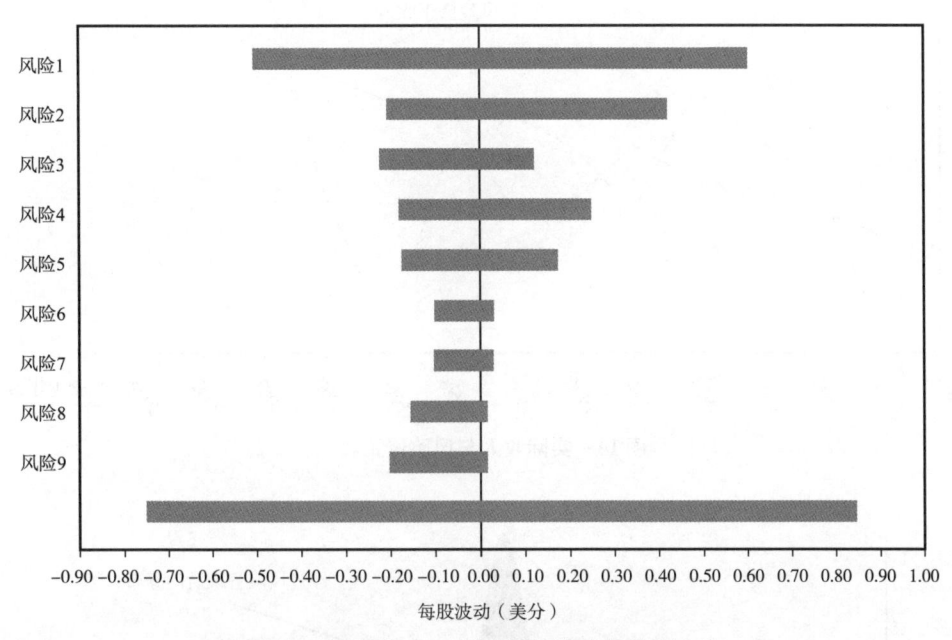

图13　龙卷风图——样本风险造成的收益波动

（十一）风险调整收入

风险调整收入能让管理层了解如果风险得到更好的管理，收入将会如何表现。如图14所示，风险调整收入曲线更加平滑、更为可控。图15采用了一个更广泛的比例，借以说明了一家公司是如何看待更好的风险管理怎样影响其收益分布情况。较为集中的收益分布有望提高公司的股价表现。图14和图15列示了两种类型的分析，这就是某些公司希望实施ERM的原因所在。虽然利益相关者（如投资者）注重收益增长，但也会看重收益保持一定水平的稳定性和可预测性，而且往往愿意为这些属性支付溢价。其他组织开始使用风险调整后的资本回报率（风险调整后的回报/经济资本）来比较不同决策的风险回报。

图 14　实际收入与风险修正收入

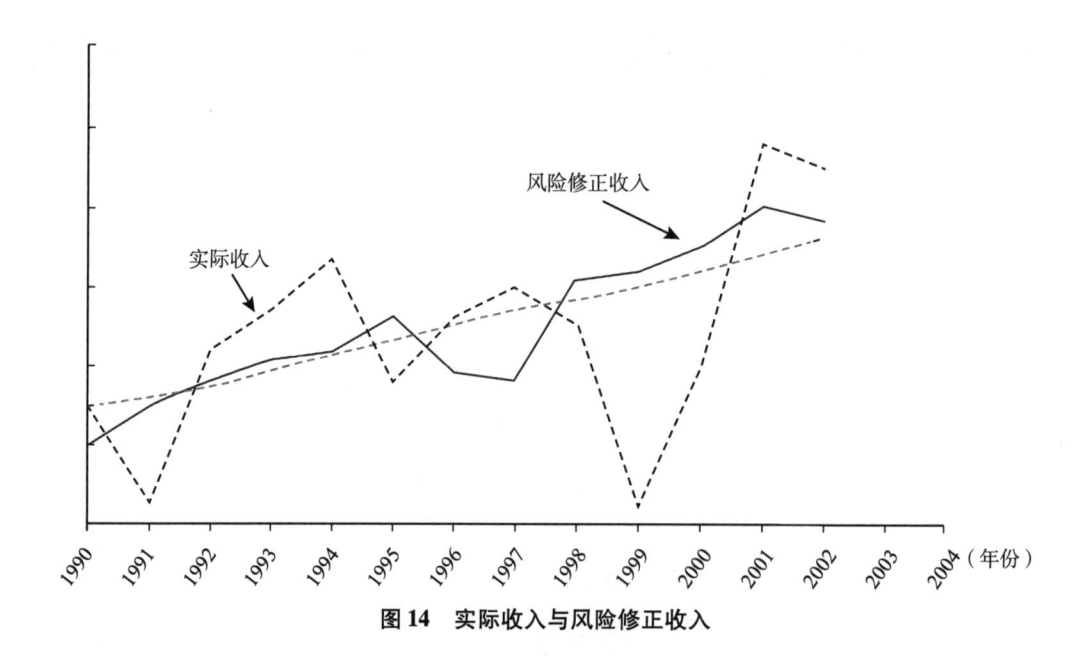

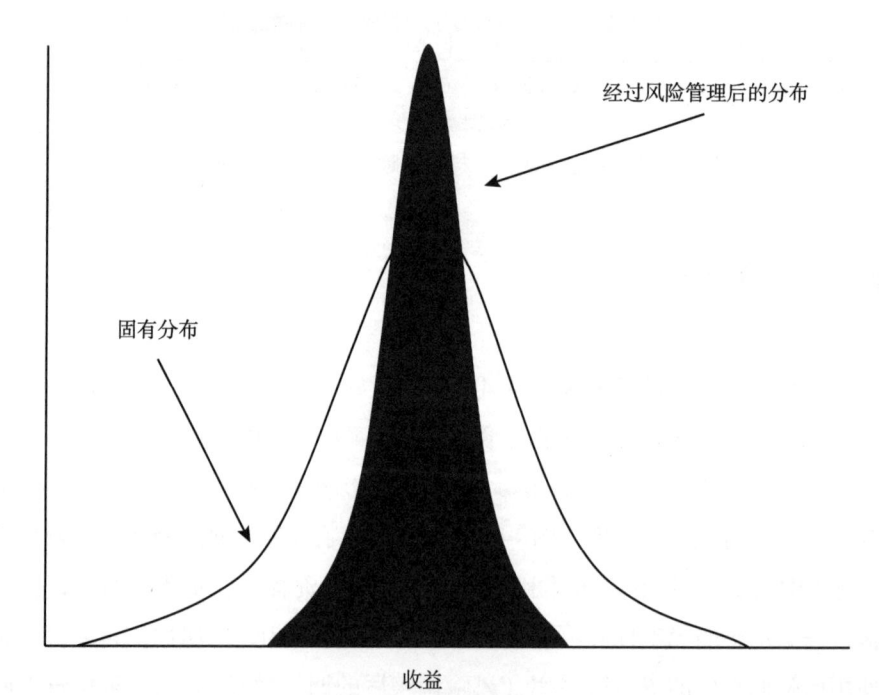

图 15　风险管理目标

(十二) 风险评估的常识性方法

虽然这些风险指标和工具看起来较为复杂，不过也有一种简单的方法可以得出同等的结果。一种方法是衡量公司在风险问题方面的现状。在运用风险化解技术之后，公司就可以重新评估风险问题。当然，风险方面的相关改善并非全部归结于风险化解技术的作用，但是这些改善仍然具有价值。除了其他增值指标以外，一家大型零售商还采用这种方法来衡量 ERM 工作所创造的价值。该零售商将存货周转率确认为一种风险，通过计量一定期间的存货周转率，公司对存货周转率的历史情况有了很好的了解。接下来，该零售商实施了风险化解措施，取得了当前的存货周转率。存货周转率的改善可以归结于销售的提高，但最终归结于 ERM 流程所创造的价值。

(十三) 概率模型

一些组织在实施 ERM 时采用了基于传统统计、概率模型和技术的定量方法。这些方法的缺点在于，它们不仅需要更多的时间、数据和分析，而且还建立在假设的基础上。此外，在将其他"说明性"变量纳入统计预测流程之前，利用过去的数据来预测未来具有局限性。但有些组织仍然发现这些模型是解决风险问题的有效工具之一。

还有一种技术聚焦于风险收益，通过审视收益如何围绕预期收益上下波动来确定风险收益。通过这种方法，组织对变量进行核查以了解变量是如何影响收益的，例如，确定利率波动一个点将对收益产生多大的影响。同样，组织也可以确定期望现金流或预算现金流，然后测试它们对特定风险的敏感程度，从而得出一个风险现金流。如图 16 所示，有些公司将风险收益追溯至单个风险来源。了解风险实际的根本成因或风险来源有助于组织更有效地管理风险。此外，公司还可以追踪业务单元的风险收益，以便衡量每个业务单元的对冲效果（如图 17 所示）。了解哪些业务单元面临的风险最大，这样做很有价值。在了解了这些信息之后，公司就能将一个业务单元的收益水平与风险收益进行比较。收益低而风险高的业务单元可能不是理想的业务单元。汇总风险收益，组织就能了解哪个月的风险最大（如图 18 所示）。此外，公司还可以估计收益目标的实现概率并建立概率分布（如图 19 所示）。

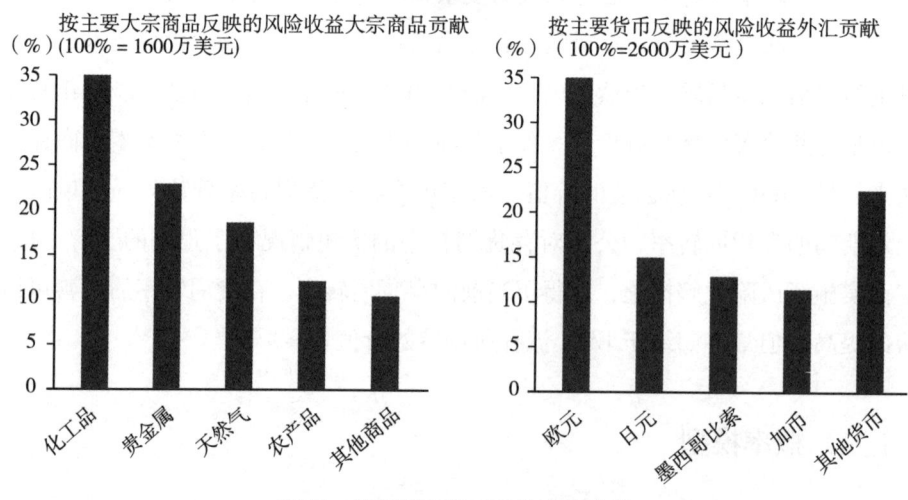

图 16 按风险因素反映的风险收益

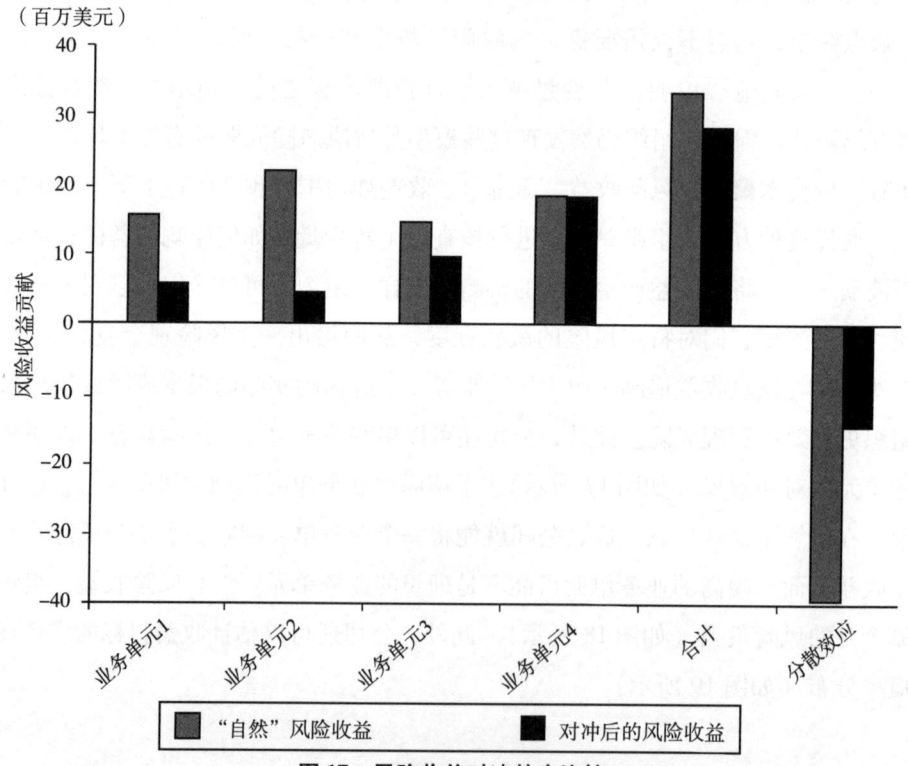

图 17 风险收益对冲效应比较

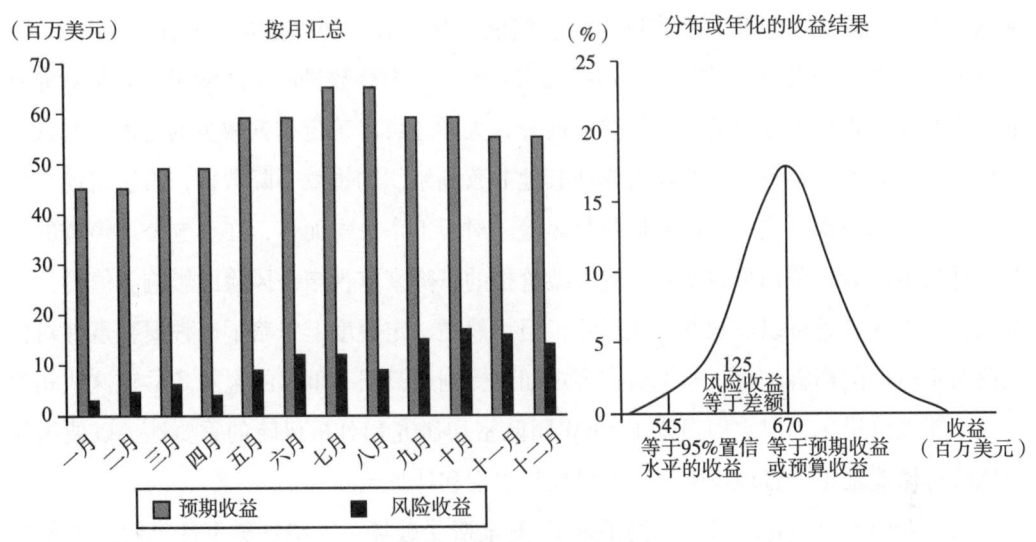

图 18 预期收益与风险收益

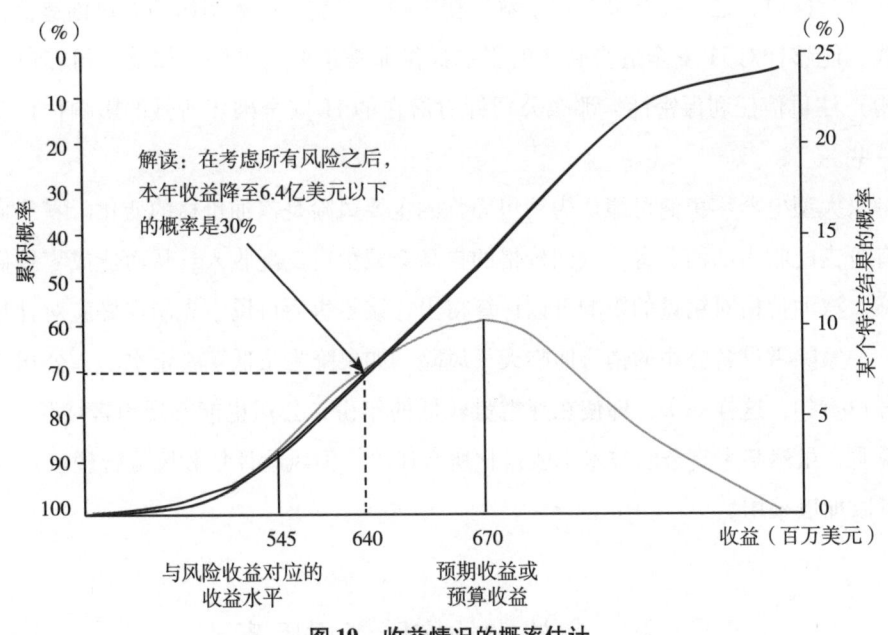

图 19 收益情况的概率估计

（十四）看似不可量化的风险

有些风险似乎不可量化，但加以深入分析，组织就能获取有价值的信息。在当今的经营环境中，声誉风险变得日益重要，组织必须予以管理。有些高管人员只是粗略一看便认为某些风险无法量化，但实际上，它们能以某些方式加以量化。例如，在学术界，大学的声誉就是一种巨大的风险，追踪丑闻发生之后捐款数量的下降情况，大学就能获取基本数据，进而可以量化声誉风险。此外，大学还可以确定捐款减少的范围，其最大风险就是捐款的大幅下降。收集大学或其他非营利组织的捐款下降数据，组织就能获取有价值的外部数据，进而帮助它们量化风险。对于上市公司而言，在影响公司声誉的某个事件发生之后，公司可以通过研究股票价格的下降来审视声誉风险的影响。值得注意的是，虽然这样做可以反映并量化风险，但仍然在一定程度上忽略了声誉损害事件对供应商关系造成的伤害，也忽略了潜在客户如何受到声誉损害事件的影响。尽管这些相关风险不能加以量化，但它们强调了 ERM 团队密切研究和分析风险的重要性，以便组织的风险对话能聚焦于管理风险，而不仅仅是识别和计量风险。

风险看似不可量化的另一个例子是 IT 安全遭受破坏。围绕这类事件查看股票价格的波动情况，有助于公司初步估计股东对于这一事件的态度。此外，与其他有类似经历的公司进行探讨，这也能帮助公司了解潜在影响。最后，了解组织为客户创造价值的特殊方式，能够针对 IT 安全遭受破坏的影响提供非常重要的见解。如果公司客户（如金融机构）注重信任和保密性，那么公司针对潜在的 IT 安全破坏所做的影响估计就应该更高一些。

一家大型电器零售商可能认为销售面临的主要风险是汽油价格的变化。零售商依赖于拥有可支配收入的消费者，汽油价格的提高会减少可支配收入，从而造成零售商销量的下降。汽油价格对销量的影响可以计算得出，该零售商可以事先制定好应对计划。再比如，一家除雪设备公司的销售面临天气风险。如果降雪量低于一定水平，公司就保证给予客户折扣，这样一来，即使在降雪量较低的年份，公司也能实现销售增长。[①] 这些例子说明，虽然某个复杂的技术不能量化所有风险，但风险评估和风险管理依然具有价值，可以加以采用。

七、实施中的实际考虑因素

ERM 的实施取决于大量的组织变量，没有一个放之四海而皆准的方法能保证 ERM

[①] Stephen W. Bodine, Anthony Pugliese, and Paul L. Walker, "A Road Map to Risk Management," *Journal of Accountancy*, December 2001, pp. 65–70.

得到成功实施。在这一部分，我们将讨论 ERM 实施过程中一系列实际考虑因素，它们可以提供有益的深入见解。这些考虑因素包括：ERM 基础架构、ERM 成熟度模型、分阶段推行 ERM 以便早日见效、管理会计师的作用、ERM 教育与培训、技术、与组织文化融合、编写 ERM 案例以及 ERM 投资回报率。

（一）ERM 基础机构

实施 ERM 可以采取多种形式。一些组织只安排了一名员工来负责风险工作，而其他组织则组建了大型团队。这两种方法各有利弊。就大型团队而言，投入 ERM 的资源和人员更多。但只配备少量 ERM 人员，能够鼓励组织各个业务单元、管理层和员工深入参与 ERM，共同承担责任。一种常用的方法就是为 ERM 团队配备适当数量的人员，协调风险研讨会，帮助高管和业务单元了解其风险，在组织范围内采集数据，协助相关方面向高管和董事会报告风险。广泛的代表性、客观性以及注重"全局"是关键所在。尽管在实践中 ERM 的实施方法还有许多，但它们一般具有下列共同要素：

(1) 首席执行官的参与（高层确定基调并向下传达）；
(2) 风险政策和（或）使命陈述，包括调整公司风险或将 ERM 纳入审计委员会章程；
(3) 向业务单元、高管和董事会报告；
(4) 采纳或开发风险框架；
(5) 采纳或开发共同的风险语言；
(6) 风险识别技术；
(7) 风险评估工具；
(8) 风险报告与监控工具；
(9) 将风险纳入相应员工的职位描述和岗位职责中；
(10) 把风险纳入预算编制职能；
(11) 将风险识别和风险评估纳入组织战略。

（二）ERM 成熟度模型

在组织实施了 ERM 之后，实施的进展情况自然而然会受到关注。因此，不少 ERM 成熟度模型便应运而生。组织可以将 ERM 的推进情况分为以下三个阶段：（1）奠定基础；（2）分部层面的ERM；（3）企业层面的ERM。每个阶段又可细分为三个阶段，如图20所示。第一个阶段包括获得高管支持、建立核心模型、保持一致的预期、获取分部层面的风险管理承诺；第二个阶段涵盖实施统一的风险框架、分部层面的人员参与特定方面工作、展示严格的ERM程序的有形价值；第三个阶段包括将分部风险联系起来、加强协调与整合、深化风险管理重点。虽然我们以营业额高达几十亿美元的企业为例来介绍ERM，但是该方法在适当调整之后可适用于任何规模的组织。

图20 ERM成熟度模型

成熟度模型不仅能让公司了解ERM的进展情况，还能够影响到评级机构给予公司的评级。如今，标准普尔公司（S&P）已将ERM成熟度模型应用于特定的公司和行业，比如保险和银行业以及部分能源公司。因此，ERM的实施最终会影响公司的资本成本和资本充足性。例如，标准普尔公司就通过考虑风险管理文化、风险控制、新兴风险管理、风险和资本模型以及战略风险管理等来评估保险公司的ERM实践情况，从而给出"薄弱、充分、有力或优秀"的ERM评分。

一些人认为仅仅实施ERM还不够，组织的董事会还必须有效地实施风险监督以有效地管理风险。当然，COSO 2017版企业风险管理框架的第一个组成要素就是治理和文化。此外,美国证券交易委员会还要求公司根据法规要求披露董事会的风险监督情况。因此,组织甚至可以针对董事会的风险监督,从其如何设立以及是否发挥有效作用等方面进行评估或基准测试。许多公司的董事会不了解风险,让公司遭遇挫折,这样的报道频频见诸报端,这也从另一方面说明了的确值得对风险监督情况进行监督。IMA 和英国特许公认会计师公会(ACCA)共同发布了一份研究报告,名为《风险挑战文化》(A Risk Challenge Culture),其中列出了一些董事会风险最佳实践。[①] 同样,国际内部审计师协会(IIA)开展了一个研究项目并发布了《通过最佳实践来改善董事会的风险监督》(Improving Board Risk Oversight through Best Practices)报告。[②] 这两个项目将为评估董事会的风险监督工作提供一个很好的切入点。

(三)分阶段推行 ERM 以便早日见效

ERM 实施工作是一个变革管理项目,借此,组织可以获取风险信息并转向风险导向的决策。其目的是让决策者更加清楚地了解业务单元所面临的风险,从而提高决策者的信心。ERM 是一个漫长旅程,需要高管层的持续参与,且实施工作不可能一蹴而就,应该逐步推进。与此同时,着手实施 ERM 的组织还必须认识到,如果成果遥不可及,那么,好的项目也会产生坏的结果。因此,在实施 ERM 项目时,争取早日取得成效就显得非常重要。例如,一家大型公司在开发了自己的 ERM 方法之后,选择在一个成熟的、控制严格的战略业务单元推行 ERM。在这个例子中,公司事先知道某个业务单元存在许多问题,而倾向于不在该业务单元推行 ERM。该公司的 ERM 实施工作获得了成功,这个战略业务单元被作为样板,为其他业务单元推行 ERM 提供了契机。

另一家公司决定先在高管层面实施 ERM。该团队执行了企业层面的风险识别和风险评估流程,制定了风险化解战略。一旦团队成员感受到了 ERM 的实际好处,他们就会成为 ERM 的拥护者,支持组织在各个运营单元推行 ERM。图 20 展示了 ERM 的分阶段实施情况。

---

① Paul L. Walker, William G. Shenkir, and Thomas L. Barton, "A Risk Challenge Culture," IMA and ACCA, 2014, www.imanet.org/insights-and-trends/risk-management/a-risk-challenge-culture.

② Paul L. Walker, William G. Shenkir, and Thomas L. Barton, "Improving Board Risk Oversight through Best Practices," IIA, 2012.

（四）管理会计师的作用

关于 ERM 的第一份管理会计公告曾指出，管理会计师和财务专业人员能够在 ERM 实施过程中发挥重要作用，体现在为 ERM 流程提供支持、提供与 ERM 流程相关的专业知识、服务 ERM 跨职能团队以及展现思想领导力。管理会计师和财务专业人员还能发挥其他重要作用，包括协助量化风险、分析风险的相关性、确定风险影响的范围和分布、确定可能性估计的合理性、比照历史事件或其他组织情况对风险的影响和发生可能性实施基准管理、设定并了解风险容忍度和风险偏好、评估和量化化解风险的各种替代战略以及量化 ERM 收益。未来，管理会计师在风险管理方面可能要承担越来越多的责任。一项针对首席财务官的研究指出了有助于管理会计师在未来取得成功的四大职能，分别是：识别业务干扰、提高企业的风险智商、战略性思考和沟通、培养技能以打造具有前瞻性思维的组织。

（五）ERM 教育和培训

美国境外采用的有些框架提到了强制推行 ERM 培训的可能性。尽管针对财务风险的正式培训更为普遍，但 ERM 教育和培训正通过不同途径开展。例如，北卡罗来纳州立大学和圣约翰大学等提供了 ERM 课程，后者还针对 ERM 设置了理学硕士学位和 MBA 学位。此外，在全球范围内，IIA、COSO 及其他机构开发的各种风险管理证书如雨后春笋般不断涌现。鉴于管理会计师作为值得信赖的商业顾问在战略管理方面发挥着日益重要的作用，IMA 还为那些持有注册管理会计师（CMA®）、注册战略和竞争分析师（CSCA®）资格的人员提供专业证书。组织需要清楚自己的培训需求，其可能包括以下内容：

（1）了解风险的性质——如果真正采取了覆盖整个企业的全局性方法，了解风险的性质并不像看起来那么简单；

（2）了解与风险管理相关的法律法规要求；

（3）了解 ERM 框架；

（4）协调技能；

（5）识别风险的专业知识；

（6）了解如何绘制风险地图；

（7）报告体系和报告内容选择（向首席执行官、董事会和审计委员会报告什么内容）；

（8）软件培训；

（9）财务风险培训（期权、对冲战略、保险期权、衍生工具等）；

（10）运营风险管理；

（11）制订和理解控制解决方案；

（12）制定和监测与风险相关的绩效指标；

（13）变革管理；

（14）宏观风险分析；

（15）战略风险分析。

（六）技术

有些技术工具可为风险协调/识别阶段提供协助。此外，还有一些软件能在整个ERM流程中为组织提供帮助。高德纳咨询公司（Gartner Inc.）从两个方面对ERM软件供应商进行审查，即愿景的完整性和执行能力。[①] 一些组织要么选择自己开发ERM流程以契合自身需要，要么聘请顾问来帮助它们实施ERM流程。技术产品不仅可以帮助组织完成这一过程，而且还能协助数据采集、建模或报告工作。例如，一种风险软件工具能帮助组织实现资本最优化和数据管理，其他技术产品则旨在帮助组织解决相关问题，如时间序列建模、相关性及其他先进的建模技术等。

（七）与组织文化融合

许多组织的成功仍然取决于文化，而在当今世界中，文化影响到风险的管理方式。许多组织将会注意到，随着ERM的实施，企业文化会随之发生变化。一种显而易见的区别就是组织对待风险由被动方式转变为积极关注。其他变化则涉及强化问责和责任方面。在实施了ERM以后，管理者就会对风险管理和控制更加负责，这是因为它们有助于识别风险和控制。在组织制定了解决方案和指标以更好地管理风险之后，管理层会为

---

① French Caldwell and Tom Eid, Magic Quadrant for Finance, Governance, *Risk and Compliance Management Software*, 2007, Gartner, February 1, 2007, www.gartner.com/doc/500595/magic-quadrant-fiannce-governance-risk.

此承担更多的责任。问责的强化和责任的增加还可以逐层向下分配和传递。还有一种变化可能是从"我们需要遵守"转变为"我们需要管理风险以取得更好的成果"。此外，企业文化还会发生其他变化，比如，从"指责"转变为"识别和管理"，从"不要报告坏消息"转变为"尽早报告"（以便风险得到管理），最后，从"这将如何影响到我所在领域或单元？"转变为"这将如何影响到整个组织面临的风险？"有些顾问开发了文化诊断工具，以帮助组织评估这种文化变化。COSO 2017 版企业风险管理框架提出了一项原则，其涵盖风险、文化和绩效的报告工作。

（八）ERM 的投资回报率

在采用了 ERM 之后，针对风险管理为净利润贡献了多少价值，公司就可以根据具体经验来比较 ERM 的成本收益。一家大型零售商利用多个指标来追踪其风险管理举措的结果。例如，该零售商将在本年度开设多家新店，必须配备能力相当的店面经理。根据经验，该零售商知道自身面临的一种风险就是店面经理的流动率。公司拥有流动率的历史数据，并且知道招聘和培训店面经理的具体成本。人力资源团队针对流动率风险采取了风险化解行动，建立了改进目标并监控结果。经过一段时间之后，公司能够证明风险管理降低了成本，提高了公司的净利润。人力资源团队的领导可以向首席执行官报告他们确实通过管理风险创造了股东价值。在许多情况下，选择适当的衡量指标来监测风险化解举措的有效性以及这一举措对净利润的影响并不是一件十分复杂的事情。虽然人们希望计算 ERM 工作的投资回报率，但是这种计量是基于过多的假设。侧重于具体风险管理所取得的收益，这或许能提供最有说服力的证据来证明 ERM 是如何为公司创造价值的。一项研究发现，最终的收益体现在更好地决策制定上；特别需要指出的是，ERM 有助于公司更好地制定决策。

八、结 束 语

本公告以及 IMA 此前发布的另一份公告为组织领导者提供了 ERM 指南，帮助他们识别、评估和管理风险，与此同时实现企业的发展。由于全球经济所涉及的风险处于不断发展变化之中，因此，ERM 也是一个没有终点的旅程。ERM 不仅要求高管层积极投身其中，还要求组织根据自身的特有文化量身打造有效流程。注册管理会计师及其他财务专业人员所具备的 ERM 知识能让公司的 ERM 实施工作从中收益。在寻求"推动企业的绩效表现"的过程中,管理会计师和财务专业人员应该把握机会,成为高管层和董事会的合作伙伴,共同推进 ERM 实施工作。

术 语 表

影响(impact):一种风险对于组织的重要性。影响反映了风险的重要程度,可加以定量或定性计量。

固有风险(inherent risk):在管理层采取风险化解行动之前,事件或流程所涉及的风险水平。

可能性(likelihood):对某个风险事件发生概率或机会的估计。

机会(opportunity):风险有利的一面。

剩余风险(residual risk):管理层采取风险化解行动之后的剩余风险水平。

风险(risk):可能阻碍组织实现其目标的任何事件或行动。

风险偏好(risk appetite):组织根据自身能力以及利益相关者的期望而愿意承受的整体风险水平。

风险承受力(risk tolerance):就特定目标而言,组织愿意承受的风险水平,风险承受力比风险偏好的范围更窄。

其 他 资 料

Norman R. Augustine, "Managing the Crisis You Tried to Prevent," *Harvard Business Review*, November-December 1995, pp. 147 – 158.

American Institute of Certified Public Accountants (AICPA) and Canadian Institute of Chartered Accountants (CICA), *Managing Risk in the New Economy*, AICPA, New York, N. Y., 2000.

Thomas L. Barton, William G. Shenkir, and Paul L. Walker, "Managing Risk: An Enterprise-wide Approach," *Financial Executive*, March-April 2001, pp. 48 – 51.

Basel Committee on Banking Supervision, International Convergence of Capital Measurement and Capital Standards, *A Revised Framework*, 2004.

Peter L. Bernstein, *Against the Gods—The Remarkable Story of Risk*, John Wiley & Sons, Inc., New York, N. Y., 1996.

Carolyn K. Brancato, *Enterprise Risk Management Systems: Beyond the Balanced Scorecard*, The Conference Board, New York, N. Y., 2005.

J. Burns, "Everything You Need to Know About Corporate Governance…," *The Wall Street Journal*, October 27, 2003, p. R6.

John Byrne, "Joseph Berardino (Cover Story)," *Business Week*, August 12, 2002, pp. 51-56.

COSO, *Internal Control—Integrated Framework: Executive Summary*, AICPA, New York, N. Y., 1992.

COSO, *Enterprise Risk Management—Integrated Framework: Executive Summary*, AICPA, New York, N. Y., 2004.

COSO, *Enterprise Risk Management—Integrating with Strategy and Performance*, COSO, 2017.

Corporate Executive Board, *Confronting Operational Risk—Toward an Integrated Management Approach*, Washington, D. C., 2000.

James W. DeLoach, *Enterprise-wide Risk Management: Strategies for Linking Risk and Opportunity*, Financial Times, London, U. K., 2000.

Deloitte & Touche LLP, *Perspectives on Risk for Boards of Directors, Audit Committees, and Management*, Deloitte Touche Tohmatsu International, 1997.

Economist Intelligence Unit, *Enterprise Risk Management—Implementing New Solutions*, New York, N. Y., 2001.

Debra Elkins, "Managing Enterprise Risks in Global Automotive Manufacturing Operations," presentation at the University of Virginia, January 23, 2006.

Michael S. Emen, "Corporate Governance: The View from NASDAQ," NASDAQ, New York, N. Y., 2004.

Marc J. Epstein and Adriana Rejc, *Identifying, Measuring, and Managing Organizational Risks for Improved Performance*, Society of Management Accountants of Canada and AICPA, 2005.

Federation of European Risk Management Associations, *A Risk Management Standard*, 2003.

Financial and Management Accounting Committee of the International Federation of Accountants (IFAC) (prepared by PricewaterhouseCoopers), *Enhancing Shareholder Wealth by Better Managing Business Risk*, International Federation of Accountants, New York, N. Y. , 1999.

Financial Reporting Council (FRC), *The Combined Code on Corporate Governance*, 2003.

FRC, *Internal Control: Revised Guidance for Directors on the Combined Code*, 2005.

Stephen Gates and Ellen Hexter, *From Risk Management to Risk Strategy*, The Conference Board, New York, N. Y. , 2005.

Stephen Gates, Jean-Louis Nicolas, and Paul L. Walker. "ERM: A Process for Enhanced Management and Improved Performance," *Management Accounting Quarterly*, Spring 2012, pp. 28 – 38, https://bit.ly/2Ij6Wrd.

Everett Gibbs and Jim DeLoach, "Which Comes First...Managing Risk or Strategy – Setting? Both," Financial Executive, February 2006, pp. 35 – 39.

Hands On, "Risk Management Issues for Privately Held Companies," *ACC Docket*, May 2006, pp. 76 – 88.

King Committee on Corporate Governance, *King Report on Corporate Governance for South Africa*, Institute of Directors in Southern Africa, 2002.

IMA, "IMA Announces Bold Steps to 'Get it Right' on Sarbanes-Oxley Compliance," press release, December 21, 2005.

IMA, "A Global Perspective on Assessing Internal Control over Financial Reporting (ICoFR)," Discussion Draft for Comment, September 2006.

Joint Standards Australia/Standards New Zealand Committee, *Risk Management*, Standards Australia/Standards New Zealand, 2004.

Joint Standards Australia/Standards New Zealand Committee, *Risk Management Guidelines*, Standards Australia/Standards New Zealand, 2004.

Robert S. Kaplan and David P. Norton, "The Balanced Scorecard—Measures that Drive Performance," *Harvard Business Review*, January-February 1992, pp. 71 – 79.

Robert S. Kaplan and David P. Norton, "Putting the Balanced Scorecard to Work," *Harvard Business Review*, September-October 1993, pp. 134 – 147.

Robert S. Kaplan and David P. Norton, *The Balanced Scorecard*, Harvard Business School

Press, Boston, Mass., 1996.

Robert S. Kaplan and David P. Norton, *The Strategy-Focused Organization*, Harvard Business School Press, Boston, Mass., 2001.

Paul Kocourek, Reggie Van Lee, Chris Kelly, and Jim Newfrock, "Too Much SOX Can Kill You," *Strategy + Business*, reprint, January 2004, pp. 1 – 5.

David McNamee and Gerges M. Selim, *Risk Management: Changing the Internal Auditor's Paradigm*, The Institute of Internal Auditors Research Foundation, Altamonte Springs, Fla., 1998.

Jerry A. Miccolis, Kevin Hively, and Brian W. Merkley, *Enterprise Risk Management: Trends and Emerging Practices*, The Institute of Internal Auditors Research Foundation, Altamonte Springs, Fla., 2001.

Takehiko Nagumo, "Aligning Enterprise Risk Management with Strategy through the BSC: The Bank of Tokyo-Mitsubishi Approach," *Balanced Scorecard Report*, Harvard Business School Publishing, Reprint No. B0509D, September-October 2005, pp. 1 – 6.

Takehiko Nagumo and Barnaby S. Donlon, "Integrating the Balanced Scorecard and COSO ERM Framework," *Cost Management*, July/August 2006, pp. 20 – 30.

National Association of Corporate Directors (NACD), *Report of the NACD Blue Ribbon Commission of Audit Committees—A Practical Guide*, 1999.

New York Stock Exchange, *Final NYSE Corporate Governance Rules*, November 4, 2003.

Lucy Nottingham, "A Conceptual Framework for Integrated Risk Management," The Conference Board of Canada, 1997.

Oversight Systems, "The 2006 Oversight Systems Financial Executive Report on Risk Management," 2006.

Jim Presmanes and Paul L. Walker, "Improving Strategic Risk Management Using Macro Risk Analysis," RIMS, 2016.

Protiviti, U. S. *Risk Barometer—Survey of C-Level Executives with the Nation's Largest Companies*, 2005.

Protiviti, "Guide to Enterprise Risk Management: Frequently Asked Questions. Sarbanes-Oxley Act of 2002, H. R. 3763," 2006.

Helen Shaw, "The Trouble with COSO," *CFO*, March 15, 2006, pp. 1 – 4.

William Shenkir and Paul L. Walker, "Enterprise Risk Management and the Strategy-Risk-Focused Organization," *Cost Management*, May-June 2006, pp. 32 – 38.

Robert L. Simons, "Control in an Age of Empowerment," *Harvard Business Review*, March-April 1995, pp. 80 – 88.

Robert L. Simons, "How Risky Is Your Company?" *Harvard Business Review*, May-June 1999, pp. 85 – 94.

Carl Smith, "Internal Controls," Strategic Finance, March 2006, p. 6, http: //sfmagazine. com/wpcontent/uploads/sfarchive/2006/03/PERSPECTIVES-Internal-Controls. pdf.

Wendy K. Smith, "James Burke: A Career in American Business [(A) & (B)]," Harvard Business School Case 9-389-177 and 9-390-030, Harvard Business School Publishing, 1989.

John Smutniak, "Living Dangerously: A Survey of Risk," *The Economist*, January 24, 2004, pp. 1 – 15.

Adrian J. Slywotzky and John Drzik, "Countering the Biggest Risk of All," *Harvard Business Review*, Reprint R0504E, April 2005, pp. 1 – 12.

Standard and Poor's, *Criteria: Assessing Enterprise Risk Management Practices of Financial Institutions: Rating Criteria and Best Practices*, September 22, 2006.

Standard and Poor's, *Insurance Criteria: Refining the Focus of Insurer Enterprise Risk Management Criteria*, June 2, 2006.

Patrick J. Stroh, "Enterprise Risk Management at UnitedHealth Group," *Strategic Finance*, July 2005, pp. 27 – 35, http: //sfmagazine. com/wp-content/uploads/sfarchive/2005/07/Enterprise-Risk-Management-at-UnitedHealth-Group. pdf.

Emily Thornton, "A Yardstick for Corporate Risk," *Business Week*, August 26, 2002, pp. 106 – 108.

Treasury Board of Canada Secretariat, *Integrated Risk Management Framework*, 2001.

Treasury Board of Canada Secretariat, *Integrated Risk Management Framework: A Report on Implementation Progress*, 2003.

U. S. SEC, "Commission Guidance Regarding Management's Discussion and Analysis of Financial Condition and Results of Operations," Release No. 33 – 8350, December 19, 2003.

U. S. SEC, "Securities Offering Reform," Release No. 33 – 8591, effective December 1, 2005.

Paul L. Walker, and Mark L. Frigo, "The CFO as Chief Risk Manager," CGMA, 2017.

Paul L. Walker, William G. Shenkir, and Thomas L. Barton, *Enterprise Risk Management: Pulling it All Together*, The Institute of Internal Auditors Research Foundation, 2002.

Paul L. Walker, William G. Shenkir, and Thomas L. Barton, "ERM in Practice," *Internal Auditor*, August 2003, pp. 51 – 55.

Paul L. Walker, William G. Shenkir, and Stephen Hunn, "Developing Risk Skills: An Investigation of Business Risks and Controls at Prudential Insurance Company of America," *Issues in Accounting Education*, May 2001, pp. 291 – 304.

Paul L. Walker, "Innovation and ERM: Partners in Managing the Waves of Disruption," IMA and ACCA, 2016, www.imanet.org/insights-and-trends/operations-process-management-andinnovation/innovation-and-erm-partners-in-managing-waves-of-disruption.

Paul L. Walker, *Noise to Signals to Business Models—Tools and Challenges for Managing the Risky Waves of Change*, Center for Excellence in ERM at St. John's University white paper, 2017.

World Economic Forum, *The Global Risks Report* 2017, 12th Edition.

评论

要站在全局层面识别、防范风险
——评《企业风险管理：工具和技术的有效实施》

李颖琦

21世纪以来，企业风险管理理念日益广泛地被全球企业所接受、重视并予以运用。2004年美国COSO发布第一篇《企业风险管理——整合框架》；2004~2009年，学界关于企业风险管理相关主题的文献大幅增长，很多学者在这一领域进行了广泛研究；我国于2006年颁布了《中央企业全面风险管理指引》。

本篇公告是美国管理会计师协会出版的管理会计公告中的一篇，公告作者之一保罗·L. 沃克（Paul L. Walker）是詹姆斯·斯基罗苏黎世企业风险管理主席以及圣约翰大学ERM卓越中心执行主任。保罗与其他学者共同开发了企业风险管理的相关课程，并为世界各地的高管和董事会提供企业风险管理培训。他撰写了大量有关风险和企业风险管理的文章，其中包括《通过最佳实践来提高董事会的风险监督》（*Improving Board Risk Oversight through Best Practices*）、《实施成功的企业风险管理》（*Making Enterprise Risk Management Pay Off*）和《企业风险管理：全力以赴》（*Enterprise Risk Management: Pulling it All Together*）。另一作者威廉·G. 申克（William G. Shenkir）是弗吉尼亚大学麦金太尔商学院威廉·斯坦普斯·法里士（William Stamps Farish）名誉教授。他还曾在该学院执教并担任院长，与他人合作撰写了有关企业风险管理的诸多研究报告。

一、为何要制定ERM整合框架

在经济全球化的背景下，以及互联网和大数据这样重大的社会变革中，企业风险管理对于企业竞争的益处愈发显现。肯特·D. 米勒（Kent D. Miler）在1992年提出了整合风险管理概念，之后风险管理概念被学界从不同角度进行阐释，直至2004年COSO发布《企业风险管理——整合框架》。COSO认为企业风险管理是一个过程，即由董事会、管理层和其他人员实施，应用于战略制定并贯穿于企业活动之中，旨在识别可能会影响组织的潜在风险事项，并将风险保持在组织风险容量范围以内的过程。为此，其将企业管理风险管理定义为与战略制定和绩效相关的文化、能力和实践，组织借助它们来管理风险并创造、保护和实现价值。COSO 的企业风险管理框架拓展和细化了内部控制框架，并将风险管理应用于战略制定和企业日常经营活动之中，使企业风险管理从模型化管理升级到框架标准化管理。

企业风险管理广泛识别那些可能影响到组织实现其战略和目标的风险。为了能在大多数时候实现更多的目标（战略、运营或其他领域的目标），组织必须更好地管理风险。企业风险管理之所以重要，是因为它能否成功建立决定了企业能否健康发展。如果一个企业未能识别已存在的风险敞口，其后果将是随时被风险的负面后果所威胁。例如，大多企业已认识到对单一供应商的依赖是一种高风险经营，因为如果该供应商停业，那么企业自身生产经营将受到重大影响。因此，企业识别单一供应商的风险并通过分散供货来源来解决风险，从而降低由于集中供货带来的风险敞口。同样地，识别企业项目管理风险并加以控制，以提高项目成功实施概率，这其中对于风险的识别与控制也应是放置于整个企业来进行的。另外很重要的一点是，企业风险管理通过标准化监控单个项目风险的工具、技术方法以及人员，使组织中的风险管理程序制度化，以便适当地降低单个项目失败的影响。

二、ERM 实施的工具和技术

本篇公告主要讨论了现代企业风险管理的实施细节，分步骤地介绍了如何将企业风险管理的技术和工具实施于公司。

讨论 1：如何有效地识别风险？

如何有效识别企业所存在或未来潜在的风险是企业风险管理首要问题，准确地识别与归纳，才能为后续的解决提供正确的方向。本篇公告介绍了 8 种主要的传统风险识别技术，如头脑风暴、风险事件清单和损失事件数据、访谈与自我评估、引导式研讨会、SWOT 分析、风险调查问卷和风险调研、情景分析、利用技术等，以及一些新兴风险识别技术。每一种风险识别技术有其特殊的使用前提、方法以及注意事项，不同的风险识别技术之间也有相互促进作用。如"头脑风暴"这一技术，企业管理者在进行之前应当清楚说明目标以及在参与者理解目标之后，才可以召开头脑风暴会议，同时在开展头脑风暴会议时应有一定的步骤，并且对于组织者的能力也有特殊的要求；另外，企业组织者在进行头脑风暴会议时需关注一些可能妨碍会议进行的事项，如企业必须向参与者做出保证，即他们不会因自己所提出的想法而遭到羞辱或降职处分等，否则，参与者就不能畅所欲言，指出企业所面临的重大风险。组织者对于特殊注意事项的关注也是有效识别企业风险的关键。在传统的风险管理理念中，比较注重制定相关的应对措施，但在预防和管理上存在一定的欠缺。使用大数据技术可以提高整体的整合能力，便于应对各个环节的潜在风险，同时在缓解、学习等环节上也十分有利。如在金融企业风险管理中，有的企业就提出基于大数据的风险控制、反欺诈及数据核验等技术，通过打造核心风控工具及技术，能够针对企业各重要环节提供全流程的风控服务。

讨论2：风险动因分析是否重要？

风险动因分析是针对使用风险识别技术之后的风险项目从动因角度深入分析，认为管理者需要与风险敞口部门一同协作，多角度观察，以便解释表面之下所隐藏的内容，更好地了解潜在的风险动因。其中，通过情景分析来绘制影响力图或进行根本成因分析，能够清楚了解到风险的成因，此后管理者才能进行后续的风险量化分析。在本篇公告的案例中，某企业风险管理项目的高级管理人员通过战略风险影响力图，识别出其中列举出的收入目标不能实现这一战略风险，并将情景中的一系列事件依次罗列，再通过其他调查方式对这些风险事件的动因——查明，继而从公司战略层面发现了企业高端客户的流失，以及企业内各部门各自为政、管理不协调等问题。

讨论3：如何有效地运用风险评估工具？

风险评估工具是用于风险评估与分析的技术工具。企业风险管理者在了解到风险动因之后、进行风险应对之前，应正确、准确地识别风险。风险识别是风险评估的第一步。首先，对风险的类别进行界定可以帮助管理者了解风险之间的相关性，这也是COSO 2017版企业风险管理框架的重要内容——对于风险采取组合观点。企业如果要在整个企业层面进行风险的分门别类，那么在整个组织范围内统一风险语言或术语也是极为重要的，不能仅仅在子单元或部门进行统一。

风险评估有定性和定量两个层面，本篇公告也从这两个层面提供了大量风险评估工具，如风险地图、剩余风险、损益曲线、龙卷风图、风险调整收入、概率模型等。例如公告中介绍的风险地图在我国央行的审计工作中便有较重要的应用。现代央行的风险管理体现的是全面性、常态化的要求，这需要内部审计人员必须在日常工作中关注风险领域的完整性，将整体风险纳入视野，及时预见、预警风险、快速响应需求。而风险地图覆盖整个业务领域，能够集零散的风险评估结果于一体，满足风险管理的整体性需求：一方面，其展示的业务全景能对风险的全面监督提供条件；另一方面，其提供的整体性风险信息，也便于更好地把握、控制整体风险。

讨论4：在实践中运用ERM框架需要注意哪些内容？

组织管理者在实施企业风险管理过程中遇到的个性化问题，也可在本篇公告中找到整体性的解决方案。从企业管理层角度推行企业风险管理时，应按以下板块实施：企业风险管理基础架构、企业风险管理成熟度模型、分阶段推行企业风险管理以便早日见效等。另外，管理会计师也是企业风险管理的重要一环：他们能支持企业风险管理流程、提供与企业风险管理流程相关的专业知识、加入管理跨职能团队以及引领思潮等。

企业风险管理机制一经建立，对于企业内部文化的改变是管理者需要特别注意的。许多企业和组织的成功取决于其文化，而在现代企业管理中，文化会影响到风险的管理方式。管理者将会意识到，随着企业风险管理的实施，企业文化会随之发生变化：组织对待风险由被动方式转变为积极关注。

最后，管理者需要注意的是，企业风险管理的投资回报率仅是企业风险管理为企业创造价值的一方面，其最终收益体现在帮助组织更好地制定决策。

三、总结与启示

本篇公告为组织管理层提供了企业风险管理实施指南，为其在识别、评估以及管理可能阻碍组织实现其战略和目标的风险方面提供了更广泛的视角。从企业价值角度看，企业风险管理的实施使公司内部控制得以完善，出现财务困境的可能性大幅降低，间接地减少了因为财务困境对组织经营能力造成影响而带来的显性成本和隐性成本。另外，企业风险管理的有效实施可以有效优化组织资本结构、减少组织收入波动等，进而降低组织税收支出，为股东带来可见的利益。

由于全球经济发展所面临的风险不断变化，企业风险管理的实施也需要有持续性。企业风险管理实施中，人是最重要的环节。其中，要求高级管理层积极投入，根据企业所具有的组织性质和文化特点，制定行之有效的企业风险管理实施流程。同时，具备企业风险管理专业知识的员工可以使组织从企业风险管理实施中获益。因此，在推动组织的绩效及效益时，管理会计师和财务专业人员应该把握机会，与高级管理人员和董事会合作，共同推进企业风险管理实施，进而改善企业风险控制环境，提升企业实力，增加企业价值，最终实现企业的可持续发展。

目前，许多大型企业已建立起成熟的企业风险管理体系，但企业风险管理在组织中实施情况的判定尚未形成统一的标准，无法给学界提供严谨的数据资源。本篇公告所提出的技术和工具，正好弥补了此方面的空缺，使企业内部风险管理的状态得以量化，从而能为进一步开展数量分析提供较为坚实的基础。

未确认的无形资产：
识别、管理和报告

关于作者

IMA 要感谢 EduVision 公司的尼克·A. 谢泼德（Nick A. Shepherd, FCMC, FCCA, CGA）和 I-Capital 顾问公司的玛丽·亚当斯（Mary Adams, CMC）所做的贡献，本公告正是以他们的工作为基础的。此外，还要感谢德勤会计师事务所的露丝玛莉·阿马托（Rosemary Amato）、在 SAS 担任评论员的加里·柯金斯（Gary Cokins），以及 IMA 负责研究工作的副总裁、驻校教授和公告系列的编辑瑞夫·劳森（Raef Lawson, 博士, CMA, CPA）。

一、执 行 摘 要

无形资产是指那些不具有物理形态的资产。无形资产可分为两类：在财务报表中"已得到确认"并赋予了属性价值的无形资产以及未根据财务报告目标予以确认的无形资产。

本公告关注的是无形资产的未确认部分给企业带来的越来越大的影响。未确认项目已经成为上市公司主要的价值来源。这些项目有助于提高公司竞争力，构成了企业未来可持续发展的关键方面。虽然未确认的无形资产不符合当前报告准则的确认标准，但它们的识别、评估、管理、控制、保有和培养对于组织维持其运营能力是十分必要的。[①]

通常，法定报告要求滞后于利益相关者的期望。进取型组织倾向于分析其利益相关者的信息需求，并自愿披露"最低报告要求"之外的信息。财务和会计专业人员作为管理顾问，要确保外部报告的透明度（即提供更加详细和更具支持性的信息），必须关注组织的持续经营能力、有效竞争能力并为组织资产提供保护。本公告确定了那些无法确认的无形资产的重要性和范围，提出了相关问题及关注点。本公告确定了未确认无形资产的重要性和广度，提出了与之相关的问题和关注点；讨论了各种类型的未确认无形资产，提出了管理和报告这些资产的方法。

关键词：知识；无形；无形资产；智力资本；商誉

二、引　　言

发生在20世纪20年代的大萧条波及了美国和其他许多工业化国家；随着20世纪30年代经济的复苏，企业责任出现了巨大的变化。上市企业必须按要求披露更加广泛的财务信息；相关机构制定了会计准则，报告框架得以确定；企业必须按要求执行审计以确保合规性。自那时起，为满足内外部使用者的需要，财务报告方式不断演化发展。

---

① 在一般文献中，"可持续性"这个术语包含两个意思：一是一家公司的经济发展情况或是"可行性"；二是在避免破坏或是耗尽自然资源或是污染环境的同时，实现经济和社会的发展。在本文的第九部分，这两个概念都有涉及。

20世纪80年代和90年代，技术的发展步伐日益加快，这预示着工业社会的日渐成熟和知识社会的出现。虽然工业社会侧重于使用有形资产来制造商品、提供服务并为投资者创造价值，但知识社会却越来越多地依赖于无形资产。虽然工业社会和知识社会存在着一定的重叠，如传统的制造组织应用先进的知识管理技术来优化有形设备的性能，但两种类型的组织都是越来越多地通过有效控制、利用和开发无形资产来形成产出，而这些无形资产不再属于当前会计规则和准则框架的界定范围。

在过去20年里，业界提出了许多举措。这些举措有助于提高人们对这一问题的关注和认识，并通过三条平行的轨道不断发展推进。每条轨道对其他轨道形成补充，但在采纳和应用举措方面仍然保持一定程度的独立。第一条轨道关乎现有框架和监督问责制，是会计专业的竭力实现的目标。这些举措包括在20世纪80年代针对组织风险管理制定的对策，并形成了美国反虚假财务报告委员会下属发起人委员会（COSO）相关框架；美国注册会计师协会（AICPA）关于提升业务报告的举措；颁布《萨班斯－奥克斯利法案》（SOX），以期来提高公众对上市公司受托责任的信心。此外，在非法定合规层面，也有一些举措影响到组织的披露和报告，包括开发和采用平衡计分卡等更广泛的报告技术。在国际层面，这类尝试还包括国际会计师联合会（IFAC）将更多的注意力放在无形资产所带来的挑战上以及为制定新的报告框架所付出的努力。

然而，由于资产资本化依赖于现有的资本框架，加之无形资产报告尚难以成为主流报告范围的一部分，因此，上述举措所发挥的作用较为有限。第二条受到关注的平行轨道是一种具有替代性的和补充性的报告方法，该方法试图为传统披露信息补充更多的内容，形成更广泛的组织绩效信息基础。包括巴鲁·列弗（Baruch Lev）、雷夫·艾德文森（Leif Edvinsson）、卡尔·爱瑞克·斯威比（Karl Erik Sveiby）以及托马斯·斯图尔特（Thomas Stewart）在内的许多知名作者针对如何识别和报告无形资产的价值，在思想方面都做出了自己的贡献。然而，这些工作大部分未能落脚到主流报告上，也未被财务界所采纳。

第三条轨道是培养对企业社会责任（CSR）[①] 报告的关注。作为无形资产的可持续性问题的延续，对企业社会责任报告的关注源于如下两个主要因素。首先，组织的公共"价值"受到自身社会行为认知的影响。在当今社会中，如果组织未能实施管理系统来解决环境影响以及社会行为问题，那么，公众越来越倾向于看低组织的价值。我们只需

[①] 企业社会责任（CSR）是一种扩展企业公共责任的方法，包括与所有核心利益相关者有关的绩效（广义定义参见维基网站）。

要看看总部位于美国的诸多知名跨国企业，就可以认识到企业对待这类问题态度的快速转变。除此之外，组织越来越需要在"可持续采购"领域推行各项措施。第二个影响表现在对投资界的影响。体现社会责任的投资（SRI）方法得到了企业越来越广泛的应用。资金管理者通过社会责任投资来开展尽职调查，并针对未能对环境和社会责任表现出适度关注的组织采取股东积极主义（shareholder activism）。对于环境和社会责任关注度的提升最终会让贷款人要求那些未能通过实施管理系统解决更为广泛的行为问题的借款人支付风险溢价。没有投资者愿意受到另一起埃克森·瓦尔迪兹号（Exxon Valdez）漏油事件带来的意外和风险。[①]

会计职业对于组织履行内部和外部受托责任发挥着关键作用，在确保组织负责任地管理投资者投资组合方面肩负着公共责任。因此，会计职业必须成为解决新问题的强大工具。如果未能做到这一点，会计职业将只能承担起制定和维护标准和报告的责任，所反映的投资者价值将越来越小——这不是一个职业稳健成长的方式。

三、有效和透明报告的目标

报告可用于内部和外部目的。提交给管理层的内部报告侧重于提供信息，帮助管理层做出有效的运营决策，保护组织的资产和能力，并实现短期结果优化与长期可持续发展的平衡。外部报告通常包括两种类型，法律法规所界定的或用于证券监管目的的报告（强制性报告）以及自行决定的、以公开和透明的方式向利益相关者提供信息并就组织事项展开沟通而形成的报告。法定报告的目标是实现合规；而自行决定报告的目标是向关键的利益相关者提供额外信息，让他们能够根据自己的利益和责任做出明智决策。通常，法定报告要求滞后于利益相关者的期望。进取型组织倾向于评估利益相关者的信息需求，并在"超越最低报告要求"的基础上进行自愿披露。

目前，全球经济正从工业社会向知识社会转变，业界为顺应这一趋势采取了针对性行动，这些行动影响到内部和自愿披露的报告。我们预期这些变化最终也会影响到法定报告要求。法规修订需要更长的时间。事实上，1929年大萧条发生后短时间内会计准则和信息披露的发展历史告诉我们，在变化真正到来之前，社会上通常会发生重大事

---

① 1989年3月24日，埃克森·瓦尔迪兹号（Exxon Valdez）油轮在阿拉斯加州威廉王子湾触礁，导致约1080万加仑原油泄漏。这是美国历史上最严重的漏油事件，也是历史上最大的生态灾难之一。

件。在 20 世纪 80 年代后期，由于信息披露的缺失或不充分，引发了人们越来越大的担忧，主要集中在董事会明显缺乏能力，无法认识到组织内部存在的风险。针对这一情况，COSO 开展了有针对性的工作并制定和改进了风险管理框架。2002 年，大量企业相继曝出丑闻，安然公司（Enron）①轰然倒塌，进而《萨班斯－奥克斯利法案》获得通过，改善了公司的合规和报告工作。在 2008 年全球经济危机爆发之后，针对金融机构和治理机构的新规定可能会出台。然而，时至今日，监管机构尚未着手处理企业知识资产的会计处理问题。

在 20 世纪 80 年代，社会向知识时代加速转变，尽管监管滞后，但业界开始质疑内外部报告及信息披露的充分性。《相关性的遗失》一书［约翰逊（Johnson）和卡普兰（Kaplan）在 1987 年所著］提出了一个问题，即管理会计所采用的内部方法是否依然充分和恰当，"相对于当今环境而言，企业管理系统是不够充分的。在这个技术快速变革、全球和国内竞争激烈、信息处理能力大大提升的时代，管理会计系统不能为管理者的流程控制、产品成本核算和绩效评估等活动提供有用且及时的信息"②。这本书强调，广泛使用平均成本分配因素造成产品成本核算的重大失真，因为这些因素没有反映会计的因果关系原则。该书提出采用作业成本核算法（ABC）来弥补这一不足。

在本书出版之后，卡普兰和诺顿（Norton）提出了平衡计分卡，指出需要扩展公司报告，将在竞争中取得成功的非财务驱动因素包含其中，"如今，组织在复杂的环境中进行竞争，因此，准确地理解它们的目标以及实现这些目标的方法就显得至关重要"③。20 多年来，管理层一直在朝着更新的、更广泛的信息报告系统努力。

自 2003 年以来，改善型商业报告委员会（EBRC）一直致力于这方面的讨论，并侧重于外部报告要求。在 EBRC 之前，投资者、其他利益集团（其中一些直接代表了投资者、传统意义上的主要利益相关者和第三方组织）以及第三方组织已经提出了其他一些方法来改善公司外部报告。所有这些方法都表明业界对企业透明度和可见度的关注越来越高。而公司本身，从股东到董事会，也越来越关注如果组织没有披露公司活动的某些方面，特别是环境和社会影响，那么公众将会如何看待公司。因此，有效报告和透明度这两个目标的实现程度在组织内部和外部都受到越来越多的质疑。

EBRC 将以下内容作为其工作重点：

---

① 安然公司（Enron）是一家美国大型能源公司，于 2001 年申请破产。
② Johnson, T. and Kaplan, R. *Relevance Lost—The Rise and Fall of Management Accounting*. Harvard Business School Press, 1987.
③ Kaplan, R. and Norton, D. *The Balanced Scorecard*. Harvard Business Press, 1996.

改善型商业报告为公司的信息披露提供了一个框架结构,让投资者能够更加全面地了解公司,特别是严重依赖于无形资产的公司。EBRC 的首要目标是实现高质量的信息披露,而要实现这一点,不仅要补充当前未予披露的重要信息(改善),同时还要倡导提高现有披露信息的一致性和相关性以及改进现有财务报告的沟通重点(简化)。

EBRC 还加入了世界智力资本倡议组织(WICI),该组织的目标是创建一个"计量和报告智力资产和资本的全球框架。"(http://www.worldici.com/index.php)

四、无形资产和新经济体的涌现

在有关透明度和可见度的辩论中,贯穿全程的是围绕有形资产在组织竞争力和可持续发展方面相对重要性的下降以及无形资产重要性的上升讨论其带来的挑战。这种转变与工业社会向知识社会转变的大趋势有关。

在 20 世纪,知识经济开始缓慢发展起来,越来越多的工人开始从事负责信息处理的白领工作,而不是从事蓝领工作,如制造产品或种植食物。[①] 20 世纪中叶,在计算机发明之后,这一趋势开始加速,并随着 20 世纪末互联网的到来而呈现出爆发之势。20 世纪 80 年代,个人计算机开始被引入,白领和蓝领部门越来越多的工作开始依靠电脑。这种技术可以快速获取和分享信息和知识,其速度是人类历史上前所未有的。信息和知识爆炸几乎影响到所有的工作场所和所有工作。

这些商业趋势给报告制度带来了挑战,而这些报告制度正是我们经济体系赖以建立的基础。要想弄清这一点,最简单的办法就是看看普通公司的市场价值与账面价值之间越来越大的差距。

直到 20 世纪 80 年代,典型公司的估值大约等于其账面价值。这是有道理的,因为公司的盈利能力与其有形资产(它所拥有的)密切相关。然而,从那时起,越来越多的收入是由公司的知识(它所知道的)驱动的。即便是制造企业,虽然它们仍然严重依赖于有形资产,但优化这些资产的业绩表现所需的能力也越来越多地由人员的创新和创造力所驱动。虽然这些知识资产具有极高的生产力,但无法在传统报告和当前的治理系统中发现它们的身影,而这些系统大部分是为工业时代开发的。

---

① http://www.pbs.com/fmc/book/2work1.htm.

我们可以通过品牌金融公司（Brand Finance）发布的年度报告《无形资产追踪》（*Intangible Tracker*）来了解这种信息差距的存在程度，该报告覆盖了世界上最大的上市公司。EBRC 在 2007 年 12 月发布的报告指出，当今的上市公司，大约 75% 的企业价值没在法定的财务披露信息中得到反映。按照《国际会计准则》（IAS）或美国财务会计准则委员会（FASB）准则编制的传统财务报告使 25% 的公司资产得到资本化，此外再加上一部分无形资产，如专利、商标等，它们约占总价值的 10%。因此，会计披露信息只涉及市场所认定的组织价值的 35% 左右。换句话说，如今的会计披露信息未能针对组织价值的 65% 做出解释（如图 1 所示）。

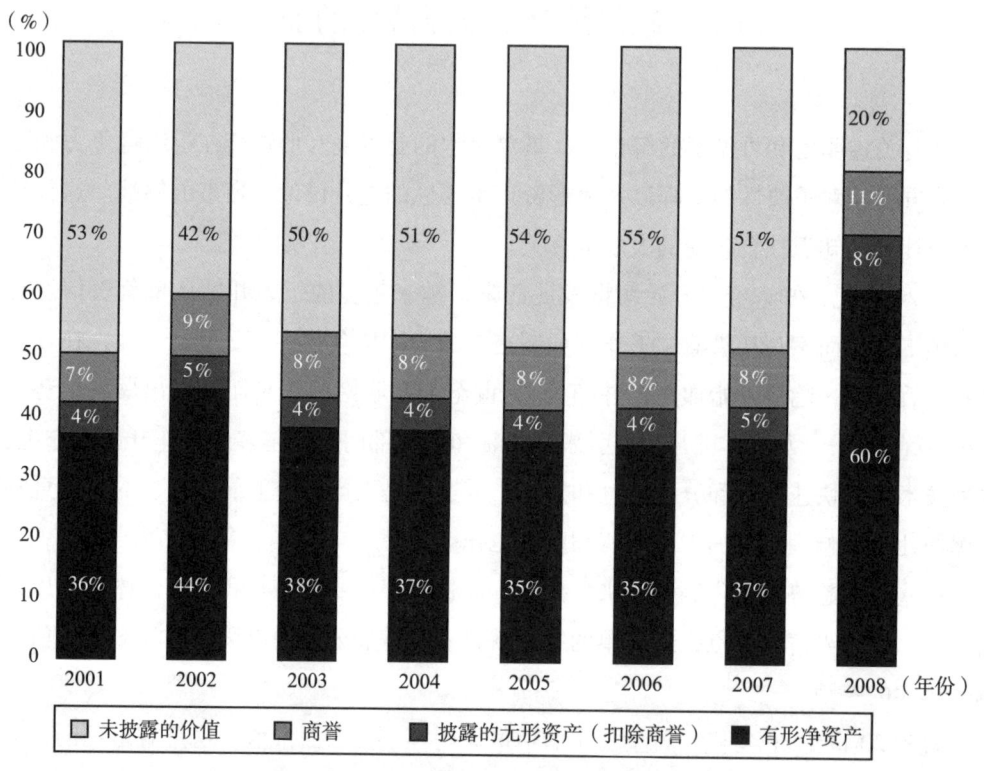

年份	未披露的价值	商誉	披露的无形资产（扣除商誉）	有形净资产
2001	53%	7%	4%	36%
2002	42%	9%	5%	44%
2003	50%	8%	4%	38%
2004	51%	8%	4%	37%
2005	54%	8%	4%	35%
2006	55%	8%	4%	35%
2007	51%	8%	5%	37%
2008	20%	11%	8%	60%

图 1　全球企业价值的分解（2001～2008 年）

资料来源：品牌金融公司的《无形资产财务跟踪 2009》（*Intangible Finance Tracker* 2009）。

我们也可以在安永会计师事务所[①]最近的一项研究看到类似的差距，该研究对 2007

---

① Ernst & Young, "Acquisition Accounting: What's Next for You," February 2009. Available athttp://int. sitestat. com/ernst-and-young/international/s? TAS_Acquisition_accounting_Whats_next_for_you&ns_type = pdf&ns_url = %5bhttp: //www. ey. com/Global/assets. nsf/International/TAS_Acquisition_accounting_Whats_next_for_you/MYMfile/TAS_Acquisition_accounting_Whats_next_for_you. pdf%5d.

年全球范围内发生的709项并购交易进行了调查。这项研究发现，平均而言，只有30%的并购价格可以分配到有形资产上，另外23%的价格可以分配给可识别的无形资产，如品牌、客户合同和技术。剩下47%的价格归为商誉。归根结底，这个报告表明普通交易的70%都与无形资产有关。

无形资产价值的增加无不体现在任何方面。在很大程度上，日益增长的无形价值反映了过去几十年在计算机系统、员工培训、自动化流程、内外部网络、品牌建设以及研发方面的投资。1985年，有形资产投资超过无形资产投资达40%。在1995年，这两种资产的投资基本持平。但到2007年，无形资产投资每年为1.6万亿美元，比有形资产投资高出33%，后者为1.2万亿美元。[1]

这一信息差距虽然得到了承认，但尚未得到充分解决。从历史上看，问责和报告方法的改变是由全球经济和社会情况的变化所驱动的。在1929年华尔街大崩盘发生之前，几乎不存在任何财务报告准则，也无需开展独立审计，在公共机构向其投资者提供披露信息和透明度方面要求也极低。在大崩盘发生之后，业界显然需要新的框架。当时所创造的框架也正是我们如今使用的主要框架，而且，我们仍在努力修改和调整这些框架以适应新的经济形势。然而，过去发挥良好作用的治理框架必须做出改变，因为它们不再符合知识经济的需要。[2] 传统的治理方法主要侧重于保护有形资产和财务条款履行，而知识经济则是以保护和培育无形资产为基础，并将无形资产作为当前及未来财务业绩的主要驱动力。

五、无形资产与管理会计师

许多人按字面意思来理解无形资产这一术语，也就是说，认为这些资产是不可知的、不可计量的。这一观点认为，会计师负责编写基于事实的财务报告，他们只需要考虑有形财务交换所形成的交易。举一个过度简化的例子，将现金或现金义务（例如权责发生制会计）添加到库存资金账户中或从中删除。然而，更为相关的问题是，管理会计应该怎样核算无形资产。为了解决这个问题，我们有必要回顾一下会计工作的目的和责任。

---

[1] Mandel, M. "The GDP Mirage," *Business Week*, October 29, 2009.
[2] Shepherd, N. Governance, Accountability, and Sustainable Development: A New Agenda for the 21st Century, Thomson Carswell, 2005.

会计服务于组织的几个基本目的：

（1）跟踪组织的资产和负债。资产负债表是任何一个会计系统的起点，它记录了所有的资产、负债以及所有者权益。直到 20 世纪 70 年代，资产负债表才能充分地解释公司价值——"账面价值"。如上文所述，如今，平均来看资产负债表只能反映公司价值的三分之一，这是因为大部分无形资产没有实现资本化（除了在企业合并的情况下），但它们却在公司收益方面发挥着更大的驱动作用。

（2）跟踪经营活动。损益表是跟踪组织当前年度所有经营交易的一种方式：收入流入、费用流出。在当今的知识社会中，无形资产资本化不充分意味着损益表不仅包括与当前年度收益相关的支出，还包括了预期能够为当年及以后年度带来回报的投资（如培训、建立客户关系、流程创新等）。此外，当前年度的收入包括以前年度的支出（在品牌、关系等方面的投资）所带来的收益。这样会计处理的结果就是，工业时代的经营故事在如今已变得面目全非。

组织可在任何时间使用会计系统生成的报表，检查组织的运营是否成功。尽管它们存在缺点，但财务报表仍然是衡量知识型组织成功与否的最终指标，也就是说，应该形成正的净现金流，这一点在知识时代与工业时代同样重要。这些指标或许不能全面讲述公司取得如此成绩的前因后果，但是财务报表（如损益表、资产负债表、现金流量表）可以表明取得财务成功的"净利润结果"。

财务部门当前所不能充分解决的问题是有关生存能力的更深层问题。在工业时代，会计可用于解释组织的资产和经营是否足以帮助其履行财务义务。审计师可以使用财务报表来确定一个组织的经济能力，判断其是否能够"持续经营"。然而，如果组织的大部分资产属于无形资产且并未反映在资产负债表中，那么，我们或许很难通过资产负债表开展透明和可靠的分析。唯一的补救办法就是，由会计师挖掘与无形资产相关的客观数据并用于管理报告和分析，以期为组织的持续生存提供助力。

许多会计专业人士仍然乐于关注"基于结果"的组织绩效衡量指标，但投资界的专业人士不甚满意，而环保人士则提出更多要求。"基于结果"的衡量方法存在两个问题。首先，通过定义我们就可以看出，结果衡量指标属于滞后指标。以客户关系为例，当客户离开时，销售收入将有所下降，而销售费用在收入中所占的百分比却会增加，这是因为销售人员必须投入更多的时间来填补那些离开的客户所留下的空缺，而不是用于开发新客户。然而，当这种情况发生时，局面已定，一切为时已晚！管理会计师需要监控和报告领先指标，这类指标能够提供一种预警信号，在财务报告体现出来之前，就指明无形资本的完整性已经受到侵蚀。只有这样，他们才能在保护组织的生产力、充分利用其所有资产方面为管理层提供价值。

第二个问题源于财务经理在保护和维持组织资产方面的责任。虽然市场赋予上市公司一个价值，其中包括了超过其账面价值的溢价，但我们不能依赖于这个不断变化的数字，并将其作为基础来确定组织在构建和维护"企业价值"方面的实际表现。此外，直到公司出售之后，我们才能确定某个价值（例如，当商誉产生时），这是不合适的，因为这样做相当于认为在出售实际发生之前，"溢价资产"并不存在或者并不值得了解、计量和控制。

我们知道无形资产的价值很大，我们也知道它们很重要，而且人们愿意为获取无形资产而支付对价；此外，我们还知道无形资产是可以创造和毁灭的。但问题是，根据一般公认会计准则，一项无形资产在双方进行公平交易之前通常是不予确认的，这导致大部分无形资产不能记入资产负债表。然而，我们可以开发一个具有互补性的新框架，为利益相关者提供透明度，让他们可以评估企业价值或资本在这一方面是否得到提升、被消耗或是被破坏，以及现有的管理策略是否导致风险加大，会让这类资本所带来的竞争优势消失殆尽。

六、未确认的无形资产类型及其重要性

目前未在法定报告中得到反映的无形价值可以分为三大类（如图 2 所示）。这些类型是从卡尔·爱瑞克·斯威比（Karl Erik Sveiby）所开发的模型演变而来的，该模型最初只涉及人力、组织和结构资本。我们将这些类型重新定义为人力、关系和结构资本。

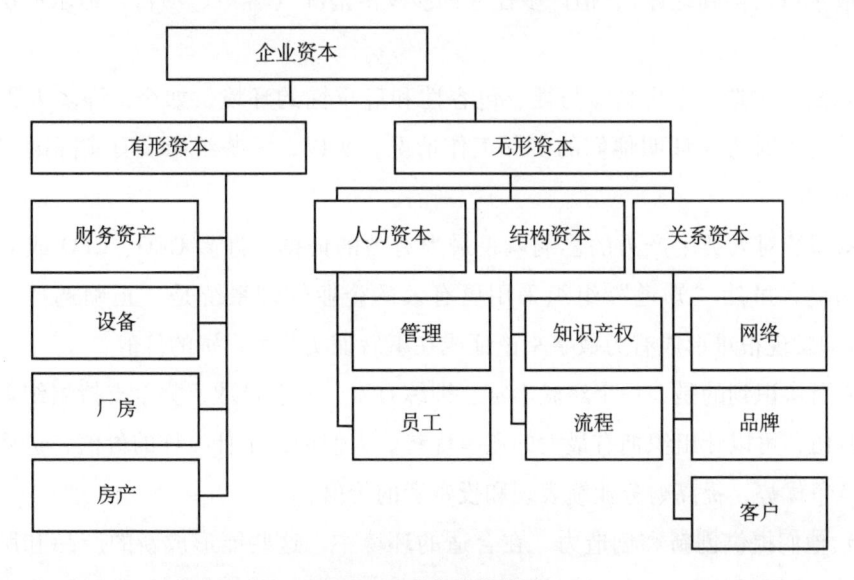

图 2　无形资本的类型

（一）人力资本

第一类无形资产必须被定位为主要无形资产，因为只有通过它，绝大多数其他类型的无形资产才能被创造、开发或销毁。"人力是我们最重要的资产"，这一说法已经流行多年。这种资本在智力和知识方面的价值体现有目共睹，但是去识别、理解、计量、监督和提升人力资本的影响，非常困难。通过弗雷德里克·泰勒（Frederick Taylor）的早期工作和他在时间方面的研究，借助标准成本核算的发展，会计行业已经对劳动力的生产能力和效率有了深入的理解，但前提是任务可以得到清楚的界定和衡量，以及"劳动力"所需的一切就是具备在规定的时间范围内完成规定任务的能力。经济的变化已经让这种方法的价值大不如从前。如果组织未能采用新的管理工具（如流程思维）以及新的成本核算工具（如作业成本核算，ABC），那么，它就无法充分理解"预期"生产力与实际生产力之间的差别。为什么使用现有方法难以量化这类无形资产呢？

（1）随着工厂引入自动化，服务和支持型组织引入更多优化的流程开发，现在，越来越少的人员从事重复性工作。

（2）如果组织实施了精益和柔性制造等策略，参与生产的人员将具备更大的灵活性，因而能够执行多种任务。

（3）大部分劳动力转向知识和服务型就业，在此过程中，尽管可能涉及一个流程要素（成本可以得到计算），但许多任务都涉及由情况（客户、项目）需求所决定的可变性。

（4）努力创造一个更具参与性、包容性和尊重性的环境，如今，许多人无需"打卡"或填写工时表来证明他们的实际工作情况，所以，一些组织没有实际的"时间使用量"数据。

信息系统对人类生产力的影响就是最为有力的证据。许多 CEO、CFO 或 CIO 面临着一种困境，虽然"知道"组织采用更有效的企业管理系统是"正确选择，必须为之"，但却发现很难形成有力数字来论证或在事后证实此类投资的价值。

我们所认识到的是，一个经验丰富、训练有素、积极进取、完全支持组织业务使命的员工队伍，可以让组织拥有最大的竞争优势。人们创造了什么样的价值，进而能够推动形成竞争优势，提高财务业绩表现和投资者的价值？

（1）他们提供创新和创造力，在合适的环境中，这些能形成新的产品和服务，另外加上以创新和创造性的方法，通过最快速和最经济有效的方式来生产和交付这类成果。

（2）他们建立和维持关系，这为更有效的供应链（供应商关系）和更有效的销售和营销活动（通过改善的客户关系以及与分销商和代理商等合作）提供了基础，从而节省了投入和产出成本。

（3）他们通过"了解业务"、借助有效的人际关系技能来创造积极的内部工作关系，进而加强部门之间的互动，从而提高周转次数，并显著减少由于缺乏信任、协作、沟通和合作而形成的官僚行为。

（4）他们创建结构型资本（即战略的执行能力），捕获组织的"最佳实践"知识，并（甚至更好地）将这种知识转变为可扩展、可重复的流程，这通常是通过技术来实现自动化。

人力资本的重要性虽然已经站在了最前沿，但依然不为许多人所关注。这一领域涉及企业的价值观和道德观。组织所采取的行动，从最高管理层到最底层员工，都会对关系资本造成影响。立法机构可以通过法律，要求人们按道德行事，而组织可以制定道德规范，但它最终要落实到人员的行为上。如果组织的领导层和员工能够保持高水平的道德诚信，那么，组织的市场价值将得到保护，并将随着时间的推移而不断增长。

为了试验和评价人力资本，业界已经开展了大量工作，数种方法建议组织可以通过监测平均就业年数/经验，这可能是一个好的指标，另外如缺勤、培训和获得的专业学位数量等指标。但这些方法忽略了一个关键点。组织可以安装最现代化的设备（即能力），但如果没有获得有效的设置、维护、操作员培训、良好的工具等，那么，这些设备将永远不能为组织提供竞争优势。因此，我们需要能力来优化这一产能的潜力。人力资本也是如此。组织可以拥有世界上最有经验和最优秀的人员，但如果它不能提供积极的支持性环境，不能有效地激励员工，那么，组织就永远不能优化他们的能力。培训不足、工资不高、沟通不畅、监督不善、待遇不公以及设备不良等都可视作导致环境欠优化的因素。

我们需要将人力资本视为资产负债表资产（对我们有用的资产）以及降低运营成本的驱动因素，并可以通过损益表得到体现。管理会计师需要了解资产和结果以便为管理层提供有效的建议，帮助他们处理好有效性问题以及在优化公司资产利用、为利益相关者负责方面的责任。

（二）关系资本

人力资本创造了第二种类型的资本——关系资本，它本身能为组织创造巨大的价值。当以客户列表的形式加以呈现时，这种类型的"资产"就能实现资本化。然而，这个例子与人力资本一样，拥有客户列表（资产）并不一定会形成竞争优势。利用这一资本并产生成果溢价的关键是客户的营业额水平和客户群体的满意度水平。组织内外部存在着许多相互依赖关系，可以考虑以下例子：

（1）买家面临压力，需要他们的供应商成为更有效供应链的一部分。当前对有效关系的期望包括低价格、零差错的表现、持续创新和创造力以降低和方面成本的创造力。建立这种关系需要时间，不可能通过不断的"比价购物"来发展。

（2）与供应商建立积极的长期"双赢"关系可以节省产品和服务的获取成本以及管理流程的成本，将双方联系起来。只有当身为合作伙伴的各方为实现共赢而合作努力时，有效的供应链管理才能得以实现。这意味着价格必定仅是考虑因素之一。我们可以以汽车行业各个供应商之间的关系为例，比较丰田汽车、本田汽车以及通用汽车各自所采用的方法。

（3）将客户视为"资产"，考虑关系的价值，而不是只看到每一个独立的交易，这可以形成问题的解决方法，增强关系而不是终止关系。

（4）在许多情况下，组织所在的社区（通常不仅仅是客户）也是关键的资产。这样的例子包括推荐网络和使用谷歌搜索引擎的用户。

（5）在重复业务表现为机会的市场中，研究表明，满意度与重复购买意向之间存在相关性。因此，了解和提高客户满意度是"客户群体"这一无形资产隐含价值的驱动因素。

（6）在大多数企业中，获取一个新客户的成本比维持一个现有客户的成本高（通常为4∶1的比率）。较低的客户流失率会带来较低的销售成本。

（7）组织正从基于职能专业化的层级模式向基于整合所有领域以创建知识平台的"神经网络"模式转变。积极的内部关系消除了障碍，信息可跨越组织边界顺畅流动，这让决策制定的周期时间缩短，减少了因人员未能共享知识而造成的"一再重复走别人老路"的情况。

从财务结果的角度来看，关系资本能够提高经营效率，创造得到市场认可的竞争优势。当我们认为外部各方是根据它们对组织运转方式的观察来分配价值时，这一领域的重要性就可以基于第三方的观察或通过与组织的直接互动清楚地显现出来。能够加强这种关系并将其与潜在财务影响联系起来的新趋势包括：

（1）购买方寻求与具有有效的零差错经营方法（例如，有效实施 ISO 9001 等质量标准）以及参与式工作方法（鼓励与供应商合作）等特征的组织建立更侧重于战略性的关系；

（2）在评估供应商时，从一开始就采用经过扩展的尽职调查清单，除了竞争性定价外，还要审视供应商在环境承诺（使用 ISO 14001 等标准）、社会承诺（使用 SA 8000 等标准，特别是在欠发达国家的外包采购；以及新的 ISO 26000 标准，针对的是企业社会责任，在 2010 年秋季发布）等领域的组织行为；

（3）投资者在多年前就已开始使用经过扩展的尽职调查清单，这些投资者采用了 SRI（社会责任投资），这一框架审视了在与不追求这些方法的组织建立关系时所涉及的风险管理。

关系资本是组织有效运作能力的关键方面。虽然金融市场通常关注这些能力产生的结果，但是在经济下行过程中，急速降低运营成本往往会导致一些行为，这些行为不仅破坏人力资本要素，还会通过破坏人力资本进而破坏关系资本。

（三）结构资本

无形资产的第三种类型是结构资本。虽然结构资本同样是由人力资本创造的，但它包含了组织所拥有的广泛能力，组织通过这些能力来开展日常活动。结构资本通常包括"制造资本"的各个方面，例如通过人员创新来形成"执行能力"，利用高质量、低成本的公司系统和流程来设计、开发、交付产品和服务。此外，这一类别还包括了由专利、商标和版权所涵盖的特有能力，以及从某种程度上可以在财务报表中分配账面价值的其他领域。

结构资本的最佳例子可以在"流程就是一切"的组织中观察到。几年前，"无瑕疵执行"这个术语首次提出，后来得到进一步完善和提炼并作为一个重要的公司策略。此外，通过制定"服务标准"和秉持相关承诺来尝试强化关系资本，会让许多组织认识到内部流程能力是促使做出承诺和满足外部服务标准的能力驱动因素。图 3 提供了这些关系的示意图。

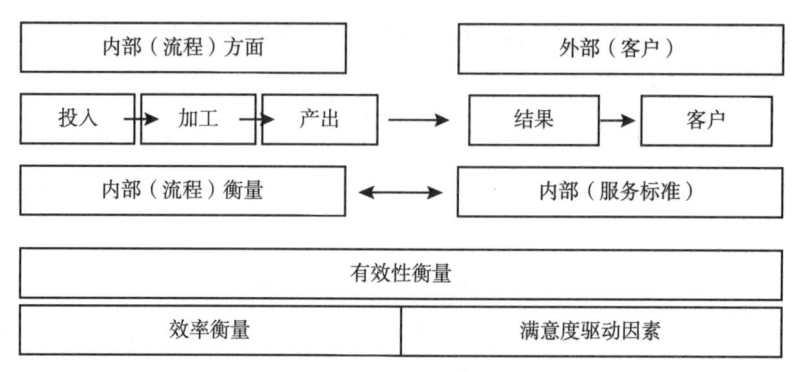

```
┌─────────────────────────┐              ┌─────────────────┐
│   内部（流程）方面       │              │   外部（客户）   │
└─────────────────────────┘              └─────────────────┘
  ┌────┐   ┌────┐   ┌────┐      ┌────┐      ┌────┐
  │投入│──▶│加工│──▶│产出│─────▶│结果│─────▶│客户│
  └────┘   └────┘   └────┘      └────┘      └────┘

  ┌─────────────────────┐              ┌─────────────────┐
  │  内部（流程）衡量    │◀────────────▶│  内部（服务标准）│
  └─────────────────────┘              └─────────────────┘

  ┌───────────────────────────────────────────────────────┐
  │                   有效性衡量                           │
  ├───────────────────────────┬───────────────────────────┤
  │        效率衡量            │       满意度驱动因素      │
  └───────────────────────────┴───────────────────────────┘
```

图 3　流程能力驱动关系资本

根据参与流程再造的人员估计，75%～90%的组织资源是用于流程活动——将投入转化为产出。在制造业中，这反映了将有形投入（材料）转化为有形输出（产品），在服务型组织中，这一概念是完全相同的。唯一不同的部分是有形投入和有形输出——尽管人们可能会认为诸如"投递包裹"或"支付保险索赔"之类的服务实际上是一个有形结果。关键是有效的成本控制（如竞争优势）和产出的可靠性（可靠的供应商）要取决于整个价值流工作的有效性。因此，对持续有效和可靠的"执行能力"进行投资和开发的组织已经能够表现出更高的收益成长潜力，因此市场赋予它们更高的价值。

以联邦快递公司为例，其财务资产负债表包括分拣中心、卡车、飞机和其他许多作为公司执行能力的一部分而获取的有形资产；然而，最关键的资产却未反映在资产负债表上，即公司维持流程的能力——利用它将所有方面联系起来，并履行第二个工作日"上午10点之前送达"的承诺。人们选择联邦快递公司的原因不是因为它比其他包裹投递公司更便宜，而是因为联邦快递公司可靠，服务有保证。此外，流程在企业的支持活动中也很重要，如由财务、合规、人力资源、供应链管理和法务部门所管理的活动。

未来几年，在维持无形资产这一方面，组织将面临一些关键风险，其中最大的风险就是人口统计和退休的影响。一个组织的"执行能力"有多少是存在于员工的头脑之中的？进取型组织正在开发汇编系统（即通过文档记录和共享将内在知识转换为外在知识的方法），借助有效的流程管理工具和员工培训，让这种知识"资产"能够得以保存并传授给下一代。然而，它不仅仅只关乎流程，有效知识管理的重要性才是其中关键。我们将举例来说明这一点。

一个大型的国家税务机构在未来八年将面临退休人员大幅增加的问题，特别是审计部门的员工。虽然审计规划、执行、报告和后续行动的界定工作已经完成，明确了所有的必要活动和任务，但基本没有考虑审计人员本身所积累的、在特定行业中执行审计任务所需的相关知识。他们如何知道实际需要寻找的是什么？答案是，"这都是基于经验"。当问及这类知识如何传授给新的审计人员时，人们才意识到组织还没有建立一个机制来整理这方面的知识。结果就是由经验丰富的审计人员制作一系列的"提示和陷阱"，汇总他们在一个特定行业开展30年审计工作所积累的经验。

许多组织依靠员工利用自己的经验来应对特定的"非常规"情况。那么，组织如何将这一经验传承下去？如果没有这些经验，组织执行能力的关键要素就会丧失殆尽，这可能导致竞争优势的下降和成本的增加。

在员工退休之前，组织获取这一方面的竞争优势就显得十分重要。谁能了解业务并知道如何完成工作？是真正执行该项工作的人员！具有创新能力并不断提高其执行能力的组织将能保持和发展其竞争优势。《丰田模式》(*The Toyota Way*, Liker, 2004) 的读者会发现，成功的关键是专注于执行能力的发展，与此同时，秉持一贯承诺——每分钟、每小时、每天都在以积沙成堆的方式来改善和提升这一能力。在快速变化和充满竞争的经济中，培育具有创新和创造力特质的组织文化将会使得组织拥有主要竞争优势，从而提高投资者价值。

七、无形资产会计处理面临的挑战

知识作为一种经济资产具有区别于有形商品的独特特征。因此，尽管对于21世纪的组织而言，无形资产是非常重要的，但将其纳入现有的经济和会计模式仍存在一些障碍。

知识不是有限资产，这与有形资产形成了对比。如果一个公司拥有100个产品，销售10个，就剩下90个。相反，当一个公司拥有一个知识产品（如软件）时，销售该软件的使用许可并不会减少软件的"库存"。如果通过CD形式出售软件，CD的库存可能会下降，但更为重要的知识库存不会减少。事实上，许多知识资产（如软件[①]）的价值会随着使用而增加。通过有效软件来汇聚和管理大规模的知识用户团体，让软件对每个新增用户更有价值。传统经济学和会计学是建立在稀缺假设基础上的。相比之下，知识

[①] 之所以以软件为例，因为软件是由知识工人创造、通过有效的分析工具和以速度和准确性为特点的模拟技术将数据转化为知识的工具，无法通过手动实现。

经济学有时被称为富足经济学。会计不能衡量富足程度，期望会计未来能够衡量富足程度也是不切实际的。然而，事实上，如今的企业的确对无形资产进行了投资并获得了投资回报。在对这种活动设计计量方法时，会计领域面临若干挑战。

第一，许多无形资产虽然向组织提供知识，但并不被这些组织直接控制或拥有。控制意味着组织能够获得资产带来的未来收益。虽然与特定员工或合作伙伴所签订的合同有时也被认作是自有资产，但是人力资本和关系资本的许多方面是不受组织控制的。结构资本通常是由建立它的组织所控制的。

第二，大多数无形资产都是内部开发的。如果要从财务会计角度出发加以确认，那么它必须涉及财务交易。有趣的是，正如下文所述，与许多无形资产开发相关的财务交易都必定与无形能力的开发投资相关，而这些投资可能会被纳入会计系统。

第三，许多无形资产与其他无形资产整合在一起，难以拆分。会计要求资产是可识别和可区分的，这意味着资产必须能够分拆、销售、转让、授予许可、租赁或交换。①再次说明，随着人们对无形资产了解的增加，一些结构资本，特别是流程，最终可能会被纳入会计系统。

这些挑战意味着将无形资产完全纳入现有的外部报告准则并非易事。然而，管理会计师可以并且也应该发展相关能力，通过内部报告来跟踪无形资产。

八、无形资产报告

IMA 将管理会计定义为：

"……组织内担当内部业务建设角色的会计和财务专业人员。这些专业人员参与业务流程的设计和评估、预算编制和预测、内部控制的实施和监控以及信息的分析、合成和整合，以帮助组织提高经济价值。"②

在这个角色中，管理会计师经常使用财务系统中包含的基本信息为决策提供支持。正是凭借这种能力，无论外部报告准则如何规定，管理会计师都可以并且也应该更好地了解组织的无形资产。管理会计师可以开发和跟踪四种基本类型的信息包括：

---

① 这一要求见国际会计准则（IAS）第 38 号"无形资产"第 12 段。该准则还规定了当前无形资产确认的许多其他基本原则。

② http://www.imanet.org/about_management.asp.

（1）库存——在进行无形资产的会计处理时，不论用的是什么会计核算体系，管理会计师都需要从相同的地方入手：盘点库存。这里的库存应该是一个包含所有重要资产的清单。就人力资本而言，清单上的重要项目是组织的核心竞争力。对于关系资本而言，重要项目是关键品牌、关键客户类型以及供应商和合作伙伴关系。对于结构资本而言，重要项目是帮助创造客户价值的关键业务流程。例如，谷歌公司搜索业务中的关键流程是搜索流程以及为其提供资金支持的广告流程。每个企业都有支持性服务，包括财务、人力资源、法务等。

（2）投资——一旦组织拥有无形资产库存，管理会计师就需要开始跟踪组织在这些无形资产中的年度投资。这类投资目前是通过损益表账户来报告的。管理会计师不是对报告方法做出改变，而是保留单独的管理报告。将"费用"纳入报告作为"投资"的判断标准与有形资产相同：该项支出预计将在以后年度为组织带来价值。一个很好的例子是新供应链系统的设计和实施成本——流程本身的支出（结构资本）与供应链合作伙伴（关系资本）以及该系统使用人员的培训（人力资本）相关。

（3）评估——评估是会计师最不熟悉的概念，但不应被忽视。评估经常用于评估人员［麦耶斯·布里格斯（Myers Briggs）性格测试或360度评估］、客户服务和员工满意度。但这个工具也可用于评估无形资产库存中资产的健康状况，可使用智慧评级（IC Rating™）之类的标准化工具或创建公司自己的评估体系来完成这项工作。重要的一点是确保组织提出以下问题：这些资产是否以我们期望的方式发挥作用？这些资产的前景如何？我们会面临哪些风险？这最后一个问题事关平衡，即会计等式的债务方面。这三类信息与通常为资产负债表收集的周期性信息类似，反映的是组织资产的投资和可行性。这些信息是战略规划和决策制定以及最终信息类型（指标）设计工作的重要参考。

（4）指标——指标是在持续基础上制定的衡量标准，为的是跟踪组织战略的绩效表现。绝大多数会计师都已经非常熟悉这些指标，因为它们通过平衡计分卡和绩效管理系统得到了推广。指标通常以仪表盘或快速报告格式来呈送。根据定义可知，它们不是衡量经营活动的所有方面，而是衡量关键绩效指标（KPI），后者被确定为组织绩效的主要指标。

指标的确非常强大，但如果没有其他三种无形信息，组织就不应使用它们。单独使用指标就像单独编制损益表，而没有资产负债表——组织可以知道自己每时每刻表现如何，但清楚整体表现如何吗？在知识时代，企业同时需要两种视角。

九、无形资产、CSR、可持续发展和三重底线

在会计专业关注无形资产的同时,其他领域的补充性发展也在进行之中,其中一些工作财务管理人员或许已经有所接触或参与。这些都可归属于"可持续发展"的广义范畴下。从本杰瑞(Ben & Jerry's)① 发布其第一份《社会责任报告》(*social responsibility report*)以来,业界对公司超越其财务绩效的、非强制的、涉及面更广的受托责任表现出越来越浓厚的兴趣。这反映了公司利益相关者更多地认识到,以给社会或环境造成巨大伤害为代价取得的财务绩效最终会影响到组织自身的生存能力。

对可持续发展的关注反映了一种理解,即完全只计算财务结果会歪曲根据经济整体情况所做的决定。例如,国民生产总值(GNP)计算了卷烟的销售,但未计算所造成的健康后果的相关成本。同样,GNP 计算了汽车和汽油的销售,但未包含它们对全球变暖的影响。人们越来越多地认识到,经济计量不仅要考虑宏观层面的影响,也要考虑个体企业微观层面的影响。

在美国和英国,推动这一认识的因素之一是上市公司股东特征的变化。在这些国家,大多数股票现在是由个人投资者或其代表(如养老基金)持有。这些组织不仅依赖于单个企业的成功,而且还依赖于整个系统的生存能力。它们不希望看到:个体企业取得成功,但却将整个系统置于危险的境地。②

用于这类报告的多个框架已经开发出来,它们可以处理环境、健康、安全、社区参与和慈善事业等问题,在某些情况下,这些问题也已经纳入了单独的报告之中。在 2009 年 3 月针对"报告实体"开展的研究中,企业登记处(Corporate Register)指出,③ 在 2008 年,超过 3000 个组织,包括 50% 以上的"全球财富 500 强"(FT 500)公司,正在编制独立的企业责任(CR)报告。此外,越来越多的公司正趋向于编写一份重点关注被称为"三重底线"(企业绩效的环境、社会和经济方面)的报告。

随着社会期望的转变,组织受到更加严格的监督,它们的无形价值将受到公众对其

---

① 本杰瑞是一个全球知名冰淇淋品牌,由两位具有超前意识和创新思维的美国企业家创立,后被联合利华收购。

② *The New Capitalists: How Citizen Investors Are Reshaping the Corporate Agenda*, by Stephen Davis Jon Lukomnik, and David Pitt-Watson.

③ 企业登记处(Corporate Register)是拥有全球范围内公开发布的企业社会责任报告的最大网站之一。可登录网站了解更多信息。

运作方式认知的影响：

（1）人力资本可能被侵蚀，因为如果组织没有针对自己的行动履行更广泛的受托责任，那么，有才能的个人将决定不加入或不再继续留在这样的组织中。

（2）客户可能决定不与未采用环境管理系统的组织开展业务。

（3）如果组织在欠发达国家开展经营，却未开展供应商审计，未对自己的社会绩效进行评估，那么，投资者可能决定不对其进行投资或要求更高的风险溢价。

声誉和品牌是许多组织重要的无形资产，尤其会受到有关企业行为的负面看法的影响。针对近来爆发的金融危机，美国国际集团（AIG）[①] 采取的行动之一就是更名，因为继续使用原有名称将给组织带来负面影响。建立这个品牌需要投入多少资金？品牌摧毁速度又是多快？

财务管理人员的相关性体现在，认识到社会对组织行为和绩效的期望在不断变化，这一点能够影响到无形价值。如果在成为立法之前未能接受这些变化，可能会损害无形价值。不予响应造成的战略影响可能远远大于通过推迟这种投资所能实现的短期节约。

财务管理人员应关注企业登记处等组织正在开发和发布的可持续发展报告类型，并确定环境和社会报告等领域所采用的衡量标准和指标的类型。这样做可以帮助财务管理人员形成有价值的观点，了解那些广泛的衡量指标的类型，这些指标可能在开发无形资产框架时得到应用。

十、信息披露面临的挑战和解决方案

处理无形资产估值和报告问题是一项重大挑战，应该从外部和内部两方面分别考虑。外部披露可能产生重大问题，这些数据的分析可能释放出损害组织竞争优势的信息。外部报告应基于谨慎。在这方面，最好将大多数趋势与企业社会责任这一新兴领域结合起来确定，保持二者的一致。通过这样做，个人可以评估组织在应对影响到声誉、品牌价值以及员工激励的问题时，其有效性如何。在绝大多数情况下，这些报告中披露的信息旨在解决那些通过业务和审查流程确定的、对关键利益相关者很重要的问题。

更为重要的是内部报告方面，这些报告着重于管理层和董事会应该了解的组织资产

[①] 美国国际集团（AIG）是一家总部位于美国的大型金融保险和再保险企业，为 2008～2009 年美国金融危机中的许多不良贷款提供了担保。

基数内的无形资产所涉及的组织要素，以及管理层正在创造或破坏这种价值的程度。近年来，随着高管层任期的缩短，这一点变得至关重要。此外，在许多情况下，高管薪酬完全与财务目标相关，其中许多目标可以在短期内得以实现，但付出的代价却是给组织无形资产的完整性及组织维持自身能力造成严重的长期负面影响。

（一）人力资本披露

在人力资本领域，业界已经开展了重要研究，它们可以帮助组织制定保护和强化策略。例如，《首先，打破一切常规》（*First, Break all the Rules*, Buckingham and Coffman, 1999）一书提出了 12 个核心问题，公司可以通过这些问题所提供的领域评估自己在创造有利于优化人力资本的环境方面所取得的进展。为了建立一个框架，该方法可以包括以下步骤：

（1）确定人力资本的哪些属性是企业可持续发展的关键（经验、技能、资格/能力、态度）；

（2）评估这些属性在组织员工队伍中的具备情况（员工所具备的关键技能和其他能力）；

（3）确定能力和结果之间的联系（例如，什么态度能够提高客户满意度？什么技能能够提高工作岗位上的个人生产力？），可使用"自我发现人格评估"（例如"Insights"® 和其他基于"颜色"的系统）、领导技能、情绪智力以及其他工具；

（4）确定/比对结果绩效指标，例如核心能力技能集合中的客户满意度和流程周转次数指标；

（5）评估员工满意度水平的影响，并评估它对重新购买意向、流程成本/交易以及其他绩效属性等衡量指标的经济影响。

虽然这似乎是一种"宽松"的方法，但它提供了替代方式，可将有效的人力管理和领导的价值与组织成果联系起来。

图 4 描述了在评估人力资本基础的可持续性时需具备的理解，人力资本基础的收益是智力资本回报。它显示了以下内容：

a. 人力资本创造了几乎所有的其他类型无形资本，因此它的保护和发展尤为关键；

b. 劳动力（资产）所具备的能力是"我们拥有什么"的关键；

c. 所创造出的环境决定了资产是否"已经启用"和有效运营；

d. 人力资产基础的真正价值在于结果是什么；

e. "b"和"c"的有效管理界定了"d"所产生的竞争优势，其最终通过运营能力来创造更大的组织价值。

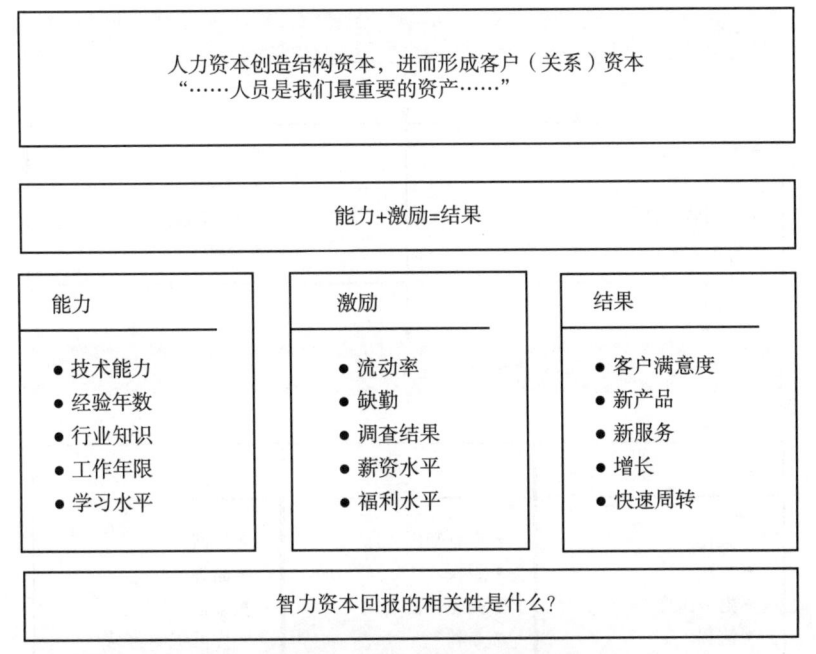

```
┌─────────────────────────────────────────────┐
│   人力资本创造结构资本，进而形成客户（关系）资本      │
│        "……人员是我们最重要的资产……"              │
└─────────────────────────────────────────────┘

┌─────────────────────────────────────────────┐
│              能力+激励=结果                    │
└─────────────────────────────────────────────┘

┌──────────────┐ ┌──────────────┐ ┌──────────────┐
│   能力        │ │   激励        │ │   结果        │
├──────────────┤ ├──────────────┤ ├──────────────┤
│ ● 技术能力    │ │ ● 流动率      │ │ ● 客户满意度  │
│ ● 经验年数    │ │ ● 缺勤        │ │ ● 新产品      │
│ ● 行业知识    │ │ ● 调查结果    │ │ ● 新服务      │
│ ● 工作年限    │ │ ● 薪资水平    │ │ ● 增长        │
│ ● 学习水平    │ │ ● 福利水平    │ │ ● 快速周转    │
└──────────────┘ └──────────────┘ └──────────────┘

┌─────────────────────────────────────────────┐
│        智力资本回报的相关性是什么？              │
└─────────────────────────────────────────────┘
```

图 4　激励——将人员潜力转化为资本

无形资产的有效指标，尤其是人力资本领域的指标，需要我们知道自己拥有什么"资产"，更重要的是，知道这些"资产"通过创造竞争优势而对结果产生的影响。两个组织可能拥有同等素质的员工队伍，但激励差别可能带来非常不同的结果。无形资产的存在以及拥有无形资产所带来的成果都是非常重要的。

如果管理人员和董事会通过削减成本来寻求改善财务业绩，那么，他们很可能会忽略实现成本削减所带来的负面影响。历史表明，那些在经济衰退时期一直关注和维持员工福利的组织通常比那些"从上至下全面减薪"的组织能更好地走出经济下行泥沼。人们认为，沃尔玛的成功或许很大程度上与一个事实相关，那就是在 20 世纪 80 年代初的经济衰退期间，它专注于完全重新设计其供应链和削减"后台"流程成本，而不是裁减组织与客户对接部分的员工。零售业中的其他企业则保持"一切照旧"的方法，由于工作人员人手不足以及缺乏经验而导致服务差以及客户流失。沃尔玛给零售行业带来了一场革命，凭借其新发现的竞争优势将其他竞争者甩在后面。

从图 5 我们可以看到，人力资本是创造所有其他无形资产的核心所在，因此，必须成为有效管理和监督的主要关注领域。通过这一努力，其他领域也必须通过"无形资产可持续性"指标获得支持。

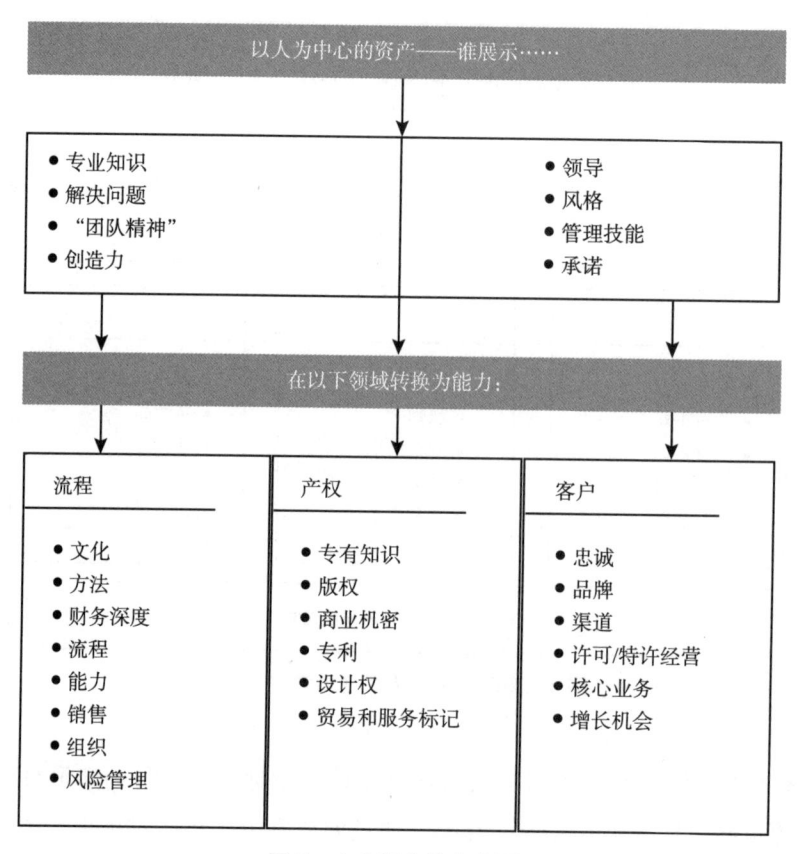

```
┌─────────────────────────────────────────┐
│      以人为中心的资产——谁展示……         │
└─────────────────────────────────────────┘
              │                    │
    ┌─────────────────┐   ┌─────────────────┐
    │ • 专业知识       │   │ • 领导          │
    │ • 解决问题       │   │ • 风格          │
    │ • "团队精神"     │   │ • 管理技能      │
    │ • 创造力         │   │ • 承诺          │
    └─────────────────┘   └─────────────────┘
              │                    │
┌─────────────────────────────────────────┐
│         在以下领域转换为能力：          │
└─────────────────────────────────────────┘
       │             │             │
┌──────────┐  ┌──────────┐  ┌──────────┐
│ 流程     │  │ 产权     │  │ 客户     │
│ • 文化   │  │ • 专有知识│  │ • 忠诚   │
│ • 方法   │  │ • 版权   │  │ • 品牌   │
│ • 财务深度│  │ • 商业机密│  │ • 渠道   │
│ • 流程   │  │ • 专利   │  │ • 许可/特许经营│
│ • 能力   │  │ • 设计权 │  │ • 核心业务│
│ • 销售   │  │ • 贸易和服务标记│ │ • 增长机会│
│ • 组织   │  │          │  │          │
│ • 风险管理│ │          │  │          │
└──────────┘  └──────────┘  └──────────┘
```

图 5　人力资本的各方面

（二）关系资本披露

作为一项一般性的衡量指标，客户满意度的变化趋势是十分重要的；然而，对结果的理解也是非常重要的。例如，如果一个组织可以评估客户满意度与重新购买意向之间的联系，那么，它可以为客户群体潜在购买的"挤压"产品赋予一个名义价值。这种衡量指标或许可以提供一个有效基础，通过产品或流程的改进来提高客户满意度，进而创造投资回报。

另一种可能方法见表1，它显示了客户分层、客户流失水平以及盈利能力是如何被用作客户关系"资产"净现值计算的晴雨表。

在表1中，组织已经使用作业成本法（ABC）来确定了每个客户层级的利润贡献，以确保核心成本得到准确反映。该组织已经确定，基准客户流失率为每年 5%～20% 不等。它还确定将根据五年的收益情况来计算价值归因，三年的损失/流失率也同样适用。在此基础上，"一切照旧"情况下的客户群体基本状态估值为 960 万美元。如果客户流失率上升，或客户利润水平下降，抑或支持成本发生改变，则客户群体的总体价值也将变化。组织可以用同样的方法来评估供应链，其中，组织可以评估和比对供应链对货物总体成本和竞争性基准的影响。

表 1　　　　　　　　　　　　关系资本的财务"现值"

客户群分层	利润贡献（美元）	累计年限	资产基值（美元）	年流失率（%）	适用的折扣率（3 年）（%）	归属百分比（%）	归属金额（美元）
"A"型客户	275000	5	13750000	5.0	15.0	85	11687500
"B"型客户	750000	5	3750000	10.0	30.0	70	2625000
"C"型客户	150000	5	750000	15.0	45.0	55	412500
现金客户	350000	5	1750000	20.0	60.0	40	700000
利润贡献总额	4000000	5	20000000			77.1	15425000
减：共同成本	1500000	5	7500000			77.1	5784375
净收益能力	2500000	5	12500000			77.1	9640625

（三）流程披露指标

许多使用平衡计分卡的组织已经采用了这一类指标。计分卡的"流程"维度应该始于显示有效流程的价值。可以表明流程价值增加或减少的典型指标包括：

（1）交易成本/单位，与流程的历史和最佳实践基准进行比较，（例如，单位/小时或周转次数等数值，使用 ABC 法来准确反映流程成本）；

（2）流程导致的不良产品的成本（如跟踪质量管理体系的缺陷以及此类缺陷造成的财务影响）；

（3）符合最佳实践基准的交易/周转所占百分比；

（4）与关键流程结果能力相关的客户满意度（例如，周转次数、准确率等）。

这是一个关键领域，组织内部向基于流程和活动的思维转变，加之组织采用 ABC 法（作业成本法）等新的成本核算方法，这些能让财务管理人员发挥有效作用，将财务数据与经营有效性结合起来，其结合方式能与组织的执行能力联系起来并保持协调一致，再借此与组织隐含的商誉/无形价值联系和协调起来。

在最佳水平上，经理和高管可以使用诸如有效产出会计等新工具来开发系统容量整体利用率等指标，并将其作为组织有效性的衡量指标。这种方法开始更有效地将组织定义为一个"系统"，并通过消除约束因素来评估组织通过优化能力利用来优化其总资产回报的情况。

十一、全球最佳实践实例

可通过 WICI 的网站（http://www.worldici.com/）和 CERES-ACCA 可持续发展奖网站（www.ceres.org）来搜寻各类报告的最佳实践实例。前一个网站提供的实例与"价值管理"相关，包括：

盖璞（Gap）公司，业务涉及服装和时装的设计、生产和零售。这个例子说明了盖璞公司在人员战略上的竞争优势，以及当大部分生产都在欠发达国家进行时，社会责任在供应链管理中的重要性。这个例子加强了"声誉"与组织活动之间的联系。在耐克公司爆出童工问题后，盖璞公司较早采用了供应商绩效报告。一些新兴的全球性方法，如 SA 8000 标准和即将发布的 ISO 26000，都能支持类似于盖璞公司的报告。

车美仕（Carmax）公司，总部位于美国的汽车零售商。这个例子说明的价值管理再次将重点放在财务和实物资产以及客户和供应链（关系）上。对于组织人员和流程策略是如何提供支持其客户关系的强大的竞争优势的，这个例子给出了一些有趣的观点。

该网站还包括一些财务服务组织，如美联银行（Wachovia Corporation）和富国银行（Wells Fargo）。普华永道会计师事务所（PwC）在领先报告领域表现得也很积极，它审查和评估了根据全球报告倡议组织（GRI）框架和其他框架所编写的公司可持续发展补充报告（CSR）（可访问：www.corporatereporting.com/good-practice.html）。虽然这种审查尚不是强制性的，但这种参与行为表明了财务监督传统角色职能的扩展，以及会计专业人员工作内容的变化。

十二、会计行业的披露进展

如前所述，在 20 世纪 80 年代和 90 年代初，智力资本和知识管理领域所开展的初步努力催生了方法的设计工作。与此同时，为了提升公司对于环境和社会报告等领域的披露，相关工作也在推进之中，它们直接关系到市场对组织在其业务环境中所实施的行为的看法。在这一领域值得关注的是西格玛（SIGMA）框架的发展，该框架试图将各级组织资本（自然资本、人力资本、社会资本、制造资本和金融资本）纳入报告框架以及 GRI 的工作成果之中（针对经济、环境和社会绩效披露所制定的三重底线，其他方式还包括安永会计师事务所与 SAS 等一起创建了 L'observatiore de l'immateriel）。

在全球范围内，通过 EBRC 倡议等活动来改善总体财务信息披露和报告的工作也在开展之中。近年来，这些进展显得格外重要，因为人们正对更广泛的公开披露与无形资产重要性之间的冲突深感不安。在这一领域耕耘的一个重要组织是 WICI，该组织由 EBRC、欧洲金融分析师联合会（EFFAS）、日本经济产业省（Japanese Ministry of Economy, Trade and Industry）、经济合作与发展组织（OECD）、知识经济学会（Society for Knowledge Economics）、费拉拉大学和早稻田大学发起和成立，目标是建立一个全球框架，以改进智力资产和资本的报告以及关键绩效指标。

十三、结　束　语

无形资产在组织绩效中所发挥的作用正日益增大。建立财务会计准则所依据的基础使得许多无形资产无法在传统财务报表中进行披露与列示。然而，创造和培育无形资产对组织的竞争优势正产生越来越大的影响，并进而影响到组织维持其运营和保持其生存能力的业务能力。社会对公众公司和实体的期望发生了改变，声誉和股东投资的价值越来越多地受到发生在社会和环境政策等领域的行为的影响。

会计行业需要积极参与这些讨论，并推动这一进程，原因如下：

（1）负责公司治理和监督工作的人需要外界帮助以便更好地理解自身职责，即更加确定组织能够维持那些对其增长能力和未来繁荣发展都至关重要的因素。董事会成员尤其需要了解竞争优势的无形驱动因素，并要求管理层对这种能力的持续发展负责。我们已经有了平衡计分卡和作业成本法等好的基础工具，而且可在此基础上继续发展。

（2）管理层需要了解其日常采取的领导和管理方法是如何影响到组织无形资产的完整性和可持续性的，特别是人力资本和关系资本，这两类资本让组织拥有了生产和服务能力。虽然单靠财务报告无法填补这一不足，但它仍然是投资者重要的信息来源。我们再次强调，部分能力在关系调查等领域已经发展起来，但仍需开展更多的工作。这些项目需要在总体问责框架下加以制定。

（3）管理会计师需要积极了解其组织"未披露"无形资产的规模和重要性，并在可行的情况下借助现有示例和框架来着手制定关键绩效指标。如此一来，管理会计师可通过确保相关资产得到保护，执行能力的可持续性以及整体竞争优势，来提高他们的增值能力。目前，大多数关注焦点放在了"公允价值"的合理化上，特别是通过买/卖交易而形成商誉时，但是，组织需要将更多的关注放在评估无形资产的"倾向"价值以及对无形趋势的持续评估上。

（4）会计行业的领导者需要澄清在现有会计准则范畴和定义内各个负有受托责任的领域之间的界线，然后在相对不属于这些定义范围内的非报告"价值"的思维中建立坚实且明显的存在。

（5）最后，会计师需要与该领域具备专业技能的人员建立良好的关系，以便让他们更积极地参与讨论，并将其更"经济的"方法加入讨论。这类团体包括从事商业评估活动的团体和开展环境绩效管理的团体。

在报告组织的"持续经营"能力方面，财务界发挥着关键作用，在对这种能力进行评估时，审计师越来越注重无形资产的绩效，而公司在其年度报告中披露的《管理层讨论和分析》（MD&A）仍然是了解组织这些方面健康状况的关键窗口。

会计行业在全球范围内寻求提高和改进业务报告的方法。外部报告和合规问题的参与人员有责任扩展其职能范围，提供更大程度的保证。而那些依赖于财务报告的组织和人员已通过多种倡议活动来寻求更加深入地了解相关组织，这些倡议包括负有社会责任的投资（其中尽职调查扩展到社会和环境绩效方面）、温室气体排放报告（通过这类报告，投资者试图了解二氧化碳排放对公众公司组织绩效的影响）以及其他不可再生能源报告。

内部参与者必须能够向管理层提供信息，报告组织无形资产的健康状况，并说明管理行动、政策、程序或外部因素是否让这些资产形成或是消耗。管理层必须能够向负责监督的人员进行报告，说明他们确实保护了组织的所有资产，同时也有效利用了关键无形资产来提高组织的竞争优势。当碳排放交易开始执行且排放报告产生直接财务结果时，组织将感受到直接的财务影响。

现在，会计职业开始涉及这些问题，并已取得良好进展。但是，专业人员需要更广泛地加入和参与，以寻求能够向投资者、管理层以及其他有关方面提供更好和更有价值的信息的途径。该行业的未来取决于其参与这些举措的能力；否则，它将越来越侧重于会计准则所涵盖的项目，于是在计量和报告上做得越来越好，但却越来越无关乎保护财富和优化竞争优势。

术 语 表

作业成本法（ABC）：依据一定的规范计算成本、作业和材料资源的一种成本核算方法。成本对象消耗一定活动，活动消耗资源。资源成本基于他们各自使用的资源被分配到各种活动。活动成本又根据使用相应比例的活动被分配到成本对象（产出）。基于作业的成本包括成本对象和作业之间和活动和资源之间的因果关系。

平衡计分卡（BSC）：根据企业组织的战略和愿景要求而设计的指标体系。通过根据财务、客户、内部流程和学习和成长的角度来划分指标，为全公司提供全面均衡的绩效视角。

COSO委员会：COSO委员会成立于1985，隶属美国反虚假财务报告委员会，该委员会负责研究导致欺诈财务报表的相关因素，并为上市公司、独立审计公司、美国证监会和其他监管机构和教育机构提供建议。从成立伊始，该组织发布关于内控和企业风险管理的指导原则，推动上市公司处理欺诈、内控、风险和合规问题。

企业社会责任（CSR）：将公众关注的环境、经济和社会问题融入企业决策与受托责任的框架；本杰瑞公司（Ben and Jerry's）在1987年首次将企业社会责任理念付诸实践。

情绪智力（EI）：就是识别、理解和移情自己、他人和团队的情绪状态的能力。

改善型商业报告委员会（EBRC）：该组织最初由AICPA、致同会计师事务所、微软公司和普华永道会计师事务所成立，旨在为关键利益相关者以增值的方式调查和建议构建财务信息的方式。

全球报告倡议组织（GRI）：成立于1997年，并于2002年独立。它为企业提供可持续发展报告指导原则，帮助报告更具标准化。它是UNEP官方合作中心。

商誉（goodwill）：（1）在收购企业时，企业收购成本超过被收购企业净资产公允价值的差额的资产账户；（2）无法单独量化的企业实体的特点，帮助企业赢得超过指定资产的正常回报。

Insights®：特指"Insights Discovery Profile"（以及一系列额外工具）的工具商标名。通过该工具，个体或是组织可以了解自身与其他个体或组织的关系。

国际无形资产管理标准协会（IIMSI）：成立该组织协助公司通过改善价值链的分析和报告来帮助公司实现业绩的突破式改进。

智力资本（intellectual capital）：为组织创造价值和竞争能力的非金融性资产；通常指代无法用金融资产代表的价值。

关键绩效指标（KPI）：通常是指对衡量和评估企业活动最具有相关性和关键意义的业绩指标。

知识（knowledge）：是指通过经历和教育获得的专长，也被用作代表一个集体的能力，例如一家公司整体员工的能力。

知识管理（knowledge management）：以有序的方式获得数据并使用数据为企业进行分析（如判别趋势）的组织行为。还包括在全公司传播有益的洞察观点。

管理层讨论和分析（MD&A）：作为公司年报的一部分，根据美国证券和交易委员会的要求编写。作为管理层讨论和分析的一部分，管理层对公司的近期业绩做出评论并对未来业绩作出展望。使用这些信息来对财务报表信息作出补充。

麦耶斯·布里格斯性格测试（Myers Briggs）：设计心理学问卷来衡量人们如何感知世界并做决定的心理偏好；该测试是基于卡尔·荣格（Carl Jung）所做的工作，最初由凯瑟琳·布里格斯（Katherine Briggs）和伊莎贝尔·麦耶斯（Isabel Myers）开发而成。

智力资本回报率（ROIC）：智力资本回报率；通常是指投入的资本回报率。

西格玛（SIGMA）：1999年英国发起西格玛项目来为管理层制定一系列全面的指导原则帮助他们解决社会、环境和经济困境、威胁和机遇带来的挑战。

社会责任投资（SRI）：在这个背景下投资者采用技术手段来评估企业在财务和更广义的企业社会责任方面的风险，通过这些方法来开展能够实现财务回报和社会收益最大化的投资。

可持续性（sustainability）：在不影响企业未来创收并满足自身需求的情况下，满足当前创收需要实现的进步，与此同时保护生物多样性和自然生态资源。

世界智力资本倡议组织（WICI）：世界智力资本倡议组织是指全球公共部门和私营部门合作，通过提升公司报告信息质量更好地分配资本。

参 考 文 献

Brand Finance. "Global Intangible Finance Tracker 2009." Published in conjunction with Institute of Practitioners in Advertising (IPA), 2009.

Buckingham, M. and Coffman, C., *First, Break all the Rules.* Simon & Schuster, 1999.

Edvinsson, L. and Malone, M. *Intellectual Capital.* Harper Collins, 1997.

Johnson, T. and Kaplan, R. *Relevance Lost—The Rise and Fall of Management Accounting.* Harvard Business School Press, 1987.

Kaplan, R. and Norton, D. *The Balanced Scorecard.* Harvard Business Press, 1996.

Lev, B. and Hand, J. *Intangible Assets, Values, Measures and Risks.* Oxford Business Press, 2003.

Liker, J. *The Toyota Way.* McGraw-Hill, 2004.

Liker, J. and Hoseue, M. *Toyota Culture.* McGraw-Hill, 2008.

Shepherd, N. *Values and Ethics: From Inception to Practice.* Institute of Management Accounting, 2008.

Shepherd, N. *Evolution of Accountability: Sustainability Reporting for Accountants.* Institute of Management Accounting, 2008.

Shepherd, N. Governance, *Accountability, and Sustainable Development: An Agenda for the 21st Century.* Thomson Carswell, 2005.

Standfield, K. *Intangible Management.* Academic Press, 2002.

Stewart, T. *Intellectual Capital.* Currency-Doubleday, 1997.

Sveiby, K. *New Organizational Wealth.* Barrett-Koehler, 1997.

其他资料

网址

Brand Finance: www.brandfinance.com. Look for various publications, in particular the various "Intangible Trackers" and brand value reports.

Corporate Register: www.corporateregister.com.

EBRC (Enhanced Business Reporting Consortium): www.ebr360.org.

FASB (Financial Accounting Standards Board): www.fasb.org.

GRI (Global Reporting Initiative): www. globalreporting. org.

IASB (IAS) International Accounting Standards Board: www. iasb. org.

IIMSI (International Intangible Management Standards Institute): www. standardsinstitute. org.

Observatoire de l'Immateriel http: //www. observatoireimmateriel. com.

WICI (World Intellectual Capital Initiative): http: //www. worldici. com.

评论

找出真正决定企业发展的核心资源
——评《未确认的无形资产：识别、管理和报告》

刘凤委

会计作为一种商业语言，发展必须体现时代环境的变化特征。基于传统工业社会以有形资产创造产品和服务的业务逻辑，会计针对这类核心资产及其使用效果进行了正确的确认、计量与报告。随着时代的发展，决定企业组织竞争力的关键要素，从有形资产转向了能够帮助企业更好地利用资产并实现可持续发展的知识、流程、能力等相关要素，因此如何对这类资源和能力进行反映和揭示，将直接影响各利益相关者对企业组织价值的评估与自身决策。本篇公告系统完整地列示了公司披露未确认无形资产的原因、具体内容与方式，为知识经济时代企业如何管理和列报关键无形资产提供了重要借鉴。

一、公告的核心内容

本篇公告从财务报告的目标出发，结合新经济的发展特征和趋势，论述了企业无形资产，尤其是未确认的无形资产的类别及其重要性。从公认会计准则的发展方向来看，基于财务会计原则的标准仍然很难对这类资产进行处理，因此本篇公告重点强调了从内部报告角度出发，管理会计师应承担起这份责任，即就组织内部各类未确认的无形资产（包括人力资本、关系资本和结构资本等），给管理层和董事会提供必要的决策报告——具体涉及相关资产的存量识别、增量投资、持续评估与绩效报告，从而帮助企业更清楚地了解驱动价值创造的核心因素，并相应地加以改进不断，提升企业价值。

（一）财务报告分类

财务报告分别适用于外部和内部目的，内部报告侧重于提供帮助管理层作出有效经营决策、维持企业稳定运营与可持续发展能力的重要信息；外部报告则分为外部强制报告和自愿披露报告。

依据当前社会经济环境发展态势，尽管有关无形资产的关键信息对企业保持竞争优势和可持续发展能力至关重要，但由于其确认和计量很难满足标准外部报告的要求，而短期内又无法通过改变外部强制报告的形式来为利益相关者提供更具相关性和透明度的信息，因此，自愿性披露则成为这方面较好的补充形式。这部分内容已经在很多企业得到了实践应用，但法定报告中还没有涉及这部分的内容。此外，管理会计报告是对内报告，是管理会计师基于价值创造来为管理层和战略层提供的关键资产和能力信息，因此管理会计师通过编制管理会计报告来揭示企业核心无形资产（尤其是未确认部分），对企业管理当局和战略决策机构董事会都具有重要意义。

可以说，通过介绍财务报告分类及其差异，公告侧重于将有关"未确认的无形资产"信息通过自愿性对外报告披露和对内的管理会计报告来实现。尤其是对内部管理层和治理层董事会披露的管理会计报告，应充分发挥管理会计师的作用。

（二）未确认的无形资产类型及其重要性

公告重点介绍了三类，分别是人力资本、关系资本和结构资本。

首先，人力资本是其他类型无形资产发挥作用的前提，是最主要的无形资产，但在法定会计体系中，人恰恰不能作为资产出现。随着知识经济的出现，智力资本在企业中的作用日益提升，人的要素（包括技能、创造力、态度等）绝对无法忽视。同时，人力资本还会影响关系资本和结构资本。管理会计师需要将人力资本视为资产负债表的资产以及降低运营成本的驱动因素，并通过损益表得以体现。

其次，关系资本对维持企业竞争力和可持续发展也至关重要。有关客户的关系、供应商的长期合作关系、组织内部个体关系，都从各个方向影响公司价值的创造与实现。关系资本成为组织保持有效运作能力的关键，组织要尤其重视关系资本的构建及相关影响因素，从而维持公司价值的稳定。

最后，结构资本尽管是由人力资本创造，但更多是指组织所拥有的广泛能力，是企业的组织类无形资产，包括企业管理当局的领导力、战略和文化、组织规则和程序、管理制度与措施、数据库和信息技术的应用程度、品牌形象等。结构资本是影响企业人力资本效率、进而影响人力资本投资的重要环境因素。

以上三种未得到确认的无形资产相互影响，人力资本是核心，影响关系资本和结构资本；结构资本能够将人力资本切实转化为生产力，为企业创造价值；关系资本是黏合剂，将企业内部与外部利益相关者融为一体，是实现企业网络化运作的关键。

(三) 未确认的无形资产报告的具体内容

管理会计师应基于内部服务于决策的目标，更好地了解、评估和列报无形资产。一是对现有存量资产的追踪，对各类无形资产进行盘点；二是提供无形资产的增量信息，即追踪组织在这些无形资产中的年度投资情况，包括为流程再造、关系型投资和人力资本提升方面的投入；三是持续评估，包括这些资产发挥的作用、前景和风险等；四是指标评价，确定具体的衡量标准，跟踪关键指标方面的绩效表现。

(四) 关于无形资产信息披露

如何披露未确认无形资产的信息涉及很多挑战。外部信息披露会释放出企业竞争优势的信息，因此应格外谨慎；内部报告的形式披露则至关重要。

针对人力资本的披露，公告包含了人力资本属性、要素特征、绩效指标等信息；关系资本则侧重客户满意度和供应商关系的维度；流程披露一方面要关注流程与作业所显示的单位交易成本的改进，另一方面也关注流程对正面提高客户满意度以及负面增加不良产品的成本等信息。

二、数字经济时代下的表外资源与会计挑战

未确认无形资产的识别、确认与报告，是当前时代发展背景下会计面临的严峻挑战。随着会计准则发展方向从受托责任向决策有用观发展，现有服务于估值目标的法定会计准则也遇到了严峻挑战。会计准则对于资产要素定义及会计报告的基本前提假设，已经越来越不适应经济环境的发展变化。尤其是数字经济时代下，大量的数据资源以及基于数据、算法所形成的自动化分析决策体系，往往成为一家互联网公司最重要的资产和能力，但无论是数据资产还是有效利用资源的数字化能力，都无法在法定会计报告中得到体现，这导致真正决定公司价值的因素无法通过财务报告传递给投资者，而基于估值服务为目标的会计体系却依据公允价值计量模式和复杂的金融工具确认计量标准形成了大量即时的未实现利润，这些利润数字对预测和评估公司核心竞争优势以及可持续发展能力没有任何帮助。可以说，以估值决策为目标的会计准则，正在提供一种与目标背道而驰的财务报告体系。这种财务报告不仅提供不了投资者需要的关键信息，反而还有可能混淆视听，影响投资者的正确决策。

以小米公司为例，其发行的可转换优先股的会计处理导致公司净资产为负值，严重

违背了市场交易的真实价值（编者注：据 IFRS 国际财务报告准则，小米 2017 年亏损 439 亿元，若不按此准则处理，则盈利 54 亿元），这对于当前会计准则体系发展而言是严峻的挑战。巴菲特在 2018 年与投资者沟通过程中，也特别对现有会计准则应用有可能产生的混淆做了说明。

由于法定报告调整的滞后性，按照传统会计基本假设和原则列报会计信息将在较长的时间内存在，因此如何完善和改进这种局面就格外重要。当前，我国管理会计发展迅速，财政部连续出台了《管理会计基本指引》和 30 多项应用指引，其中管理会计报告是应用指引中重点强调的内容。在财政部给出的报告指引中，重点是从战略层、经营层和业务层三个层级给出了管理会计报告的主要内容，包括一些具有特定用途的特殊报告，如预算报告、成本报告等，但报告内容仍主要是就传统管理会计各项活动及其成果进行反馈，没有涉及公司那些核心、关键的未确认无形资产。所以，本篇公告的内容对于完善中国管理会计报告指引具有重要借鉴意义。

三、总结

无形资产对于企业组织建立竞争优势和可持续发展至关重要，现有会计体系无法按照其既有规则将大量无形资产进行确认，并加以正确的反映和披露。我们通常按照先验性的假设认定公司具有可持续发展能力，即使审计师会评估可持续经营是否得到保证，但也往往是依赖于财务报表表内数据所反映的结果好坏来评估，而容易忘记那些决定组织可持续发展最核心的资源。

本篇公告的内容可以帮助我们充分了解那些未确认的无形资产的重要作用，其强调了真正的可持续发展和竞争力驱动因素，同时对于如何通过自愿性和内部管理报告的完善来部分改进传统财务报告的不足也提供了具体建议。在数字经济时代，随着我国企业数字化转型的实施，包括科创板在上海证券交易所的设立，如何有效应用无形资产尤其是未确认无形资产来评估企业价值创造的能力将至关重要，也是当前实务中亟待掌握的专业技能。

企业责任的发展演变：
会计师的可持续发展报告

关于作者

  IMA 在此向 EduVision 公司总裁兼 CEO 尼克·A. 谢泼德（Nick A. Shepherd, FCMC, FCCA, CGA）表示衷心感谢。本公告是基于他的研究工作。此外，还要感谢波特兰大学的塞西莉亚·林（Cecilia Lin）和波尔州立大学的格温德伦怀特（Gwendolen White），他们对本公告进行了认真的审阅；还有 IMA 科研部主任瑞夫·劳森（Raef Lawson, CMA, CPA）博士，他担任了本公告的编辑。

一、执 行 摘 要

可持续发展正逐步成为世界各地的管理者共同关注的主要问题。[1] 自20世纪60年代以来,环保人士一直关注经济增长及全球资源加速耗用带来的影响。近年来,人们日益关注化石燃料排放的温室气体对全球气候变暖的影响。随着新兴经济体的发展,能源需求不断增加,同时作为经营成本组成部分的能源成本也持续大幅上升。1992年通过了《联合国气候变化框架公约》(美国于1994年签署该公约)之后,来自全球性组织的多位首席执行官携手成立了世界可持续发展工商理事会(WBCSD),旨在以企业为主导,应对因担忧公约后果而引发的挑战。这些首席执行官一致认为企业应实施变革,以更为负责、透明的方式对待更广泛的利益相关者。

随着人们对经济增长和消费行为造成的环境后果的认识日益加深,部分环保支持者针对更为广泛的企业责任框架提出了相关概念,包括但不限于环境方面的影响。约翰·埃尔金顿(John Elkington)[2] 最早提出了"三重底线"(Triple Bottom Line,TBL)的概念,其中包含了传统的财务业绩和股东责任以及与环境和社会影响相关的更广泛的责任。企业对股东的社会责任这一概念的提出源于本杰瑞(Ben & Jerry's)开展的前所未有的研究工作。1989年,该公司围绕其过去一年的业务活动,发布了"独立社会审计师"报告。公司绩效的社会影响已经在种种问题上愈发凸显,包括就业稳定性、安全、工作条件及员工表达对工作的担忧等方面,企业对员工和社区负有的责任,特别是对在北美以外的国家雇用的员工负有的责任。公众认为分包商的行为属于企业社会责任的范畴。组织生产的产品或提供的服务在公众安全等领域所产生的影响同样引发了公众的担忧。

一旦负面的环境或社会问题被公之于众,企业声誉及其对股东的价值就会受到严重影响。在许多情况下,上述问题与未能实现企业目标收益以及未能保护股东的有形资产同等重大。如今,投资者所做的尽职调查不仅局限于财务绩效,而且延伸至社会责任投

---

[1] "Assessing the Impact of Societal Issues," McKinsey, September 2007.
[2] John Elkington, founder of "SustainAbility," 1987.

资（Socially Responsible Investment，SRI）领域，作为尽调标准。社会投资论坛（Social Investment Forum）在2005年发布的年度报告中指出，仅仅在美国，社会责任投资资产就已经从1995年的6390亿美元增长到了2005年的22900亿美元，并以近乎非社会责任投资4倍的速度持续增长。

新型组织正积极制定可持续发展绩效报告框架。如今，已有1000多家组织，包括越来越多的美国大公司，采用了全球报告倡议组织（GRI）制定的框架，并以此为参照，发布可持续发展年度报告。

会计行业也在积极寻求如何更全面地参与到不断发展的可持续发展报告实践中来。多年来，企业积极拓展年度披露范围，纳入在一定程度上量化的社会或环境影响。国际会计师联合会（IFAC）也积极制定职业指南并在全球范围内发布。英国特许公认会计师公会（ACCA）每年都会颁发国际性奖项，包括自2002年以来与环境责任经济联盟（CERES）共同为北美最佳可持续发展报告颁发的奖项。此外，凭借西格玛（SIGMA）项目，英国特许公认会计师公会还成为了综合财务绩效与可持续发展报告框架制定的先行者。

以上种种都传递出一个明确的信息，即：可持续发展问题成为企业所关注的问题。从组织内部（在声誉、融资和成本控制等领域，风险管理视角日益扩大）到组织外部（会计师以类似于年度财务报表的方式，对组织发布的年度可持续发展报告发表意见），报告框架逐渐完善，职业会计师也越来越多地参与其中。

对于寻求可持续发展的组织，本公告旨在明确可持续发展报告涵盖的主要方面以及如何对相关内容进行组织、设计、维护和监控，以便达到组织的预期效果。本公告揭示了美国鲍德里奇国家质量奖（Baldrige）和平衡计分卡等许多现有举措如何驱动企业开展更为广泛的绩效监控，以及美国反虚假财务报告委员会下属发起人委员会（COSO）发布的满足《萨班斯-奥克斯利法案》404条款的内控框架及风险评估体系如何与可持续发展报告保持一致，并为其提供相应支持。此外，本公告还讨论了美国注册会计师协会通过其改善型商业报告协会（Enhanced Business Reporting）所开展的一些工作。本公告还将可持续发展与在其中发挥重要作用的无形资产（特别是品牌、声誉和创新等）管理联系起来。

最后，不仅在美国本土，全球层面同样在为推动可持续发展报告而努力。同时，在许多情况下，越来越多的美国公司也纷纷为全球范围内所做的努力提供支持。虽然本公告没有提供一套完整的最佳实践方法，但是在组织外部对于透明度要求以及内部对于相关问题的意识和责任要求不断提高的情况下，为组织明确问题、做好未来发展准备提供了一个框架。

关键词：可持续性；可持续发展；环境；环境管理；无形资产；公司报告；公司社会责任。

二、引　言

如果将我们目前所做的讨论置于历史背景之下，就能最好地理解组织如今面临的责任要求为何不断加强。1929 年，世界发生了翻天覆地的变化。投资者要求上市公司披露更多的财务信息，因此，美国总统富兰克林·罗斯福签署了《1933 年证券法案》（the Securities Act of 1933）和《1934 年证券交易法案》（the Securities Exchange Act of 1934）并据此成立了美国证券交易委员会（SEC）。此前，财务报告及审计还都是新兴事务，大多由当时公认的进取型组织自愿采用，包括美国钢铁、通用汽车、杜邦等公司。最终，财务报告依据的最早版本的"公认会计原则"应势而生。

据报道，人们争相反对上述强制性准则，认为"政府插手了对私营企业的监管"，这些私营企业中不乏多年来一直在向公众发售股票的企业。即使自愿进行披露和审计的组织也对准则如今的强制性要求深感不安。恰恰在美国工业化方兴未艾之时，1929 年经济危机爆发，以至于既往的治理框架已无法充分满足新兴经济体中公众对于信息披露的需求。公众迫使政治家实施变革，私营企业投资、受托责任、合规及报告框架和规则相继迎来了重大改革。自此之后，这些改革不断发展、修订和更新，从而形成了现有的治理框架。随着世界持续的发展变化，新方法和规则不断涌现，以此满足日益复杂的经济和社会形势融合发展的需要。

20 世纪 80 年代末到 90 年代同样经历了一系列变革。在日新月异的技术带动下，全球化趋势日益深入。组织面临着来自新兴经济体日益激烈的竞争，纷纷进行裁员和流程精简，从而引发了决策及内控方面的重大变革。但是，目前现有的框架并不完善，企业面临着提供充分的透明度并担负受托责任的巨大压力，公司治理框架再次摇摇欲坠。由于非报告无形资产增长，其在股东价值中所占比例日益上升，但被排除在企业责任和报告范围之外，使这一问题进一步加剧。在许多情况下，董事会监管不力且不了解所在组织所面临的风险，这一问题引发了人们的关注。同时，组织借以管理风险的内控制度是否完善的问题同样受到了普遍关注。

内控不完善，主要表现在出现行贿等不道德行为。正是这些不道德行为促成了 20

世纪 70 年代中期美国《反海外腐败法》(the Foreign Corrupt Practices Act) 的颁布。根据该法案，跨国贿赂行为属于犯罪。作为私营部门对该法案的回应，美国反虚假财务报告委员会 (Treadway Commission) 于 1985 年成立，该委员会下属发起人委员会 (COSO) 于 1992 年制定并发布了《内部控制——整合框架》。

虽然通过上述举措，企业开始将注意力集中于改善内部控制，但实施范围有限，企业行为相关问题仍然层出不穷，其中包括高管在薪酬规划方面的不道德行为（特别是与奖金、激励和股票期权相关的问题）、公司金融分析师等推荐自己有利可图的股票而引发的欺诈行为以及投资顾问盗用资金等行为。

20 世纪 90 年代，越来越多的美国组织通过将业务外包给欠发达国家来解决日益增长的成本压力，特别是人工成本在北美地区已不具有竞争力的组织。例如：服装业，包括服装和鞋帽；计算机支持，包括软件开发和呼叫中心；家电组装；以及一般性的企业支持行业，包括"服务台"及其他呼叫中心。近年来，这一现象促使越来越多的组织将生产领域方方面面的业务进行外包，甚至包括会计及其他后台业务。内部控制程序必须能够监控与北美相距甚远的国家中分包商的行为，而这些国家的工作条件可能与北美"正常"或"道德"标准差异迥然。新型丑闻层出不穷，在某些情况下，会对组织的整体声誉造成严重影响，直接波及其全球市场收入和股票价格。例如，使用童工、因绩效问题而虐待员工、限制向管理者反映工作条件相关问题的权利以及限制任何集体组织享有的权利。

随着社会价值观的演变，公众对组织销售的产品或提供的服务所持有的态度也在不断变化。例如，拉尔夫·纳德 (Ralph Nader) 通过福特 "Pinto" 品牌车事故记录将责任开拓性地引入汽车行业。这类问题一直被公众所关注。他们会问："组织要在多大程度上为产品和服务对社会所造成的影响负责？"福特 Explorer 车型 "翻车"对福特和凡士通轮胎公司 (Firestone) 造成的销售影响均十分显著。自吸烟和烟草广告促销与死亡率及医疗成本的提高之间确定存在显著联系以来，大众对烟草行业公司采取了更为积极主义的态度。随着矿业安全标准明显缺失这一问题被曝光，矿业公司在其所处地区中的行为受到了严密监督。如今，这些组织的投资者希望了解企业对公众存在的影响，要求将公司活动的社会影响公之于众。否则，他们的投资风险就会增加。董事会同样需要此类信息，因为提供有效的监管就必须确定风险类型并加以控制。

社会对于环境的期望不断变化，这一点作为相关问题的重要组成部分，正逐渐显现。推动变革同样包括外部因素。无论人们赞成抑或反对关于全球变暖的各种争论，毫无疑问的是，日益增长的全球人口对稀缺自然资源的要求不断攀升，从而推升了资源需求和价格，迫使组织寻求实施更有效的成本管理战略，以促进资源保护及可替代资源开发。公众对于资源管理的态度也在不断变化。例如：

(1) 要求再植已遭砍伐的森林；

(2) 制定法律，规定污染者为污染（即使在让渡土地和财产之后）负责；

(3) 关注包装使用及由此产生的废物对垃圾填埋的影响；

(4) 专注循环利用及产品可生物降解或再利用和再循环的程度（3R 倡议，即减量、再利用、再循环）；

(5) 关注可控与不可控污染；

(6) 日益关注医疗及其成本，污染和生活方式对推升医疗成本的影响；

(7) 使用化石能源的交通工具在能源消耗及温室气体排放方面产生的影响；

(8) 致癌物质在产品中的使用，如儿童玩具上的含铅涂料。

过去 20 年间发生的一系列丑闻提升了公众对于环境和社会问题意识。环境问题频繁见诸报端，如 1979 年美国三里岛核事故、1982 年加拿大新斯科舍省悉尼塔池塘污染事件、1984 年印度博帕尔毒气泄漏事件、1989 年苏联切尔诺贝利核事故、1989 年埃克森石油公司的瓦尔迪兹油轮在阿拉斯加海域发生的泄漏事故、20 世纪 90 年代初萨米特维尔（Summitville）金矿向科罗拉多阿拉莫萨河排放氰化物、重金属和酸事件以及 1989 年壳牌公司炼油厂向旧金山湾泄漏石油事故，等等。媒体对这些事件进行了连篇累牍的报道。每个事件都造成了双重影响，既损害了组织在市场中的声誉、影响了投资者，又显著增加了运营成本，更有甚者，毁掉了整个企业。全球范围内此类事件屡见不鲜，从而使全球公众开始对公司乃至政府的环境行为提出质疑，人们不禁要问："公司及相关人员应承担什么责任呢？"这传达了一个明确的信息，即无论何时、何地发生了此类事件，都会引起公众的关注。

进取型组织早已认识到公众（包括投资者）对环境问题愈发关注。在欠发达国家从事生产的制衣公司制定并实施了相关标准，据此对供应商的绩效进行审计。资源类公司更加关注其对环境造成的影响。金融机构开始考虑其投资战略具有的社会影响。

将社会和环境报告纳入企业责任范畴的曾受到一定的阻力。如今，大多数组织都是在自愿基础上承担社会和环境报告业务，这归功于组织的信念，即"优秀的企业公民"会通过品牌和声誉对组织的商誉产生积极影响。但是，投资者特别是大型基金经理，如美国加州公职人员养老金（CALPERS），纷纷开始期望客户能够对这些问题予以关注。

国际碳排放信息披露项目（Carbon Disclosure Project，CDP）便是一个典型的例子，该项目涉及 315 家机构投资者，基金总额高达 41 万亿美元。

组织通过各种内部和外部倡议对环境问题作出响应。管理会计师通常更多地关注广泛的绩效指标报告，聚焦于多维度绩效报告（例如，采用平衡计分卡等概念）等领域。从更广义的角度看，所有会计师都需要考虑透明度和对外披露可能产生的影响，因为这两点会影响贷款机构对于风险的认知和评估以及对组织内在商誉的潜在影响。

总之，可持续发展强调的是组织必须对公共部门和私营企业不断变化的社会预期作出响应。过去组织对于财务业绩和披露已经给予了足够的关注，但如今组织的"价值"会根据非财务行为而发生显著变化。会计师的职责就是尽可能确保对相关影响予以确认和量化，以期提升组织对于投资者的透明度并引发管理层的关注。

如果管理会计师无法甄别促进组织可持续发展的因素，就无法使管理层全面了解组织的价值或者维持和提升组织价值需予以考虑的风险范围。如果管理层缺乏对组织的全面了解，在最糟糕的情况下，将会增加组织的外部风险和经营成本——不曾预见的声誉损失并促使公众作出不购买其股票或不再支持其产品或服务的潜在决定。此外，无形资产的折耗最终也将导致财务绩效的下降——要知道，财务结果终究是反映人员的日常活动、流程以及供应商、客户和第三方之间的相互关系的滞后指标。

三、范　　围

本公告适用于希望了解可持续发展的广泛概念及其如何在未来成为组织责任核心的财务和管理人员。本公告所罗列的概念和方法具有通用性，适用于以下组织：

（1）公共机构和私营企业；

（2）营利和非营利组织；

（3）大型、小型组织；

（4）服务型、知识型和制造型组织；

（5）美国组织和全球组织。

本公告介绍的企业责任和报告概念有所外延，以囊括经济、环境和社会因素。"企业社会责任"（CSR）框架即体现了外延的企业责任和报告概念。这也被称为"三重底线"，或金融资本会计、自然资本会计和社会资本会计。在这种背景下，财务报告成为了现行各种国内外准则、公司法规和证券法案的有益补充，不会以任何方式削弱或替代现行要求。

本公告涵盖了如何发展和理解组织可持续发展能力的基本内容，并为管理组织可持续发展能力提供了框架，具体主题包括：

（1）历史沿革——有关导致公众对企业责任期望变化发展的讨论。

（2）组织对策——回顾全球范围内现有的针对可持续发展所做的举措，凸显应对该问题的重要性。

（3）如何建立和应用报告框架——概述报告对于经济、环境和社会因素的预期以及如何建立一个全面、具有现实意义的报告框架。

（4）组织满足不断变化的报告预期所获得的价值和益处——介绍组织投入时间和资源满足新的报告预期的部分缘由，并举例说明组织可获得的潜在益处。

（5）可持续发展与会计行业——讨论新出现的、直接影响会计人员及会计组织的因素，同时审视相关举措如何与会计行业所采取的行动保持一致。

（6）本公告文末的术语表列出了可持续发展研究中使用的一些主要术语。

读者应该意识到会计领域有着掀起重大变革的巨大潜力，因此，会计行业也是一个持续变化、成长和发展的行业。此外，会计人员能够并且应该发挥引领作用，帮助管理层关注新出现的问题，并不断探索传统财务披露在多大程度上能够对外提供充分的透明度。如果无法提供充分的透明度，组织价值就会出现减损。专业管理会计师应将本公告作为学习之旅的"起点"，并随着这一主题的不断发展成熟，进一步搜集更多的参考资料。

四、可持续发展问题的演进

随着社会的发展变迁以及公众期望的不断变化，企业报告形式同样有所改变。企业不断密切关注客户群及投资者的期望，而未能及时对客户群及投资者要求或期望的变化及时作出响应的企业，要么倒闭停业，要么无法募集资金。政治家则根据社会期望，颁布、修订或废除法律，以支持或强制推行变革。引发变革的因素以多种不同方式发展变化。过去 30 年见证了翻天覆地的变革，为投资者日益高涨的增强公司治理和提高透明度的需求奠定了基础。

（一）风险管理问题

20世纪70年代末至80年代，公共机构和私营企业日益关注风险管理问题某些公司的行为或丑闻令业内一片哗然，引发了对于风险管理问题的关注，其中包括巴林银行（Barings Bank）、国际信贷商业银行（BCCI）、布彻兄弟与联合美洲银行（Butcher Brothers and United American Bank）、加州橘县"风险价值"披露、其他储蓄和贷款问题，等等。大多数发达经济体都建立了审查公司风险管理及披露事项并就相关变革提出建议的委员会，例如，美国反虚假财务报告委员会、英国公司治理财务委员会（Cadbury）和加拿大控制标准委员会（CoCo）。大多数委员会要求改革上市公司的上市和披露要求，例如，根据最佳实践评估董事会行为。同时，公共机构也加强了风险管理等领域的内部控制和管理责任。近期在立法方面的改革体现在《萨班斯－奥克斯利法案》（SOX）的颁布。

（二）环境管理问题

自20世纪60年代以来，环保主义者就一直对经济增长的影响以及全球资源日益加快的耗用情况予以关注。1972年出版的《增长的极限》（*The Limits to Growth*）[①] 报告中提及了许多问题。该报告预测按照现行的人口增长趋势和资源的可获得性，全球的许多主要商品（包括石油）会在70年内"耗竭"，但这份报告无论在工商界还是学术界都受到了一定程度的质疑。

近年来，关注点已经有所变化。公众日益关注排放因使用化石燃料产生的温室气体而造成的全球变暖问题，导致越来越多的重大环境事故见诸报端。作为应对之策的一部分，联合国于1992年制定发布了《联合国气候变化框架公约》，美国于1994年成为缔约国。此后，环境管理问题日益受到公众关注并得到了进取型组织的积极响应。在欧洲及部分其他国家，立法机构进一步要求在上市公司的年度报告中披露环境绩效指标。这些变革不仅增强了公众意识，而且使公众舆论更加关注环境行为。

人们关注环境问题的另外一个动因是随着经济增长而不断攀升的能源需求。不断攀升的能源需求导致石油价格超过100美元/桶，并可能继续上涨，因为石油储量无法满

---

① *The Limits to Growth*, Meadows et al., 1972.

足替代需求。作为一项经营成本的能源成本显著增加，促使企业聚焦于能源节约，以降低财务成本。

（三）社会责任问题

社会责任问题并不是一个新出现的问题。像强生公司等行业领军组织，多年来一直信奉"对客户、员工、社区和股东负责"①。

此外，本杰瑞（Ben & Jerry's）在1988年根据自身的经营活动开展了研究并于1989年发表了《独立社会审计师》（*Independent Social Auditor*）报告。其他组织最新出现的经营问题（如滥用童工、食品安全以及有害物质的使用，如儿童玩具中的含铅涂料）同样提高了公众对作为社会一分子的企业相关行为的关注，并引发了公众对于企业行为和责任越来越多的质疑。

虽然某些行业因美国职业安全卫生监察局等部门出台的立法而被迫进行了改进，但许多企业一直遵循着社会责任战略，因为"这才是优秀的企业"。例如，矿业和林业组织投入大量资源为工人建立社区，并提供支持，包括教育和医疗设施。随着贸易全球化的趋势日益显著加之全球通信技术的发展，公众越来越意识到美国以外国家存在的不公平现象以及不同社会之间存在的不公平现象。例如，服装和鞋帽业公司位于欠发达国家分包商滥用童工的现象受到了广泛的谴责。

此外，全球化还改变了美国本土各种组织在美国社会中的行为。为应对钢铁等全球市场定价商品的影响，美国工业企业关闭了许多遍布全国各地的工厂，形成了许多高失业率的"鬼城"。汽车等行业的全球性竞争（以及持续不公平的贸易行为），造成美国底特律等传统的汽车工业区规模不断缩小，从而形成了显著的结构性失业。由于美国零售业定价较低，大型零售商越来越多地从其他国家采购工业制成品，从而造成美国工人失业。此外，为了保持竞争力，本地零售商和制造商还竭力限制工资、减少员工福利。许多组织将仅投资于经营需要领域，削减了在体育设施等传统领域的社会支出和社区支出。

虽然上述现象都可以视为自由市场经济下发生的自然后果，但却使公共组织的社会责任问题成为了公众关注的焦点。企业对所处社会的责任问题日益受到公众的质疑。

---

① 强生公司信条的历史见：http：//www.jnj.com/wps/wcm/connect/eebe2400496f21778a59fb03eabf3a7e/Johnson-and-Johnson Credo.pdf? MOD = AJPERES&useDefaultText = 1&useDefaultDesc = 1.

电影《公司》(The Corporation)① 及同步发行的著作《公司：对利润和权力的病态追求》(The Corporation: The Pathological Pursuit of Profit and Power) 就组织及"法人"的角色、职责及受托责任提出了发人深省的问题。这部电影受到了高度评价，并引发了公众对于企业行为的探讨和辩论。

(四) 无形资产日益增长的作用

在公众日益关注环境和社会行为的同时，组织价值也越来越多地体现在无形资产的价值并随着无形资产价值的增加而增加。随着组织越来越多地报告无形资产及其对股东价值的影响，这也成为了引发争论的一个重要因素。由于行为问题而造成的商誉和品牌价值等方面的损失，致使几十亿美元的股东价值荡然无存（如同在1929年经济大萧条时期未披露财务问题给投资者带来的巨大震动一样）。2006年12月出版的《全球无形资产追踪者》(Global Intangible Tracker)② 一书提到在25个国家中，排名前5000的全球性贸易组织的价值共计36.2万亿美元。其中，只有18.3万亿美元（即50.6%）需要进行财务报告披露——14.0万亿美元是有形资产，采用公认会计准则披露的4.3万亿美元为无形资产。其余17.9万亿美元为"未披露价值"。更能反映无形资产作用的是，无形资产从2001年的6.0万亿美元增长至2005年的22.2万亿美元。通过减记无形资产对股东价值的影响，可以在一定程度上理解股东对于组织在无形资产价值披露方面展现的透明度所持的态度。2001年1月～2006年6月，全球范围内由于减值所造成的规模最大的20笔无形资产减记总额约2530亿美元。

会计行业应用会计准则时，未能形成将大量无形资产纳入财务报告范围的方法，除非这些无形资产满足了严格的限定标准，或者出现了将商誉强制纳入报告范围的事件，即在并购交易中拥有无形资产的组织因出售无形资产获得了交易对价，而这笔对价必须计入收购组织的资产负债表。

(五) 推动变革的合力

公众对于风险管理、环境、社会行为和组织价值的关注汇聚在一起，形成了推动企

---

① *The Corporation*, by Joel Bakan, published 2004.
② "Global Intangible Tracker—An Annual Review of the World's Intangible Value," December 2006, Brand Finance.

业责任、透明度和披露变革的"完美风暴"。出现的许多问题已经使企业将注意力集中于改善内控环节。但改善范围通常有限，企业行为问题时有发生，包括：虚报公司收益和虚增资产；个人在不受监管和控制之下制定错误的重大财务决策，从而造成公司发生巨额的冲销和损失；科技组织及其他以"无形"知识资产为特征的组织的商誉发生巨额冲销；股票价值下跌。所有这些问题都汇集成了公众对公司治理"失控"的日益不满，更为重要的是，导致公众对企业行为信任程度不高。

再次说明的是，20多年来发生的许多丑闻提升了公众对这些问题的意识。所有发生的事件都影响了公众对企业行为的认知，同时，由于全球范围内的高效传播，相关事件不再仅仅对事件发生地造成影响——已成为企业行为的一部分。不但公共机构和私营企业所处的世界发生了变化，而且组织内部人员与外部人员之间的信任程度也发生了变化。

五、报告与责任的重要性——谁会在乎呢？

1992年《联合国气候变化框架公约》通过，而美国于1994年签署该公约。随后，来自跨国组织的多位首席执行官成立了世界可持续发展工商理事会，旨在以企业为主导，应对可持续发展问题带来的挑战。这些首席执行官一致认为企业应对公众给予的关注作出响应，并实施变革，从而成为对更广泛的利益相关者更为负责、透明的企业。他们清楚地认识到，公司不应继续耗用和滥用自然资源却不为企业行为的长期影响负责。甚至备受推崇的《经济学人》杂志也在社论中指出，全球每年未确认的自然资源使用"成本"预计为23万亿美元。

环境和社会责任的重要性体现在国内外相关倡议日益增多。20世纪90年代，这些倡议得到了极大推动。1993年，欧洲引进了自愿性的生态管理与审计计划（Eco-Management and Audit Scheme，EMAS），帮助公司建立环境责任与管理框架。该计划聚焦于建立环境因素和环境影响绩效指标，并已成为欧盟上市公司报告要求的一项要素。1996年，国际标准组织发布了环境管理系统的首项管理标准，帮助组织考核环境绩效。全球120000多家组织现已承诺遵守这项标准。许多情况下，为确保供应商对环境负责，买家在选择供应商时都会要求它们也遵守这项标准。自2003年以来，通用汽车公司的任何一级供应商都必须经验证遵守了公认的环境管理系统，才能够成为公司的供应商。

在社会领域，鉴于耐克公司在童工使用上遇到的问题，国际劳工组织效仿国际标准组织的标准框架制定了 SA 8000 标准。这项标准于 1997 年发布，旨在帮助欠发达国家开展运营组织来评估自身的管理方式，以识别并消除不可接受的工作条件。这项标准涵盖了童工、强迫劳工、健康与安全、结社自由、歧视、纪律、工作时间、薪酬和管理系统等内容。截至 2007 年 9 月，65 个国家的 1461 家工厂获得了认证，涉及员工 676000 名。这项自愿遵守的标准借鉴了此前制定的一些公约，如《联合国儿童权利公约》《国际劳工组织公约》和《世界人权宣言》等。

2000 年，联合国提出了"全球契约"（Global Compact），作为公司为支持联合国《世界人权宣言》等倡议而努力践行的十项原则。这些原则涵盖了人权、劳工标准、环境和反腐等主要领域。虽然这项倡议只要求在自愿基础上进行报告，但却吸引了来自 5000 多个组织的参与，包括世界 120 个国家的 3700 家企业。

人们一直在采取集体行动，为环境和社会责任等发展领域建立更为系统化的框架。1997 年，作为环境责任经济联盟（CERES）和联合国环境规划署的一部分，全球报告倡议组织（GRI）成立并于 2002 年年中成为非营利组织。全球报告倡议组织一直积极参与制定一系列方针，这些方针逐渐被报告环境、社会和经济绩效的企业所采纳。目前，80 多个国家的 20000 多个利益相关者和全球 2000 多个报告实体采用了部分 GRI 框架。参与者包括 60 多家美国组织，例如：百特国际、美铝公司、戴尔、通用电气、宝洁、强生和道氏化工。除 GRI 框架之外，英国特许公认会计师公会也积极参与西格玛项目，旨在根据组织对五项资本管理要素的责任建立全面的报告框架，即自然资本、社会资本、生产资本、人力资本和金融资本。此外，英国特许公认会计师公会多年来一直联同环境责任经济联盟，为北美及世界其他地区的环境和可持续发展报告的最佳实践设立奖项。

投资者也积极表达对企业扩大应承担的社会责任的期望。社会责任投资（SRI）就是投资界中的一支新生力量。据美国非营利组织社会投资论坛（Social Investment Forum, SIF）发表的《美国社会责任投资趋势报告》（*the Report on Socially Responsible Investing Trends*）称，在机构投资者的日益关注、对气候相关的可再生替代能源的需求不断增加、对苏丹人道主义危机的关注以及新产品涌现等因素的推动下，目前美国社会责任投资的增速远远超过了专业管理的所有投资资产。报告指出，从 2005 年到 2007 年，社会责任投资资产增长了 18% 以上，而专业管理的所有投资资产的增幅还不到 3%。

该报告指出在专业管理的总资产中，2.71 万亿美元的资产采用了三个核心社会责任投资战略中的一个或多个战略，即社会筛选、股东倡导和社区投资。2005 年《美国社会责任投资趋势报告》称社会投资为 2.29 万亿美元，而在过去两年间，社会投资保持了稳健增长。如今美国专业管理的资产中，每9美元中就有1美元是社会责任投资——尼尔森信息机构发布的《投资经理名录》(Directory of Investment Managers) 所追踪的专业管理的25.1万亿美元的总资产中，11%为社会责任投资。

这些趋势似乎共同表明了推动公众报告与责任变革的力量越来越大。鲍勃·威拉德（Bob Willard）[1] 将这些事件描述为推动企业责任变革的市场力量形成的"完美风暴"。企业责任变革是由利益相关者的利益趋同和五个核心变革领域共同推动的，见表1。

表1

利益相关者积极主义	变革的动因
消费者积极主义	气候变化
股东（所有者）积极主义	污染及由此导致的医疗问题
非政府组织积极主义	对全球化的激烈反应
政治积极主义（对政府的影响）	能源短缺和成本
投资者积极主义（资本市场）	对大型机构的信任逐渐减弱

因此，推动组织对这些变革作出响应的动因来自多个方面。[2] 首先，会计行业无法解决无形资产增长问题，因为根据目前无形资产的定义，不允许无形资产在资产负债表上予以确认。其次，还有一些组织开始实施公司治理、责任和报告，力求解决更广泛的可持续发展问题。再次，虽然会计行业整体上仍然专注于无形资产之外准则框架内的报告，但是人们越来越多地意识到，会计行业必须参与未来的发展，但应跳脱出传统的合规与报告框架（例如，国际会计师联合会和英国特许公认会计师公会所做的工作）。最后，也是最重要的一点，这些问题毋庸置疑属于管理会计领域。关注可持续发展对组织的成本结构具有直接意义，既为组织带来了挑战，又带来了机遇。此外，管理会计师的工作范围也从合规拓展到了帮助组织提高面对各种风险情况下可持续发展的能力。

---

[1] The Next Sustainability Wave, by Bob Willard, p. 89.
[2] 参见：IAS 38 "Intangible Asset" as being an identifiable monetary asset without substance, "…controlled by the enterprise…" and "…from which future benefits (inflows of cash or other assets) are expected…"

六、建立一个可持续发展框架

虽然人们尚未就解决可持续发展问题的标准达成共识,但争论形成了诸多方法和框架建议。除丹麦、荷兰、英国和法国等国家的法律合规机构积极倡议的方法和框架之外,尚未形成明确的法定标准,而且大多数工作都聚焦于建立一系列可供组织选择的"最佳实践",于组织建立符合自身需要的方法。因此,组织一直专注于使用非规范性方法,这一方法为报告组织提供了决定报告什么、如何报告以及在多大程度上利用验证和第三方鉴证的广阔余地。例如,全球报告倡议组织建立的广为人知或许也是应用最广泛的方法,往往是许多组织用以与自身个性化的报告进行比较的基准。在全球报告倡议组织提出的框架的基础上,报告企业选择框架的某些方面作为责任报告的相关领域。

但组织所采取的方法也存在着一定的共性。我们建议读者参阅介绍更为详细地相关书籍。2008 年初,相关的著作包括:《实现可持续发展》（*Making Sustainability Work*,Marc J. Epstein)、《超越优秀公司》（*Beyond Good Company*,Googins,Mirvis and Rochlin)、《下一个可持续发展浪潮——赢得董事会认可》[*The Next Sustainability Wave* (*Building Boardroom Buy-in*),Bob Willard]。此外,读者还应参考和借鉴全球报告倡议框架。

图 1 说明了实施可持续发展报告所要求的概念框架和步骤。尽管该框架并不代表任何特定方法,但介绍了推动报告实施的主要步骤。

该模型说明了实施可持续发展报告相关的一些基本方面,包括本节将要深入探讨的以下几个方面:

(1) 采用公司范围的可持续报告方法,包括制定领导积极支持并参与的政策;

(2) 建立可持续发展框架,定义经济、环境和社会三方面的责任;

(3) 明确主要利益相关者并与之建立联系,以确保所采用的框架具有相关性和全面性;

(4) 建立相关、可验证、可计量的指标,借以监控每个可持续发展因素;

(5) 保持责任框架的一致性,以便满足法定要求、利益相关者的期望并符合行业"规范";

(6) 持续审查和发展报告框架及其各组成部分,以建立"学习型"系统和方法。

```
                    ┌─────────────────────────────────┐
                    │  组织可持续发展政策愿景（领导力）  │◄──────┐
                    └────────────────┬────────────────┘       │
                                     ▼                         │
                    ┌─────────────────────────────────┐       │
                    │  可持续发展框架（三重底线）责任和透明度  │       │
                    └─────────────────────────────────┘       │
```

图中三列：

- 金融资本——经济视角
  - 资本配置
  - 财务业绩
  - 创新、创造力
  - 声誉和品牌
  - 市值

- 自然资本——环境视角
  - 材料选择
  - 生产方法
  - 投入、生产、产出
  - 浪费控制
  - 补救措施

- 人力资本——社会视角
  - 社区影响
  - 地方采购
  - 贡献/奉献
  - 可持续性

评估与利益相关者的相关性

定义可持续发展标准——各项指标

法定合规要求+选择性责任和可持续发展绩效报告

利益相关者审查和意见=持续改进

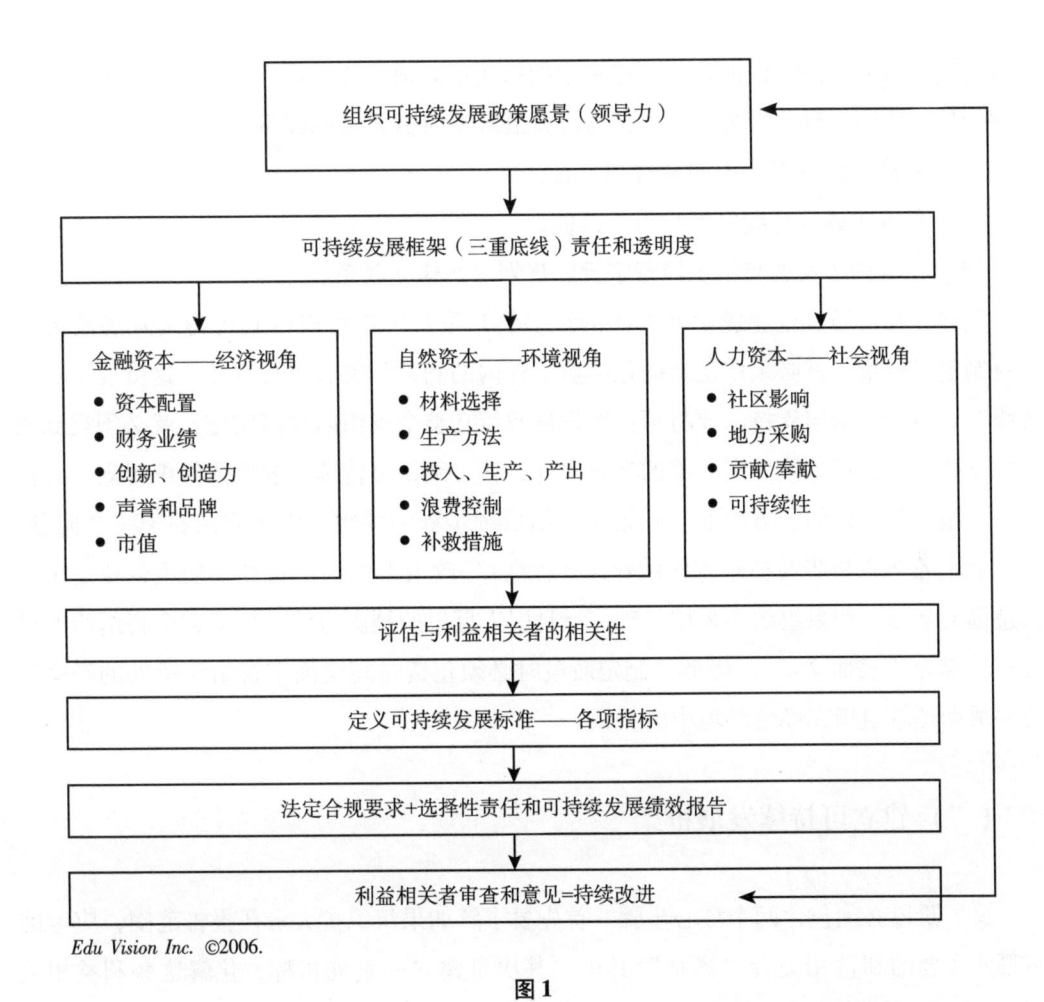

Edu Vision Inc. ©2006.

图 1

这类框架正不断发展和涌现。读者至少还应再研究一下马克·爱泼斯坦（Marc Epstein）[①] 以及受托责任组织（Accountability）制定的 AA 1000 标准和全球报告倡议组织制定的 G3 指南。

（一）领导力与政策制定

组织承诺扩大社会责任范围是一项郑重承诺，不仅要投入大量资源，还要提高绩效报告方面的透明度。任何一个组织承诺扩大责任范围之前，必须向董事会或公司其他监管机构提交承诺范围并经其批准。其中一个主要环节便是编制政策陈述书，说明组织实

[①] Marc J. Epstein, *Making Sustainability Work*.

现可持续发展的方法。任何政策陈述书中的描述都必须能够转化为利益相关者和公众能够评判的、协同一致的行为。制定可持续发展政策时需要考虑以下因素：

（1）明确界定所需考虑的利益相关者；

（2）积极协调可持续发展与组织价值；

（3）在可持续发展与组织经营宗旨和规划之间建立联系。

例如，在可通过企业登记处查阅的许多公开报告中都可以看到可持续发展政策。①一旦制定了政策，就必须广泛地向包括员工在内的利益相关者进行宣传。这就要求组织各级领导给予承诺与支持。要将可持续发展政策在整个组织内付诸实施，就必须得到领导的支持。确保可持续发展政策的有效实施，就必须将可持续发展融入组织规划、工作执行、报告与责任的方方面面。政策是实施后续步骤的关键，因为它回答了一个问题，即"我们希望在报告与披露方面做到什么程度？"政策据此为可持续发展报告奠定了可供遵循的基础。如果组织不采用基础广泛且引人反思的披露方法，公众就会将组织的最终报告视为"表面文章"。因此，制定政策时必须花费时间全面审视组织所处的经营环境并透彻理解组织在经营环境中的关系。

（二）建立可持续发展框架

这一阶段必须包含两个核心步骤。首先要了解如果组织扩大责任报告范围，应考虑将哪些主要的利益相关者"囊括"其中。其次是建立一系列指标，化解这些利益相关者的问题和关注点。征询主要利益相关者的意见以及行业协会和团体的意见有助于推动可持续发展框架的制定。

（三）谁是利益相关者

确定利益相关者与施行全面质量管理等管理方法、颁发美国鲍德里奇国家质量奖（Baldrige）和实施 ISO 9001 和 ISO 14001（质量和环境）等国际标准有许多相同之处。针对利益相关者所做的分析通过"由外向内"的

利益相关者定义

影响组织经营活动、产品（或服务）及其绩效或受其影响的个人或群体。

---

① The Corporate Register-repository of Corporate Sustainability reports：http://www.corporateregister.com.

视角审视组织,并提出如下疑问:"作为组织,我们会影响到谁?谁会影响到我们?"组织应在现有的利益相关者确认工作基础上将分析范围拓展至媒体、行业团体、同行业组织和商会。要了解的关键一点是,在许多情况下,这是一种迭代法。在整个过程的每一个步骤中,组织都将学会如何纳入或剔除利益相关者代表。此外,组织还必须考虑采用一些评估相对重要性的方法,以便在今后将利益相关者涵盖在内。建立评估矩阵或网格可能也会对组织有所帮助。矩阵或网格显示了经济、环境和社会因素对利益相关者评估的影响程度,使组织能够根据相关影响的重要性制定决策。针对利益相关者的识别和优先排序是一项关键步骤,因为这一步骤为确定绩效责任所应包含的领域奠定了基础。

(四)利益相关者需要了解什么

利益相关者进行有效决策所需了解的信息覆盖面广泛,目前没有任何框架或标准能够对相关信息进行界定。适用于所有报告事项的基本原则一般包括:

(1)完整性。所报告的信息合理、恰当地描述了公司行为中相关且重大的事项吗?例如,从环境角度来看,"因素与影响"评估等工具评估组织的投入(例如,原材料)、生产步骤(例如,能源耗用、产生的浪费、造成的污染)和产出(例如,产成品或服务及其副产品、浪费、排放物等)各方面的情况,有助于组织确定所报告信息应涵盖及解决的问题。

(2)平衡性。所报告的信息提供了符合实际的评估吗?既包含组织绩效相关的积极因素又包含消极因素吗?平衡性关系到组织在采用公正的报告方法时需要强调信息报告的透明度。在制定政策时,组织能否保持平衡性是一个至关重要的考虑因素。如果某项因素至关重要,但绩效不尽如人意,那么组织针对披露和公司行为所做的承诺便是一项需要考量的重要因素。

(3)观点。所包含的信息是否具有现实意义?为了得到肯定回答,组织绩效应当与某些基准或标准水平进行比较。因此,是否存在行业范围的比较基准就是一个组织可能需要考虑的因素。

(4)准确性。与报告维度相关的数据能够以合理的准确性确定吗?虽然定量数据(比如,传统财务报告)更易于处理,但是有一部分需要报告的责任则可能本质上属于定性数据。在这种情况下,就需要考虑建立数据采集和评估应遵循的标准。可接受的正态方差区间是多少?在什么层面上信息就会变得毫无意义?

(5)可得性。绩效报告必须及时提供信息,才能保持报告的有效性。因此,所选择的可计量标准必须能够及时加以提取和使用，而无论来源如何。如果信息材料无法满足及时性要求，那么报告对利益相关者评估和决策所做的贡献将会非常有限，并且会降低报告的价值。

（6）报告形式。报告能够清晰地反映所选择的指标吗？通过"由外向内"的视角审视组织，不仅需要利益相关者能够理解所披露的数据，而且需要了解披露数据的目的何在。

（7）质量。组织是否可以对材料采集、分析和报告的方式进行审查，从而确保质量及材料的准确性？如果组织已经建立了基础广泛的风险管理框架，例如，根据《萨班斯－奥克斯利法案》建立了 COSO 评估和报告框架，会发现面临的情况极其类似。同与货币风险相关的内控环节相比，组织应给予旨在化解环境和社会问题等特定组织风险的内控环节（包括监控组织绩效的能力）同等程度的重视。

最后，在进行各种披露时，组织还应考虑报告的整体重要性以及报告"界限"。构建可持续报告方法最好应该从确保报告少数"最重要的观点"着手，然后随着经验的积累和时间的推移，再进一步建立有意义的衡量指标。如果组织缺乏相关流程聚焦于上述少数最重要的观点，那么将面临如下风险，即努力付诸东流、计划质量每况愈下、资源不足以及信息披露无法达到预期的可靠性。

在确定报告范围时，组织应考虑的因素包括报告企业的控制程度绩效因素的相对影响。影响力大、控制程度高的事项必须报告，而控制程度低、影响力小的事项则可能被排除在报告范围之外。组织然后将所有这些因素应用于为经济、环境和社会报告这三个方面的每个领域，建立相应指标。

（五）经济方面

在可持续发展框架中，经济绩效报告可能会与财务报告混淆，但是，正如会计系学生在初期所学到的一样，会计人员和经济学家通过不同的视角审视财务信息。经济报告绝不能替代或废止传统财务报表，而是应视作传统财务报表的补充。财务管理人员在编制经济可持续发展报告时可能希望将财务价值的无形资产的背景、重要性和相关性纳入其中。英国特许公认会计师公会参与开发的西格玛项目将"资本"纳入可持续发展报告框架范围，因此提供了可借鉴的模型。财务管理人员按照"三重底线"（经济、环境和社会），将"资本"定义为五个类别（见表2），但采用了单独的框架。因此，组织的经营责任及可持续发展报告便包含了与总投资相关的更为广泛的事项（无论是否为有形投资，也无论是否要求企业考虑投资用途）。

表 2

资本	类别	经济	环境	社会	有形资产责任	无形资产与非报告资产
自然资本	环境		×			×
社会资本	社会关系与社会结构			×		×
人力资本	人	×				×
生产资本	固定资产	×			×	
金融资本	利润与损失、销售额、股权、现金等	×			×	

经济绩效指标反映的是组织对其所处的国家产生的经济影响。通常的指标可能包括为利益相关者增加、创造及再分配的总体41 价值（包括强制及自愿支付）。对于利益相关者而言，经济绩效指标可能包括本地采购活动对社会产生的经济利益、对社区活动的投资、为本地供应商支付的医疗保健、为社区员工支付的薪酬、（直接或间接）在社区中缴纳的税金、通过招聘为社区就业作出的贡献，以及赞助高等教育机构等经济活动。

如果将无形资产包括在内，那么组织就可能通过确认和区分为支持可持续发展而投入的建设基础设施建设和推动组织实现规模发展的经营费用来创造价值。相关费用可能包括培训和教育费用、促进流程改进和员工参与，以及关于员工工龄、保留和退休实践的报告。在其他可持续发展活动上的投资包括建立供应商与客户关系，确保竞争优势，继而创造一个可持续发展的企业（在有些情况下，甚至可能延伸至建设无形资产的"过往利润"）。最后，经济方面还应该包括投资于创新和创造力等领域的可持续发展投资所产生的财务影响，在考虑组织对社区的环境影响甚至社会影响时尤为如此。经济绩效指标不仅是对社区和社会福利的承诺，而实现经济绩效指标的关键不仅会受到利益相关者相关性和重要性相关因素的影响，更重要的是，会受到披露相关信息对竞争优势产生的影响。

（六）环境方面

从严重依赖自然资源的组织，到银行和自然资源依赖程度较低的组织，对于不同组织而言，可持续发展具有的环境影响也千差万别。多年来，部分行业一直在发展环境战略，尤其是总部设在美国且面临繁重海外环境合规报告要求的跨国公司。管理会计师必须首先了解组织的环境风险状况并以此为起点制定环境政策和战略。这些政策不仅将确保组织满足法定合规要求,而且还会推动组织采用经董事会批准的自愿性战略。虽然许多环境管理顾问可以帮助组织进行环境评估,但有些组织也可能拥有自己的评估人员。组织应依据框架进行环境评估,例如美国国家标准协会(ANSI)制定的 ISO 14001 环境管理系统标准中所要求的框架。① 关于以环境管理系统为基础的 ISO 14001 要求的详细介绍,参见美国环境保护署(EPA)的网站②(如图 2 所示)。

ISO 14001 标准要求一个(社区或)组织实施一系列最终综合起来形成环境管理系统的措施和程序。ISO 14001 不是一项技术标准,因此绝不会替代体现在法律或法规中的技术要求。它也没有为组织设定规定的绩效标准。依照 ISO 14001,环境管理系统的主要要求包括:

- 政策表述:包括防止污染的承诺,提高总体环境绩效的环境管理系统的持续改进,以及遵守所有适用法律法规的要求。
- 确定可能严重影响环境的社区组织的活动、产品和服务的各个方面,包括并未列入监管的影响。
- 为管理系统制定绩效目标,与社区或组织政策中确立的三项承诺(即防治污染、持续改进和合规)联系起来。
- 实施环境管理系统以实现这些目标。包括培训员工、建立工作说明和实务,以及建立考核目标的实际指标。
- 制定一项计划,定期审计环境管理系统的运行情况。
- 检查环境管理系统的所有偏差,并且在发生偏差时采取纠正性和预防性行动,包括定期评估组织是否遵守适用法规的要求。
- 高管定期审查环境管理系统,以确保其运行正常,并且在必要时予以调整。

图 2

"因素与影响"评估为环境评估提供了基础。利用"因素与影响"评估工具,管理会计师能够确定影响环境的组织活动的各项因素。一般而言,一个组织产生环境影响的领域既包括对人类生存的自然系统(即生态系统,包括土地、水和空气)的影响,又包括对非生存的自然系统的影响。例如:原材料的选择,包括对提炼和生产的影响、原材料供应是否有保证、使用(例如,危险材料)所产生的经营影响等问题。

(1)产生所有计划内的废物流,无论是来自生产,还是来自支持服务的废物及其相关的内部和外部处置费用;

(2)产生计划外废物和副产品,比如,向大气和水中排放的废弃物;

(3)流程和所使用的间接材料对员工健康和工作场所的影响;

(4)供应流和产出流(销售和配送流)各层级产生的各种运输费用;

(5)组织产品和服务的设计和经营对购买和使用这些产品和服务的个人和第三方

---

① ANSI—American National Standards Institute,http://www.ansi.org.
② EPA—Environmental Protection Agency,http://www.epa.gov/OWM/iso14001/isofaq.htm.

的影响。

对于管理会计师,传统的风险评估的核心是确保遵守监管机构(如美国环境保护署)提出的要求,将任何造成罚款、惩处和法律诉讼的非合规行为相关风险最小化,以及该类事项变得重大时降低相应的成本。在当今的经营环境中,管理会计师必须拓宽视野,考虑采取下列举措:

(1) 如果非合规行为的后果是造成声誉和品牌价值的损失,那么就限制(法定的和自愿的)非合规行为的影响;

(2) 避免产生相关成本,比如,有毒材料、有害废物及其他物料的内部处理和管理成本;

(3) 通过消除环境因素对工作场所带来的负面后果,实现医疗费用的最小化;

(4) 通过实施质量管理措施并将利用该措施降低打印费用及其他辅助费用,降低浪费水平(废料、过多的副产品等);

(5) 通过再循环措施(包括利用副产品创造新的经营机会),逐步降低废物处置成本(既包括外部费用,如运输和处置费用,又包括内部费用,如材料处理人工成本);

(6) 通过聚焦于来自产品或服务的环境影响来降低产品责任风险(以及可能产生的保险赔偿和法律诉讼费用),并将其作为产品设计管理流程的一部分;

(7) 通过减少废水、节约用电(电灯、汽车、控制和有所改善的保洁工作)、节约石油、天然气等方面的资本投资,降低间接费用;

(8) 通过改进现场管理(例如基于资源和不动产的组织)降低补救责任;

(9) 实施改进的工作方法,比如,允许员工在家办公(减少交通工具的使用)、利用技术手段代替差旅,以及利用电子方式创建和传输文件,以避免使用纸张;

(10) 通过更好地利用空间以及实施被动式供热及其他改进的设施管理方法实现设施变革。

并非上述所有措施适用于任何情况。但是大多数组织都有机会实现环保经营及节约成本的双重目标。特别值得一提的是,环境战略应着力于避免产生未来成本。显然,许多与环境相关的领域所涉及的成本都在不断增加:

(1) 近年来,石油价格飙升,已超过每桶100美元,并且仍呈现上涨趋势。石油对大多数其他成本具有普遍影响,特别是对运输领域的供应流以及化工、塑料和化肥等许多领域。

(2) 许多国家水资源都存在短缺。由于全球变暖,水资源供应成为人们日益关注的问题,因为全美66%的水资源来自地下水。随着水资源愈发难以获取,水资源的使用价格也不断上涨。

（3）发电成本不断增加。水力发电开发机会寥寥；核电等替代能源开发困难重重，规划不断延期；地热、风能、太阳能等可再生来源电力目前价格过于昂贵。此外，输电线路建设的拖延又进一步增加了电力供应风险。

管理会计师应该首先了解本组织行为对环境的影响。公司是影响社会总体福利和繁荣程度的强大力量。杰里米·里夫金（Jeremy Rifkin，2003，第3章）讨论了能源与社会福利之间的关系。其中明确指出，从环境的角度来看，许多组织都是在用借来的时间进行经营（Ashida et al.，2003）。组织必须严格遵守法定要求。制定自愿性政策，既确认环境问题不断变化的社会影响，又确认现有的成本和风险以及未来价格上涨和资源可获得性等额外风险，也是管理会计师的一项迫切任务。

（七）社会方面

社会影响的相关政策可能早已存在，包括全面遵守规范劳动和工作场所的法律（如美国职业安全与健康管理局法规及其他要求）以及各州的劳动法。此外，进取型组织可能早已建立了审视某些问题的程序，比如，采购商品和服务时最大限度地利用本地供应商、参与社区（不仅包括政治家，而且包括居住在组织经营所在地周围公众利益相关者），以及公司赠予指南（无论是现金、物品、服务，还是允许员工带薪或不带薪服务本地社区项目，比如，通过"人类家园"等项目建房）。

管理会计师在社会方面面对的问题是，社会影响战略对组织日常活动管理总体效果的贡献度，以及如何确保地方、州或联邦政府尽可能地加快审批周期等问题。当然，也必须从道德管理角度衡量社会影响。道德管理的重点是既遵守既定的道德管理框架，又制定相应的政策以确保与外部第三方进行有效沟通并获得理解。

如果组织在美国总部之外经营，那么管理会计师也会特别关注社会绩效。人们一定不会忘记对耐克滥用童工的指控对该公司股价和声誉产生的破坏性影响，从而造成客户决定不再与耐克公司开展商业往来。不同国家的工作实践可能各异，但问题会通过媒体迅速传播，并且在相当短的时间内就会影响母公司，继而给品牌、声誉带来风险和负面影响，并通过股价和收入水平反映出来。

社会影响是指组织对其所处的社会体系的影响。一般包括劳动与管理实践、保障人权的方式，以及周围社区的活动产生的相关影响，包括日常活动以及产品在更长时期内的影响。人们可以看到，如果一项环境导向型的"事业"能够产生社会影响，那么在这些方面就会存在一定程度的重叠。值得关注的具体领域包括：

（1）遵守所有影响劳动力的法律和法规，在地方法律没有对组织的最低行为标准作出规范时，就要遵守国际公认的原则和指南；①

（2）聚焦于为员工提供充分的教育和培训，包括安全等领域的教育和培训；

（3）满足少数族裔员工的雇用要求和政策，达到平等就业机会（EEO）立法要求的合规水平，以及最低水平之外的要求；

（4）本地采购及其他涉及社区的投资活动的水平；

（5）对待非歧视、自由结社、工作权利等领域的方法，以及如何处理员工投诉，如何保障社区权利（例如，让社区领导参与规划并保持持续沟通）；

（6）如何处理反腐败行为，以及组织如何确保其权力在社区内的平衡；

（7）组织经营、产品和服务对社区的影响，包括健康和安全、商标考虑、营销沟通以及对个人隐私的尊重。

对于管理会计师，无外乎要确保人力资源领域（或者在较小的组织中，管理会计师对该领域的管理）遵守法律要求。但是，如果相关有效政策有助于"三重底线"方法的实施，那么就不仅仅限于人力资源管理领域。如果不能解决这些问题，随着时间的推移，组织在社区中的声誉就会受到负面影响。此外，这还会影响组织的员工，他们会看到这种行为并受到负面影响——要知道，大多时候员工更愿意为"优秀企业公民"工作。这种行为也会提升组织在更广泛的社区中的声誉，包括客户、供应商、地方政治家及行为可能对组织的活动产生正面或负面影响的其他人士。最糟糕的是，组织可能会面临社会动荡，被迫停止当地经营，甚至组织员工还会面临暴力行为。

社区政策能够指导组织如何处理问题，例如，强生公司所采用的"公司信条"，明确地为公司1982年处理泰诺投毒事件的决策提供了指导。尽管涉及价值1亿美元的产品，但是公司在第一例事件发生后的7天内就将产品全部召回。人们可能会将强生公司与汽车行业中最近发生的历史性事件对比：在该事件中，尽管有报告表明"明显"的产品问题导致了死亡，但公司却反应迟缓并且十分戒备。有关强生公司的负面影响迅速消散，而媒体则称赞该公司履行了"社会责任"。相反，另一些公司的声誉遭到毁损，但这些公司的律师却辩称，在有些情况下公司无法完全恢复其声誉。财务或经济底线产生的影响只不过是影响组织可持续发展的三种影响之一。如果不重视环境和社会影响，

---

① 例如《联合国世界人权宣言》及其议定书和《国际劳工组织关于工作中的基本原则和权利宣言》，以及使用 SA 8000 社会责任标准。

那么久而久之，客户和投资者就会因组织行为而改变自身行为，从而产生负面的财务影响——因此也会耗尽组织的无形资本。

社会影响和企业社会责任正逐渐成为企业普遍面临的问题。威斯霍尔（Verschoor，2006）教授指出"成为优秀企业公民是企业基本的最佳实践"，他还引用 2005 年《美国企业公民的状况：2005 年企业观》（*The State of Corporate Citizenship in the U. S.：Business Perspectives in 2005*）研究中的表述以及大量统计数据来支持自己的观点。这些统计数据表明，员工以及整个社会都将其视为一个重要因素。有迹象表明，83% 的企业管理者已不再支持米尔顿·弗里德曼（Milton Friedman，1993）所提出的传统方法，即企业的唯一责任是对股东负责。麦肯锡咨询公司在 2006 年第二季度所做的评论中就以《社会中的企业》（*Business in Society*）为整期评论的标题，并聚焦于组织为从员工及其他第三方合作伙伴中吸引未来发展所需人才而保持其吸引力的重要性等方面。这篇文章还讨论了有效的组织必须为谁确认这些变化、为谁适应新现实，称如果做不到这一点，就会使声誉和商誉受损，从而显著降低公司价值。之后发布的一篇文章［《麦肯锡季度调查》（*McKinsey Quarterly Survey*），第 33 页］又继续讨论组织发生的主要战略性经营变化的影响，并且指出了这些如何成为企业总裁所关注的领域——最为关注的就是工作流失和离岸经营的问题。如果管理会计师面临为管理决策提供分析和支持的任务，那么就应该确保自身的风险评估和审慎责任中包括直接财务领域之外的责任并考虑社会和环境影响等更广泛的问题。

> 企业领导必须参与有关社会政治的争论，不仅是因为他们的公司能在社会政治领域有所贡献，而且还因为公司也能够从中获得战略利益。毕竟，社会和政治力量能够从根本上改变行业战略蓝图。如果人们发现企业没有意识到或者认为企业有过失，那么它们就会破坏企业的声誉。
>
> ——《社会中的企业》第 20~32 页，载于《麦肯锡季度调查》2006 年第二季度

（八）报告方法

管理会计师面临的最大挑战之一，便是建立反映组织对"三重底线"相关非财务指标的绩效衡量标准。考虑这方面因素时，重要的是认识到反映"确定性"的传统财务指标可能不具有应用价值，因此建立趋势和新的指标就可能更好地支持绩效报告。

(九) 监控和计量无形资产

卡普兰和诺顿（Robert S. Kaplan and David Norton，1996）意识到流程、客户关系及学习和增长等领域有必要建立衡量标准，从而展开了这方面的讨论，他们提出的平衡计分卡就是建立更广泛的绩效指标的一个很好的起点。表3列示了一些需要建立的与可持续发展相关的无形资产指标相关的领域。

表3

流程资产	• 主要流程的成本/交易（采用作业成本法/资源消耗会计） • 单位交易能源成本 • 流程产生的浪费 • 主要流程生产周期，尤其是与竞争优势协调一致的生产周期 • 流程的无缺陷绩效（例如，合格率） • 主要流程的适时绩效
客户关系资产	• 客户和满意度水平（无形资产的定期简单调查），特别是与安全、使用便捷性相关的问题 • 客户对主要流程绩效结果的满意度（如配送等） • 投诉、退回、保修费用及其他趋势 • 通过介绍获得的业务百分比和回头客业务销售百分比 • 客户流失率和客户关系平均持续时间 • 主要客户的业务百分比（采用分层法）
供应商关系资产	• 供应商满意度调查 • 运输成本/投入成本 • 主要供应商业务百分比 • 主要供应商成本、生产周期和质量方面的改进 • 因建立供应商合作伙伴而节约的管理成本 • 实际供应商绩效（及时性、准确性、其他符合要求的情况） • 因建立供应商合作伙伴而直接产生的单位成本节约（上述综合）
员工关系	• 资产价值——任期/流失率/任职资格/教育和培训水平 • 转变影响——调查出的态度、动机水平 • 结果——（产品和流程）创新/建议数量；建议所产生的成本节约；从客户服务满意度调查中得到的反应 • 绩效考核的结果
品牌资产	• Interbrand公司调查数据（大型组织）或者独立审查和评估 • 品牌知名度的市场调查 • 关于品牌知名度/声誉的客户调查的次生结果

斯图尔特（T. A. Stewart, 1997）举出了一些类似于上述方法的优秀无形资产评估方法。但是，它还包含了一个关于如何采用法国协马集团（SEMA Group，现在是International IT Group Atos Origin 的一部分）以非传统方式重述财务报告的例子。这种方法就是将传统技术资产费用化（如计算机等，因为如果人不使用它们，它们就没有任何价值），而根据较长时期的价值创造（而不是日常收入创造），将部分人工成本资本化。人们会看到员工在建设流程、供应链、系统、客户、创新及其他无形资产方面的努力是如何将人工成本资本化的。布莱恩·贝克、马克·霍思利德和大卫·尤瑞其（Brian E. Becker, Mark Huselid & David Ulrich, 2001）也讨论了与建立人力资源计分卡相关的具体例子，远远超过了上述建议。雅克·菲茨恩兹（Jac Fitzenz, 2000）也讨论了在确定员工绩效的经济价值时，如何计算人力资源投资的投资报酬率。

在许多情况下，并购活动都会产生大量商誉，它反映了并购时明确的无形资产价值。对于管理会计师来说，这一方面的问题就是对法定责任和合规要求通过减值测试法处理。但是，由于种种原因，这种方法在本质上是有缺陷的。首先，在合并被兼并企业的无形资产时越来越难以确定减值；其次，无形资产并不是在交易时创造的，它们在交易之前以及交易之后都有使用寿命；最后，商誉的全部价值都应该能够分解为一定的资产要素并且能够评估可持续发展能力。管理会计师应专注于建立评估模型以及反映"推定无形资产"价值的衡量指标，并据此评估价值的持续提升或折耗。一些审计组织及其会员，如企业价值评估协会（Business Valuation Association）和美国评估师协会（American Society of Appraisers），开发了建立价值模型的方法。例如，管理会计师可能需要确定一个客户群的流失率，因此，一旦知道了平均利润边际，这个客户群的折现现金流的终值就是一定的。利用这项数据，就可以每月或每年重新计算一次平均贡献边际率和客户流失率，确定资产价值是在增长还是在下降。鲍勃·威拉德（2002）综合了 7 个案例，这些案例聚焦于可持续发展与组织的净收益之间的联系。在这一时期出版的关于建立企业联盟的益处的大量书籍中，林奇（R. P. Lynch, 1993）详尽地讨论了计算供应链投资回收期时所面临的挑战。这些观点显然证实了放眼战略和长期获益（而不是聚焦于以单纯的单位短期成本为中心的供应商管理）的重要性。

斯坦菲尔德（K. Standfield, 2002）是在知识经济中无形资产计量领域的专家，他建立了许多可用于确认、评估和监控企业无形资产经济影响的标准。斯坦菲尔德研究的核心是组织了解并理解无形资产中存在的未充分利用的潜力，特别是与组织的人力资源相关的无形资产。研究直接表明，这些无形资产正是上市时间、创新及其他主要经营能力等竞争优势的动因。这些生产能力最终为产生组织的账面价值和市场价值之间的差异奠定了基础。建立报告框架和衡量标准的方法也开始有所发展变化，我们将在下一小节中对此进行讨论。

（十）监控和计量环境与社会影响

组织通常根据其特定的组织影响和重要性建立这类指标。关于高水平的概念指南，可参考的研究文献包括美国哥伦比亚大学国际地球科学信息网络中心（CIESIN）和世界经济论坛于 2005 年发表的《环境绩效指标项目报告》（*Environmental Performance Measurement Project*），以及位于美国华盛顿的全球环境管理倡议组织（Global Environmental Management Initiative）于 1998 年发表的报告。这些报告列举了一系列最佳实践，供各组织选择。

全球报告倡议组织制定的框架也提供了广泛的可选方案，作为绩效考核的基础。这可能也是可供选择的框架中总结最为全面的专项研究之一（全球报告倡议组织发布的指南在 2006 年进行了最近一次更新，该组织的指南与行业指南共同对现有的报告概念进行了全面整理）。即使各个组织不提供涵盖"三重底线"的全面综合的可持续发展报告，也可能建立各种各样的非财务指标，用于内部管理和董事会报告。我们建议管理会计师召集一个由各个学科的代表组成的团队，评估这些现有指标，以便为全面报告提供基础，避免白费力气地重复工作。然后，这一团队就要考虑可持续发展的三个影响领域所列出的广泛概念，确定各影响领域的现有指标，同时要意识到有些指标可能不只适用于一个影响领域。随后，应该进一步确定正在建立指标的领域、无现有指标的领域以及应该以环境评估等为基础考虑的领域。这样做就提供了三大领域：可以采用现有指标的领域；需要建立新指标但最初可采用"叙述"的倡议领域；以及尚无指标或倡议的领域。这就形成了一个在基础广泛的可持续发展报告框架下的发展规划。

我们可以从公开渠道获得目前提供基础广泛的可持续发展年度报告的组织提供的报告，例如，从企业登记处的网站上可查阅的报告。如果查阅一下这些报告，也有机会确定潜在的指标。表 4 列举了人们使用的各种指标。首先是在环境影响领域。

表4

减少生产中水的耗用量	千美元销售收入耗用量 较基期（2002年）40%节约目标的进展	雅培 AMD
减少温室气体排放	绝对排放量 较基期降低能源消耗30%（千瓦小时） 炼油排放（吨/百万桶） 生产和销售的车辆的油耗 气体排放（千克/兆瓦小时，按排放类型计量）	雅培 AMD 雪佛兰 福特/通用汽车 威斯康星能源
减少流程废物	每百万美元销售收入产生的垃圾废物吨数 办公用纸再循环（绝对量） 每十亿美元销售收入产生的有害废物吨数	百威啤酒 花旗集团 摩托罗拉
回收与再循环	使用寿命期末零部件的绝对回收水平 再利用和再循环约当销售收入百分比 废物再利用或再循环百分比	戴尔 惠普 宝洁
环境影响	使用100%再循环纸张节约的约当木材吨数 使用可再生能源生产的能源（兆瓦小时）	戴尔 威斯康星能源
产品开发	基于生态的研发活动的研发投资	通用电气
环境合规	不合规行为数量，例如，违法案件数量、罚款金额、检验不合规数量、事故数量	强生

我们也可以利用同样的资料来源审查社会影响指标，见表5。

表5

员工培训与发展	讲授课程的绝对数量	雅培
员工动力和承诺	员工调查结果的要点 各类员工流失率	通用电气 威斯康星能源
工作灵活性	参与灵活工作计划的员工数量	塔里斯曼能源
员工保护	每千名员工工伤损失时间比率 每百万公里机动车事故 在消防审核中得分在8分以上的工厂数量	百威啤酒 雪佛兰 宝洁
社区参与	小额信贷占业务比例增长率 公司对社区的贡献（美元） 赠与的现金及产品和服务等价物 年赠与绝对金额	花旗集团 福特 惠普 威斯康星能源

续表

产品质量	前3个月每百辆车中问题车辆数量	福特
道德管理	向道德与行为规范办公室提交的报告数量 因道德问题而停职（及其他行动）的数量	摩托罗拉 摩托罗拉
供应商社区	延期支付的发票占按合同条件支付发票百分比	威斯康星能源

关于更详细的内容，请直接参见全球报告倡议组织网站：http：//www. globalreporting. org/Home 或者登录企业登记处网站查阅完整的报告：http：//www. corporateregister. com。

请注意，选取这些例子只是为了说明各个组织所采用的指标类型，并不表明这些指标以及采用指标的组织的有效性或质量。报告只是列举了几个实际的例子。此外，虽然所举的例子都来自特定报告，但是其他报告也可能包含同样的或对等的信息。从这些例子中，我们可以看到许多指标都与组织过去所采用的内部报告的类型一致。这表明以目前追踪的可持续发展报告出发、然后逐渐填补空白的重要性。此外，组织会自然而然地选择那些绩效好的指标。但是，对于长期效果而言，首要考虑的应该是正确的指标——它们会提升市场和利益相关者的信任度，推动组织采取行动以提高最重要领域的绩效。

七、责任意识带来的好处

进取型组织已经对日益增长的可持续发展要求作出了响应，尤其是在公众关注的领域，并且一直致力于应对此前出现的问题。多年来，采矿业和资源密集型组织一直在拓展其报告范围并将环境绩效涵盖在内。盖璞和李维斯（Gap and Levi Strauss）等公司就其如何选择、管理和考核分包商，发布了广泛的公共责任报告。越来越多的组织也在积极加强企业对这些行为的意识。例如，诺华基金会（Novartis Foundation）积极利用知识和财富，解决第三世界的医疗问题以及盖茨基金会等慈善机构开展的工作。

人们将社会和环境报告融入企业责任的努力推动了"三重底线"的演变，即按照社会、环境和经济三方面来反映绩效。虽然经济方面包含传统的财务绩效，但是，更广泛的企业可持续发展框架则可能既包含按照《美国公认会计原则》编制的财务数据，也包含框架之外的广泛的公司资产。其中包括构成组织经营生产能力核心，但未在资产负债表上以资产列示的人力、流程和关系方面的内在投资（销售/采购已经完成但应计入商誉的超出账面价值的金额除外）。因为采用"三重底线"理论的领军组织致力于改进报告模型，所以上述报告方式也就应运而生了。

组织如何对不断变化的公众期望作出响应与其社会责任认知水平有很大关系。管理会计师必须十分了解公众思想背后的动因是什么以及它们怎样变化，因为组织的"品牌价值"会受到积极或消极观念的影响。品牌价值是组织无形资产价值乃至股东最终投资价值的主要组成部分。

从公司角度而言，可持续发展不仅是环境问题或者是通过有效的公共关系管理来维持良好的品牌形象，还是组织的一种能力，能够使组织了解、理解并考虑影响其价值和推动未来持续经营能力的所有因素。如果董事会不考虑社会和环境因素的影响，以及构成企业可持续发展能力的（经济）有形资产和无形资产，那么董事会就没有代表股东利益。因此，仅依赖财务数据的董事会可能会忽略履行责任所需要的主要信息要素。

同样，如果管理会计师无法明确促进组织可持续发展的因素，那么他们就没有向管理层提供关于组织价值以及保值和增值所需考虑的风险的相关信息。最糟糕的是，如果缺乏这种了解，外部风险和经营成本就会增加（计划之外的声誉损失），很可能导致公众不购买组织的股票或不再支持其产品或服务。此外，无形资产的折耗最终也会导致财务业绩下滑，要知道，期末财务结果是反映人力、流程和供应商、客户及其他第三方之间的相互作用等日常活动的滞后指标。

值得注意的是，大型投资基金，比如美国加州公职人员养老金（CALPERS）的经理及其顾问，早已制定了包括评估目标组织的传统财务业绩及其通过社会责任投资处理更广泛的可持续发展问题在内的投资战略。

八、可持续发展的社会影响

与财务和经济可持续发展相关的无形资产的第一个方面（在本公告中进行了讨论）不应该是管理会计师的一项主要披露的信息。事实上，在知识资本日益重要的知识型社会中，这些无形资产毕竟是"真正的优秀企业"。另外两个领域，即环境影响和社会影响，将管理会计师推向了所熟悉的传统领域之外的领域。这些方面通常是与法定要求的"合规成本"（而不是所产生的"机会收益"）相关的、需要引起组织关注的事项。同进取型的首席执行官一样，进取型的管理会计师也会认识到，随着社会转变其行为和期望，上市公司和私营企业也必须调整经营方式。

接下来,在立法机构针对公众的关注点颁布新法律时,管理会计师需要在实现具有成本效益的合规与实施自愿行动两者之间进行平衡,表明企业对不断变化的公众期望有所认识并作出了反应。做到了这一点,管理会计师就会降低无形资产(如品牌和声誉)价值因人们对于该组织的好恶观念而毁损的风险。此外,由于美国人口统计的变化,新一代步入劳动大军,"婴儿潮"一代开始退休,组织将面临向技能短缺、潜在员工处于卖方市场而不是买方市场的环境转型。在这种形势下,管理会计师希望确保树立一个具有吸引力的工作场所的公共形象和个人形象,作为吸引潜在员工的风险降低战略。这样,进取型组织就利用这种转型及其对转型的反应作为吸引最佳员工的竞争优势。在发表"美国最受尊敬公司"[①]调查之时,这些因素就已经凸显出来。

建立良好的社会和环境政策所带来的优势还会影响组织募集资本的能力,原因是越来越多的贷款机构和基金经理不仅要关注财务业绩和资产负债表风险,还要关注一项潜在的投资所面临的环境和社会风险。社会责任投资[②]不再只是一种边缘方法,而是被越来越多的美国及海外投资者所采用(AICPA,2003)。截至1999年,在美国投资中,两万多亿美元的投资都是社会责任投资(Social Investment Forum, 1999 Trend Report)。

最后,如果组织制定了针对环境和社会问题的政策,那么就会在争取客户和市场时创造潜在的竞争优势。购买了组织的产品或服务的客户希望与实施了积极改革的供应商开展商业往来。

九、对会计职业的影响

(一)绩效报告的未来

可持续发展作为一个话题,自20世纪90年代以来,逐渐赢得了人们的认可。世界可持续发展工商理事会的成立,更将其付诸了商业实践。由于世界各地许多大公司首席执行官的参与,这个组织推动建立了一个领先的可持续发展报告框架。如同会计原则随着时间的推移而不断发展一样,可持续发展框架也会随着组织逐渐了解和应用框架原则

---

① 参见:*Fortune* magazine review conducted on an annual basis.
② 参见:SRI website at http://www.socialinvest.org.

并据此决定如何有效衡量进展而不断发展。

美国采纳可持续发展概念似乎比世界其他地区更为谨慎。正如许多新倡议一样，人们最大的关注点仍然是如此扩大责任范围在多大程度上会增加组织的负担，进而会降低竞争力。如果组织目前受《萨班斯－奥克斯利法案》报告要求的影响，那么采用这类框架就更具挑战性。这种小心翼翼的态度也符合美国在采纳许多全球倡议或全球性组织（比如，国际标准组织[①]）制定的标准时采用的一贯做法。例如，最近的持续性争论包括：因全球变暖引发的对资源使用和管理方式急待变革的需要，以及由全球性组织开展ISO等标准。虽然美国企业和非营利组织也越来越多地采纳ISO 9001（质量管理）和ISO 14001（环境管理）等管理标准，但是在健康和安全等领域制定标准的努力却遭到了抵制，因为人们认为早已具备了完备的强制性法律，不需要另行制定要求。在欧洲，无论是在国家层面还是在欧盟层面，都颁布了要求组织进行强制性环境绩效报告的法律。控制领域也延伸至对各种废物的处置、包装材料的控制，以及产品在使用寿命期末的可处置性要求等方面制定更严格的法规。这类法律促使组织纳入了相关计划，不仅要确保遵守法律，而且要进行自愿报告，以防止组织被认为拥有较差的社会绩效记录。

虽然美国与其他国家之间存在差异，但美国正在参与一项新的计划，那就是制定一项新的ISO标准，命名为ISO 26000。该标准将提供基本指南，帮助公司、政府机构及其他组织认可可持续发展的组织并肩负起责任。

会计行业可以发挥作用，帮助企业理解可持续发展，并且帮助企业在采纳标准时不以自身利益为中心，而是从非财务报告、财务价值和企业可持续发展价值之间可以建立联系的观点出发。如果不能以优秀企业实践为基础自愿采纳可持续发展倡议，那么组织就可能只有在环境和社会背景下的组织行为经过证实且政治家在社会压力下通过强制性立法限制该行为之后才会采纳可持续发展倡议。

关于可持续发展领域的其他指南，还可以参考改善型商业报告委员会（EBR）等组织的工作。该组织的战略明确表明市场驱动型解决方法优于强制性立法。

这种方法与美国经济的市场主导、政府干预较少的方法一致。改

> 我们努力发展一个以市场驱动的解决方案，而不是一个强制监管性的解决方案，因为我们认为市场合作是最佳的发展方式。改善型商业报告委员会为市场参与者提供了一个表明自己对提供给资本市场的信息质量承诺的机会。
>
> ——改善型商业报告委员会《战略、发展宗旨和目标》中的战略部分

[①] ISO——国际标准组织，总部位于日内瓦，美国由ANSI（美国国家标准学会）代表。

进型商业报告委员会还通过界定相关问题明确表达了所关注的焦点……

研究表明，25%的企业的市值都可以归因于会计账面价值。其余75%的市值则基于现有《美国公认会计原则》模型未能全面反映的价值动因。研究还表明，在与所调查的行业相关的指标中，在正式的呈报文件中披露的只有不到25%的指标。

这项要求是本公告所采用的方法的一种补充，在本公告中，专注点既包括归因于环境和社会活动领域的外部绩效的价值，也包括至关重要的无形资产的价值。无形资产的价值构成了大部分账面价值与市值之间的差距。要理解和采纳可持续发展，关键是将积极的环境和社会活动与无形资产（如品牌、商誉）价值联系起来的能力、人力资源管理和优化能力，以及借此改进人们的企业价值观的能力。雅克宁公司（Yachnin & Associates）[①] 在一项称为"sdEffect™"的试验项目中进行了一些关于建立环境绩效的财务联系的研究，研究建立了将减排转化为股票价值增值的方法。这项试验性研究主要利用5家矿业公司发布的可持续发展报告，旨在弥补所报告的最佳社会责任实践与投资界所期望的能够从投资者的角度以某种方式为这类活动带来价值的传统财务指标之间的差距。

（二）可持续发展报告的全球模式

下面举两个例子说明人们在可持续发展领域建立基础广泛的报告与责任框架所做的工作。

第一个是全球报告倡议（GRI）。目前，全球100多家组织都在采用这个框架的一些要素。据企业登记处[②]报告，在过去5年间，采用这个框架的美国组织已经超过了100多家，2006年实施可持续发展报告的组织超过60家。某些组织多年来一直在采用可持续发展责任框架，例如，雅培实验室、花旗集团、戴尔、福特、惠普、英特尔、强生、摩托罗拉、宝洁、庄臣、道氏化工、威斯康星能源等。

全球报告倡议框架提供了一种非规定性的方法，借此指导组织编制与自身行业相关的绩效报告。它向使用者提供了一些概念，让其了解如何决定报告什么，包括可报告的重要性问题等。此外，还提供了一个所谓的标准披露框架，并辅之以一系列的行业指

[①] 雅克宁公司，一家永续投资集团有限公司。见http：//www.sdeffect.com。
[②] 企业登记处（Corporate Register）的可持续发展报告均为企业自愿提供，这些报告都在一定程度上采用了全球报告倡议框架（其他机构可能有完整的报告但未提供）。

南。目前包括：金融服务业、物流业、运输业、矿业及金属冶炼业、公共机构、旅行社、电信业和汽车业。然后，框架对如何收集和报告信息提供了一些帮助，包括关于经济、环境和社会各部分应该包含哪些信息，以及应建立哪些类型的绩效指标。

第二个框架是西格玛（SIGMA）框架。西格玛是由英国标准协会（BSI）和受托责任组织[①]共同建立的框架，类似于全球报告倡议框架，相比实际的报告框架，提供了更多的指南。西格玛框架的指导原则包括两个核心要素：首先，提供了一种管理能够反映组织总体财富的五种不同类型资本的整体方法；其次，不仅为提高对利益相关者的报告透明度提供了一个框架，而且为法定的合规要求提供了一个框架。五种不同类型的资本提供了一个涵盖本公告所讨论的经济、环境和社会影响的框架，它们包括：自然资本（环境）、社会资本（社会关系和社会结构）、人力资本（人）、生产的资本（固定资产）、金融资本（利润和损失、销售收入、股权、现金等）。

本公告明确并讨论了如何将组织的核心活动纳入报告范围，并且将资本划分为五种类型。组织的核心活动是建立领导力和愿景、规划、生产和监控、考核与报告。

（三）关于报告问题的总结

可持续发展报告仍处于发展初期。虽然一些组织，尤其是从事环境敏感性行业的组织（比如，矿业及其他资源型组织，以及拥有大量国际业务的组织）起到了带头作用，但是，许多组织要么忽视了这些问题而尚未开始实施，要么正在努力思考做什么、如何做，以及如何使所采取的措施增加价值。管理会计师对依赖其专业建议的管理者具有一定责任，管理会计师应该理解以非传统方式计量的资产、负债和收益的意义，因为在21世纪的经济中它们构成了组织的财富和价值，并借此解决本企业的可持续发展问题。谢泼德（N. A. Shepherd，2005）认为颁布法律（比如《萨班斯-奥克斯利法案》）仅触及了新时代治理和责任的表面问题，会计师必须寻找将责任从会计事项报告延伸至广泛的全面绩效报告。他认为这一变革已经开始，而且国际管理标准、卓越管理模范（如鲍德里奇美国国家质量奖）和报告系统（平衡计分卡）等工具都在这一发展变革中发挥了作用。

可持续发展报告应继续发展，以便管理会计师所提供和支持的信息能够增进管理者

---

① 受托责任组织（Account Ability）是一个会员制国际组织，旨在提高组织绩效，发展个人在社会和道德责任及可持续发展方面的竞争力。

和股东以及利益相关者的理解，帮助他们评估日常的机会、风险，以及对企业财富、价值和潜力的有效管理。仅仅依赖传统的数据及遵守《美国公认会计原则》（GAAP）产生了一个日益扩大的鸿沟，使得会计人员越来越倾向于报告在知识经济中越来越不相关的信息，最糟糕的是，越来越无法警示迫在眉睫的组织价值下跌风险。

缩 写 词

ABC：activity-based costing 作业成本核算/作业成本法

ACCA：Association of Chartered Certified Accountants（U. K.）英国特许公认会计师公会

AICPA：American Institute of Certified Public Accountants 美国注册会计师协会

ANSI：American National Standards Institute 美国国家标准协会

AOL：America On Line 美国在线

CALPERS：California Public Employees Retirement System 美国加州公职人员养老金

CERES：与可持续发展利益群体合作的投资者、环境组织及其他公共利益群体国家网络

CIV：calculated intangible value 计算的无形资产价值

COSO：Committee of Sponsoring Organizations（originally the Treadway Commission）美国反虚假财务报告委员会下属发起人委员会

CSR：corporate social responsibility 企业社会责任

DJSWI：Dow Jones Sustainable World Indexes 道·琼斯可持续发展世界指数

EBR：Enhance Business Reporting 改善型商业报告委员会，美国注册会计师协会成立的一个委员会，旨在调查商业报告的潜在改善。

EEO（C）：Equal Employment Opportunity（Commission）平等就业机会（委员会）

EMS：Environment Management System 环境管理系统

EPA：Environment Protection Agency 美国环境保护署

ERM（S）：Enterprise Risk Management（System）企业风险管理（系统）；也可以用来表示环境风险管理

EU：European Union 欧盟，根据1992年《欧盟条约》（即《马斯特里赫特条约》）建立的超国家政府间联盟

GRI：Global Reporting Initiative 全球报告倡议组织

IFAC：International Federation of Accountants 国际会计师联合会

IIMSI：International Intangible Management Standards Institute 国际无形资产管理标准协会

ILO：International Labor Organization 国际劳工组织

ISO：International Organization for Standardization 国际标准组织

ISO 9001：ISO Standard for Quality Management ISO 质量管理标准

ISO 14001：ISO Standard for Environmental Management ISO 环境管理标准

ISO 26000：ISO Standard for Corporate Social Responsibility ISO 企业社会责任标准（2007 年制定）

KM：knowledge management 知识管理

M&A：merger and acquisition 并购

NIST：National Institute of Standards and Technology 美国国家标准与技术研究院

OSHA：Occupational Safety & Health Administration 美国职业安全健康监察局

RCA：Resource Consumption Accounting 资源消耗会计

SA 8000：Social Accountability Standard 社会责任标准（由国际劳工组织制定）

SEC：Securities and Exchange Commission 证券交易委员会

SIGMA：在本公告中指英国标准协会和受托责任组织共同建立的治理与责任西格玛框架；也可以指第 18 个希腊字母；也可以指用于流程改进的"六西格玛管理"的统计术语

SRI：socially responsible investing/ Investment 社会责任投资

WBCSD：World Business Council on Sustainable Development 世界可持续发展工商理事会

术 语 表

鲍德里奇模式（标准）（Baldrige）：鲍德里奇模式或标准是组织采用的作为持续改进基础的美国卓越组织模式。它是评选美国鲍德里奇国家质量奖的基础（参见美国国家标准与技术研究院网站）。

气候变化（climate change）：与全球变暖交替使用的一个术语，表示基于科学事实的全球气候变化。

资源保护（conservation）：控制使用和保护自然资源。

企业登记处（corporate register）：可持续发展年度报告库，可以从中查阅采用全球报告倡议框架的组织。

企业社会责任（corporate social responsibility）：作为自愿在经营活动中考虑环境和社会问题及其与所有利益相关者的相互关系的组织基础的概念。

多样性（diversity）：在处理人际关系时，这个术语是指考虑任何性别、年龄及不同文化、民族、宗教、肤色、种族和社会群体的人。

道·琼斯可持续发展世界指数（dow Jones sustainability world index）：道·琼斯编制的追踪在可持续发展领域领先的300家公司的绩效指数。

生态标签（eco-labeling）：用于为产品贴标签以识别其生产和使用对环境所产生的影响程度的一种方法。

气体排放（emissions）：对空气有消极影响的组织或产品排放（比如，工厂废气排放、汽车尾气排放）。

排放交易（emission trading）：允许那些产生的气体排放超过规定标准的组织从排放低于规定标准的其他组织购买配额的过程。

环境审计（environmental audit）：独立审计师审查组织是否遵守指令和内部程序。一般包括是否遵守所要求的法律。也可以作为环境评估的一部分。

环境管理系统（environment management system）：管理者制定政策、建立程序和流程的框架，借此考虑经营活动的环境方面并将其纳入日常管理。

矿物燃料（fossil fuel）：直接或间接来源于远古植物和动物化石的燃料。一般用来指煤炭、天然气和石油。

完全成本核算（full cost accounting）：为考虑经济、环境和社会因素的决策收集和提供信息的过程。

优秀企业公民（good corporate citizen）：企业公民是指组织在实际经营活动之外为社会所做的一切。组织在其所处的社区以积极、负责的方式活动。

有害废物（hazardous waste）：因其状态而在生产前、生产中或生产后需要特殊处理的废物。

无形资产［intangible（assets）］：看不到、摸不到、也无法准确计量的非货币性资产，它是人们在一定期间内创造的。无形资产是智力资本（见下）的核心构成部分。

智力资本（intellectual capital）：具有多种含义，但是在本公告中，它指维持组织运行能力的广泛的人与非人的能力,不包括厂房、设备等有形资产;也经常用于信息技术管理背景下。

知识管理(knowledge management):组织所采用的确认、创造、管理、反映、分配、分享及运用知识资产的一系列活动。

生命周期设计(life cycle design):一种产品和系统设计方法,它考虑"从诞生到报废"的总成本和总影响;它是生命周期成本管理的基础。

再循环(recycle):在物品使用寿命结束后处理回收并将其转化为初始状态的能力(例如,施乐公司使用"再加工的零部件"的做法)。

生态恢复(rehabilitation):在因人为和自然事件而发生退化后将特定生态系统恢复到原始状态,也称生态修复。

生态修复(remediation):在因人为和自然事件而发生退化后将特定生态系统恢复到原始状态,也称生态恢复。

社会责任投资(socially responsible investing):一种考虑财务、环境和社会影响的投资风险管理和审慎责任方法。

环境责任(stewardship):为后代管理土地及其他可受益的自然资源。

利益相关者(stakeholders):影响组织活动或受其影响的个人或群体。利益相关者可能影响组织决策,也可能受组织决策影响。

可持续发展(sustainability):在不对经济、环境或社会系统造成长期威胁的情况下实现增加值稳定或增长的活动和方法。可持续发展通常寻求可持续性的发展(请注意,可持续发展也是美国鲍德里奇国家质量奖制定标准的一个方面)。

可持续发展(sustainable development):既满足当代的需要,又不影响后代满足其需要的能力的发展(联合国定义)。

三重底线(triple bottom line):涉及考核组织或项目的经济、环境和社会绩效的一种方法。

价值链(value chain):描述组织内增加价值所涉及的各个步骤——通常是在出于经济考虑而提供第三方购买的产品或服务产出的背景下。

参考文献和参考资料

Bakan, J. *The Corporation—The Pathological Pursuit of Profit and Power*(Penguin

Books, 2004).

Bennahum, D. S. "The Biggest Myth of the New Economy," I (2000: 1).

Buckingham, M. and C. Coffman. *First Break All the Rules—What the World's Greatest Managers Do Differently* (Simon & Schuster, 1999).

Campanella, J., ed. *Principles of Quality Costs*, 3rd ed. (ASQ—American Society for Quality, 1999).

Crosby, P. B. *Quality Is Free* (Mentor books, 1979).

Freidman, M. *An Introduction to Business Ethics* (The Social Responsibility of Business is to Increase its Profits) (Thomson Business Press, 1993) at 249-54.

Harrison, C. "Socially Responsible Investing," AICPA, Journal of Accountancy (Jan. 2003).

Harry, M. and R. Schroeder. *Six Sigma —The Breakthrough Management Strategy Revolutionizing the World's Top Corporations* (Currency/Doubleday, 2000).

Liker, J. K. K. *The Toyota Way* (McGraw Hill 2004).

Senge, P. M. *The Fifth Discipline—The Art and Practice of a Learning Organization* (Currency/Doubleday, 1990).

Senge, P. M. *The Fifth Discipline Fieldbook* (Bantam Doubleday Dell, 1994).

Shepherd, N. A. *Governance, Accountability and Sustainable Development — A New Agenda for the 21st Century* (Carswell-Thomson, 2005).

Tylenol scandal-for further reading, see story on http://en.wikipedia.org/wiki/Tylenol scare.

Verschoor, C. C. Ethics column, *Strategic Finance* (Institute of Management Accountants, March 2006).

环境、能源和可持续发展

Ashida, Y., G. Hornsby, E. Karabinakis, and C. Vermuelen. "Sustainable Consumption" NTRES 318 (2003 paper available through Cornell University website www.comell.edu).

Rifken, J. The Hydrogen Economy (Jeremy P. Tarcher/Penguin Books, 2003).

流程管理

Bossidy, L. and R. Charan. *Execution—The Discipline of Getting Things Done* (Crown Business, Crown Publishing Division of Random House, 2002).

Gertz, D. L. and J. P. A. Baptista. *Grow to Be Great—Breaking the Downsizing Spiral* (Free Press, 1995).

Harry, M. and R. Schroeder. *Six Sigma—The Breakthrough Management Strategy Revolutionizing the World' Top Corporations* (Currency/Doubleday, 2000).

Juran, J. M. and F. M. Gryna. *Quality Control Handbook* (McGraw-Hill Book Co., 1951).

Rummler, G. A. and A. P. Brache. *Improving Performance* (Jossey-Bass, 1995).

绩效考核与管理

Becker, B. E., M. A. Huselid, and D. Ulrich. *The HR Scorecard—Linking People, Strategy and Performance* (Harvard Business School Press, 2001).

Fitz-enz, J. *The ROI of Human Capital* (AMACOM Books, 2000).

Kaplan, R. S. and D. P. Norton. *The Balanced Scorecard* (Harvard Business Press, 1996).

Lynch, R. P. *Business Alliances Guide—The Hidden Competitive Weapon* (John Wiley and Sons, 1993).

Standfield, K. *Intangible Management* (Academic Press, 2002).

Willard, B. *The Sustainability Advantage — Seven Business Case Benefits of a Triple Bottom Line* (New Society Publishers, 2002).

智力资本与无形资产的管理及计量

Bowman, C. W. *Intangibles—Exploring the Full Depth of Issues* (Grafiks Marketing & Communications Publishing Division, 2005).

Brooking, A. *Corporate Memory—Strategies for Knowledge Management* (Thomson Business Press, 1999).

Brooking, A. *Intellectual Capital—Core Asset for the Third Millennium Enterprise* (Thomson Business Press, 1996).

Davenport, T. H. and L. Prusak. *Working Knowledge—How Organizations Manage What They Know* (Harvard Business School Press, 1998).

Edvinsson, L. and M. S. Malone. *Intellectual Capital* (Harper Business, 1997).

Ehin, C. *Unleashing Intellectual Capital* (Butterworth-Heinemann, 2000).

Harvard Business Review on Knowledge Management-a selection of papers.

Klein, D. *The Strategic Management of Intellectual Capital* (Butterworth – Heinemann, 1998).

Lev, B. and J. Hand. *Intangible Assets—Values, Measures and Risks* (Oxford University Press, 2003).

Stewart, T. A. *Intellectual Capital—The New Wealth of Organizations* (Currency/ Doubleday, 1997).

Sullivan, P. H. *Value Driven Intellectual Capital—How to Convert Intangible Corporate Assets into Market Value* (John Wiley & Sons, 2000).

Sveiby, K. E. *The New Organizational Wealth—Measuring and Managing Knowledge Based Assets* (Berrett-Koehler Publishers, 1997).

其他参考资料

Adams, M. *American Backlash—The Untold Story of Change in the United States* (Penguin Books, 2005).

Backman, J., ed. *Social Responsibility and Accountability* (New York University Press, 1975).

Collier, P. and D. Horowitz. *Destructive Generation—Second Thoughts About the 60s* (Summit Books, 1989).

Flannery, T. *The Weather Makers – How We Are Changing the Climate and What It Means for Life on Earth* (Harper Collins, 2005).

Galbraith, J. K. *Created Unequal* (A Century Foundation Book, 2000).

Homer-Dixon, T. *The Ingenuity Gap—Can We Solve the Problems of the Future?* (Vintage

Canada, 2000).

Legrain, P. *Open World: The Truth About Globalization* (Abacus Books, 2002).

McInerney, F. and S. White. *The Total Quality Corporation* (Truman Talley Books/Plume, 1995).

Monks, R. A. G. and N. Minow. *Power and Accountability* (Harper Business, 1991).

Nofsinger, J. and K. Kim. *Infectious Greed—Restoring Confidence in America's Companies* (Prentice Hall/Financial Times, 2003).

Peterson, P. G. *Running on Empty* (Farrar, Straus and Giroux, 2004).

Putnam, R. D. Bowling, *Alone—The Collapse and Revival of American Community* (Touchstone Books, 2000).

Rifkin, J. *The Hydrogen Economy* (Tarcher/Penguin books, 2003).

Simmons, M. R. *Twilight in the Desert—The Coming Saudi Oil Shock and the World Economy* (Wiley & Sons, 2005).

Worzel, R. *Who Owns Tomorrow—7 Secrets for the Future of Business* (Viking Canada, 2003).

网站资源

The World Business Council on Sustainable Development — see http://www.wbcsd.ch.

Environmental Protection Agency (EPA) http://www.epa.org/OWM/iso 14001/iso-faq.htm and its interest and support of ISO 14001.

National Institute of Standards and Technology (NIST) http://www.nist.gov-source of federal information on various U.S. standards initiatives.

American National Standards Institute (ANSI) http://www.ansi.org where standards including those compliant with the ISO International series of standards can be purchased.

The Corporate Register—repository of Sustainability Reports linked with GRI and others—http://www.corporateregister.com.

Global Reporting Initiative—develops and disseminates globally applicable guidelines that many reporting entities use or reference as a base for preparing their CSR report: http://www.globalreporting.org/Home.

评论

与时俱进，肩负更大责任

——评《企业责任的发展演变：会计师的可持续发展报告》

刘凤委

会计在社会经济活动中所扮演的角色，是随着环境的变化而逐步演进的。当今时代，随着社会对组织的理解不断深入，组织原有的估值模型在新的环境下需要迭代和重构，会计在如何通过更好的价值评估来引导社会资源配置方面出现了方向性的改变，会计的责任边界进一步扩充，会计师在促进企业报告披露转型及完善可持续发展报告方面将肩负重要责任。

一、会计责任的演变趋势

我们这里所谈的会计，并不是从会计信息生成的逻辑和过程来谈，而是从会计信息在社会经济活动中使用的角度来看——会计信息扮演着什么角色、发挥着什么样的作用。从历史发展来看，会计信息本是反映企业受托责任、评价管理层绩效的重要工具，但随着资本市场的发展，社会资源配置的逻辑从奖励现在变成奖励未来，从未来视角出发配置资源的估值逻辑要求会计信息能够更好地辅助投资者评估公司未来价值，从而更好地配置社会资源。会计准则从历史成本转向公允价值、从受托责任转向决策有用的方向性转型，试图通过引入更好的价值评估方法来提升其作用、更好地发挥其角色优势。然而当我们大量采用公允价值时发现，企业未来价值并不取决于即时的公允价值。如果将财务业绩视作当前经营结果、是企业生命周期成长过程中的截面信息的话，决定企业未来价值的不是截面信息是否准确，而是从纵向时间维度看这种趋势是否稳定、能维持多久，即可持续发展的能力。

作为会计四大假设之一的持续经营假设，几乎都是被我们认为是先验成立的，任何企业的价值评估模型都是假设企业是持续经营的，尽管审计师的第一要务就是对持续经营作出判断，但审计师判断持续经营的基础仍然是基于过去和当前的财务结果信息，如果企业不是真的陷入经营危机基本上不会打破这个假设。我们今天所面对的，就是企业价值的很大一部分，不是由截面特征的财务结果信息所决定的，而是由企业可持续发展能力、持续经营能力所决定的。如果说财务会计更偏向于关注有形资源的话，现如今决定企业价值的核心却不是资源，而是企业如何利用好资源、如何得到社会利益相关各方的积极认可而保持可持续竞争优势的能力。前者侧重货币计量的财务信息，后者侧重非货币计量的非财务信息（甚至包括无法量化的定性信息）。

社会对企业价值评估的逻辑正在发生改变，传统视角更关注短期财务绩效指标，追求股东价值最大化；现在则开始强调维持短期绩效的能力（主要是公司的无形资产）以及社会各利益相关方（客户、供应商、员工、社区、公民等）对公司的认同，公司融入社会的表现不仅在其财务绩效，而有关环境、资源、社会等方面的非财务绩效也引起了广泛关注。如果企业忽视了对自然保护、环境成本、社会责任等的考量，极可能给企业可持续发展带来不可预期的灾难，甚至可能让公司价值瞬间归零。可以说，整个社会价值观的转变对如何正确衡量价值、如何提供给利益各方正确的价值评估信息，都带来至关重要的影响，而这也就意味着会计的责任已经发生了根本性的改变。会计的责任开始外延，从注重提供货币计量信息转向提供非货币计量信息，来充分反映企业内部能力驱动因素与外部社会期望，财务报告的边界将逐步扩展。会计师，尤其是管理会计师新的工作内容将被创造出来。

二、公告的核心内容

本篇公告从可持续发展主题演进的逻辑出发，系统地分析了推动会计师责任演变的社会与经济发展力量，包括为何关注可持续发展、谁关注可持续发展以及会计报告的发展趋势；给出了创建可持续发展报告的理论和具体实施行动框架；最后分析总结了可持续发展对会计职业的影响，以及可持续发展报告的发展状况与未来。

（一）可持续发展主题的演进

可持续发展责任不断增加的趋势，与历史发展紧密相关。20 世纪 30 年代，会计信息从自愿披露发展到强制披露，公众对信息披露以及相应的公司治理结构改革的要求持续提升；20 世纪 80 年代开始，经济全球化促进了针对跨国贿赂行为、员工权利保护、企业社会责任、安全标准、环境污染等事件的关注，这也反映出企业还无法很好地应对这类风险管理、环境管理、社会责任等各类问题。在这样的社会发展趋势下，必须深入思考公司组织应该扮演什么样的角色、承担什么样的责任。

随着社会对这类问题关注度的提升，公司因在这些方面行为不当所引发的风险将直接影响公司价值，可持续发展强调股东以及公司组织必须对这种不断变化的社会预期做出反应。传统上以财务绩效和披露为中心的经营方式已经转变，现如今公司价值会受到非财务行为的影响而产生显著变化。会计人员的职责是确保这些影响尽可能地得到确认和量化，以增加对投资者的透明度并引起管理层的注意。

（二）可持续发展报告框架

可持续发展报告目前没有明确的法定标准，对于报告什么、如何报告以及对报告的鉴定等各方面内容，需要一个明确的概念框架和步骤指导。本篇公告对于如何具体创建可持续发展报告提供了主要步骤：

第一，需要从战略角度思考可持续发展问题，强调领导积极支持并参与的政策，确定可持续发展的愿景，说明组织实现可持续发展的方法。从战略层面出发，通过领导力与政策发展引领整个可持续发展工作。第二，要建立可持续发展框架，明确定义经济、环境和社会方面所涵盖的具体内容。第三，明确定义相关的利益相关者并与之建立联系，了解他们的期望。第四，建立相关可证实和计量的指标，监控每个可持续发展因素。

（三）责任的拓展与可持续发展的影响

可持续发展不仅仅代表企业的一种品牌形象，更重要的是组织的一种能力，该能力使组织了解、理解并考虑影响其价值和推动其在未来持续经营的所有因素。董事会和管理层迫切需要这种信息来理解企业价值和风险，管理会计师未来很大一部分责任就是满足这种信息需求，这将扩展管理会计师的传统工作领域。随着社会行为方式和期望的改变，公司组织必须调整其经营方式，管理会计师也需要进一步拓展责任边界，改进其工作范围和内容，从而更好地帮助企业实现价值管理。

三、给我们的启示

可持续发展问题的演进，令社会不断调整其对组织的认知及对组织的评价与期望。从未确认的无形资产到综合报告，再到可持续发展报告，这一过程深刻揭示了会计师责任边界扩张的底层逻辑。世界发展变得越来越复杂，我们对世界的认知以及帮助我们应对世界不确定性的各项工具也会不断升级、迭代。

很显然，会计就是我们所采用的一种工具，会计职业的发展也必然会逐步实现自我调整与变革。当前我国会计职业队伍发展呈现出多元化的趋势，基于财务共享与 RPA 技术，大量的财务会计人员逐步从重复的会计簿记活动中解放出来，加入管理会计师队伍。尽管近几年我们在管理会计发展领域不断推出改革措施，如财政部发布《管理会计基本指引》和 30 多项应用指引来引领中国企业管理会计发展走向新高度，但对于管理会计到底包含哪些内容，从现有出台的文件看仍然相对传统，局限于已有的管理会计专业范围，即使有一些扩充也并非完全新的领域。通过本篇公告，我们可以发现管理会计师未来的责任范围边界将不断扩充，管理会计师将在企业价值管理领域扮演更重要的角色，有关管理会计报告信息的广度和深度需要在更大的范围内加以拓展。

当然，对于可持续发展问题的认识，取决于整个社会对公司组织的理解以及价值的判断，至于具体到一个国家和地区，很可能由于社会发展与公民意识滞后而产生相对的时滞，进而对可持续发展问题，包括如何对可持续发展信息进行披露、会计师责任的扩展范围等也会进一步产生影响。因此，当前关于可持续发展问题与相应报告应该是逐步在全世界范围内产生影响并积累势能的过程，只有积累到一定程度，才能够在立法强制或者公司自愿角度去积极关注可持续发展问题及相关信息的披露。

综 合 报 告

关于作者

乔治·塞拉芬（George Serafeim）是哈佛商学院企业管理副教授，研究领域为公司价值评估、治理和报告事宜，研究范围覆盖全球。他为工商管理硕士和博士项目教授课程，担任高管教育计划的负责人，著有100多篇文章和商业案例，在100多场学术会议和研讨会上展示他的研究成果。

一、引　　言

国际综合报告委员会（IIRC）将综合报告定义为"建立在整体思维基础上的流程，通过该流程，组织以定期综合报告方式提供有关其长期价值创造的信息并就价值创造的各个方面进行相关沟通。"[①] 综合报告"简洁地沟通了组织如何根据外部环境，通过自身战略、治理、业绩及愿景引导短期、中期和长期的价值创造"。[②]

虽然综合报告已在世界范围内得到诸多公司实施，但仍处于起步阶段。因此，认识综合报告是如何演进的，相关的成本和收益对比，阻碍其广泛实施的障碍有哪些，应该如何克服这些障碍以及应采取哪些方法来提升公司实施综合报告的积极性就显得非常重要。

由于综合报告仍是一项新兴的管理实务，所以本公告将简要概述综合报告的指导原则以及内容构成要素。本公告将全程提供具体案例，以便说明领军企业是如何在实践中将指导原则付诸实施以及如何就各种不同的内容构成要素来提供相关信息的。针对所讨论的不同资产类型，本公告提供了具体案例，以便说明各类资产的相关指标是如何建立的。在结尾处，我们将讨论如何利用网络技术和电话会议来优化综合报告并对未来的综合报告作出展望。

公司报告存在的不足

公司报告的目标是披露与公司财务事宜相关的信息，因此，公司报告能够加强问责制并提高透明度，转而促进企业未来的进一步发展。可靠和完整的信息有助于投资者和其他利益相关者建立信心，提高他们与公司进行反复交易的可能性，从而降低各方的交易成本。研究发现，通过提供可靠的信息，组织能够更好进行筹资，获得成本更低的资金，与消费者和供应商建立起更稳固的业务关系并获得员工更多的信任。[③] 因此，公司报告的主要功能是为所有利益相关者提供商业交易所需的信息——这就是公司报告的"信息功能"。

而公司报告的第二个功能在信息披露过程中又迈进了一步。信息功能被视为一种单

[①②] 2015 年 11 月 20 日从 IIRC 网站获取本词条解释，http://integratedreporting.org.
[③] Robert G. Eccles and George Serafeim, "Corporate and Integrated Reporting: A Functional Perspective," *Harvard Business School*, May 8, 2014, http://hbswk.hbs.edu/item/7502.html.

向的沟通模式（即公司向利益相关者进行报告），而随着功能的转换，利益相关者能够使用所获得的信息来建立一种特殊的反馈机制。① 通过转换功能，利益相关者能够接收和评估信息，竭尽所能地为蕴含增长机会的业务领域带来变化，从而潜在地影响公司行为，进而影响公司的收益。②

为了适应经济、技术、社会以及政治等驱动因素的变化，以及提供信息以满足不同利益相关者的需求，公司报告历经了多次演变。随着时间的推移，公司环境的剧烈变化使得业界对超出了基本财务报表覆盖范围的管理层评论、治理披露以及财务报表附注等额外信息提出了要求，但通过这些信息，利益相关者能够更好地理解价值创造的过程。此外，增加外部审计师的独立鉴证有助于建立外部利益相关者的信任感。随着公司内部管理问题的不断浮现，与治理有关的丑闻数量不断攀升（期权倒签、内部交易以及薪酬畸高），业界对治理信息披露的兴趣日渐浓厚。③

虽然财务报表附带了其他类型的信息，但是公司报告的使用者还是发现这些信息不够完整、准确，无法说明组织的价值创造过程和重要的非财务风险。为了更好了解我们如何构建一个更有意义的报告框架来弥补公司报告系统存在的不足，我们需要了解 21 世纪的公司价值的创造过程。

公司使用资源来生产和提供产品及服务。这些资源分为自然资本（如水、森林和矿产）、人力资本（如人们的技能、能力和经验）以及金融资本（如从投资者那里获得的资金、营运活动所形成的再投资资金）。公司利用这些资源来创造更多的资源，包括了实物资本（如工厂设备）、智力资本（员工共同努力创造的无形资产）以及社会资本（源自公司与社会之间的关系，保证公司获得营运许可）。通过使用这些额外的资源，公司能够销售产品和服务，以换取经济补偿。

公司产出不只包括产品和服务，外部影响是公司活动带来的另一个结果。当公司的活动能够为第三方带来收益时，就产生了正外部影响。例如，员工培训不仅能够让当前公司获益，而且还能够为未来雇佣这些员工的其他公司带来收益。

相反，如果一家公司的活动给第三方带来成本，那么就产生了负外部影响。污染、气候变化、承担过度风险等负外部影响会极大地损害许多公司的社会资本，让这些公司取

---

①② Robert G. Eccles and George Serafeim, "Corporate and Integrated Reporting: A Functional Perspective," Harvard Business School, May 8, 2014, http://hbswk.hbs.edu/item/7502.html.

③ 本公告将公司治理定义为组织的治理机制。通过公司治理，相关方面可以清楚地区分权利、责任以及组织各类成员（包括董事会、管理者、股东等）的活动。公司治理最重要的功能是建立决策制定的基本规则。如想了解更多信息，请访问：http://stats.oecd.org/glossary/detail.asp?ID=6778。

得的营运许可岌岌可危。当拥有丰富技能的员工寻找工作、监管机构开展监管活动以及投资者决定资金分配时,在社会整体层面,公司的非财务业绩正日益成为一大考虑因素。

目前,投资者认为公司在外部信息披露方面存在不足,无法提供全面信息。财务数据无法充分反映战略、风险管理以及财务业绩三者之间的相互作用。[1] 一项研究表明,有形资产占公司总价值的比例仅为20%,该研究对无形资产(公司大部分真正价值的存在形态)仍未能得到说明表示了担忧。[2] 越来越多的投资者意识到,对经营业绩和长期价值创造而言,非财务事项所反映的可持续性是一个非常重要的因素。[3]

因为公司尚未将非财务概念和财务业绩作为惯例整合在一起,所以非财务报告和年度财务报告是分别发布的。由于在如何报告可持续信息方面缺乏统一的报告框架、标准、指南以及法规要求,可持续发展报告的结构和内容可谓是五花八门。可持续发展报告的早期应用者主要针对单一问题发布报告,披露信息多为环境或工作场所安全方面的内容。当公司开始披露与组织"三重底线"(即整体地讨论经济、社会以及环境方面的活动)相关的信息之后,可持续发展报告就发展成为涵盖多个议题的报告。[4] 这类信息披露实践通常被称为"企业社会责任"(CSR)报告或可持续发展报告。[5]

二、综 合 报 告

与从年度报告中分离出来、独立发布的可持续发展报告不同,综合报告是从整体角

---

[1] Ernst & Young (E&Y), "Integrated Reporting: Tips for Organizations on Elevating Value," 2014, www.ey.com/Publication/vwLUAssets/EY-Integrated-reporting-summary/MYMFILE/EY-Integrated-reporting-summary.pdf.

[2] Ocean Tomo, "Ocean Tomo's Intangible Asset Market Value Study," December 2013, www.oceantomo.com/2013/12/09/Intangible-Asset-Market-Value-Study-Release.

[3] Ioannis Ioannou and George Serafeim, "The Impact of Corporate Social Responsibility on Investment Recommendations: Analysts' Perceptions and Shifting Institutional Logics," *Strategic Management Journal*, May 2014, http://onlinelibrary.wiley.com/doi/10.1002/smj.2268/abstract.

[4] "三重底线"(triple bottom line)一词由英国Sustain Ability咨询公司创始人约翰·埃尔金顿(John Elkington)于1994年首次提出。他认为,公司应该认识到三种不同且相互独立的底线,即所谓的"3P":利润(profit),衡量组织盈亏的传统指标;人类(people),衡量组织应以何种符合社会责任的方式来开展业务活动的指标;地球(planet),衡量组织所肩负的环境责任的指标。"三重底线"旨在衡量一个组织在一段时期内开展业务所产生的全部成本。了解更多内容,请参阅: Tim Hindle, "Triple Bottom Line: It consists of three Ps: profit, people, and planet," *The Economist*, November 2009, www.economist.com/node/14301663。

[5] "企业社会责任报告"和"可持续发展报告"在某种程度上具有相同的含义,不同的利益相关者对此有不同的理解。在谈到多议题报告时,这两个词经常被替换使用。可用于描述此类报告的其他词语还包括"公司责任报告""环境可持续报告""社会会计"以及"环境、社会和治理报告"。

度出发，在一份报告中同时列示和解释财务及非财务信息。[1] 综合报告的出现是为了响应利益相关者集团以及投资者提出的改进报告工作的需求，以期将战略、风险、关键绩效指标（KPI）以及财务业绩有机的联系在一起。[2] 提供综合报告是一条有效的沟通途径，可以向所有利益相关者表明公司会全盘考虑他们的利益。[3]

正如国际综合报告委员会所言，通过综合报告，一家公司能够清晰地阐述"组织如何根据外部环境，通过自身的战略、治理、业绩以及愿景来引导短期、中期、长期的价值创造。"[4] 图1详细阐述了国际综合报告委员会的框架，展示了如何根据公司的商业模式来采用不同类型的资本。

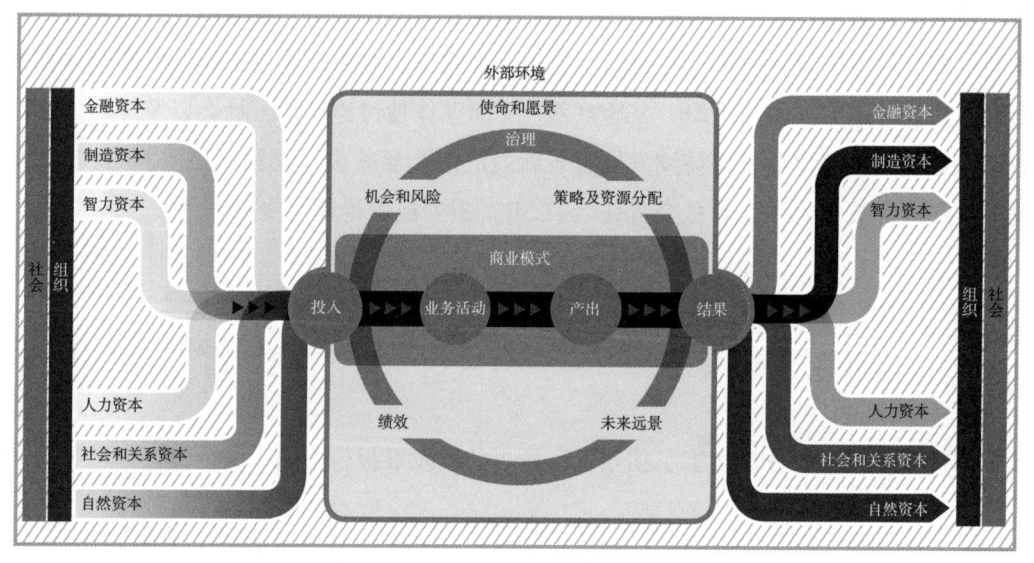

图1　国际综合报告委员会综合报告框架

资料来源：IIRS，《国际综合报告框架》，2013年12月，http://integratedreporting.org/wp-content/uploads/2013/12/13-12-08-THE-INTERNATIONAL-IR-FRAMEWORK-2-1.pdf。

---

[1] Robert G. Eccles, Michael P. Krzus, and Don Tapscott, Chapter 5, "Sustainable Strategies for a Sustainable Society," *One Report: Integrated Reporting for a Sustainable Strategy*, John Wiley & Sons, Inc., New York, N. Y., 2010.

[2] The Prince's Accounting for Sustainability Project, "Reporting Earnings Needs to Change," August 2010, www.accountingforsustainability.org/reporting.

[3] Eccles, Krzus, and Tapscott, 2010.

[4] Accessed on November 20, 2015 from: http://integratedreporting.org/what-the-tool-for-better-reporting.

(一) 综合报告的益处

有关可持续发展报告最为常见的批评,是未能将列报的信息与组织内部的价值创造流程有机地联系起来。综合报告可作为公司的一种规范模式,一项益处是有助于确保公司简明扼要地报告重要信息,并且从非财务维度来反映公司的经营情况,而这些非财务维度将影响到公司既定战略的质量及其执行状况。

综合报告的另一项益处是能够加深对财务业绩及非财务业绩之间相互关系的理解。因为公司需要根据战略以及自身的价值创造方式来说明非财务业绩,所以,管理者就不得不思考在何时以及何种条件下财务业绩与非财务业绩之间会形成相互依赖关系并需要进行权衡取舍。

综合报告的第三项益处是能够提升内部计量和控制系统,由此形成可靠且及时的非财务信息。由于采用综合报告,公司不得不提升生成非财务信息的信息系统、内部控制和监控系统〔例如,美国反虚假财务报告委员会下属发起人委员会(COSO)制定的《内部控制——整合框架》〕的质量以生成非财务信息。[①] 这一点非常重要,如此一来,综合报告才能够满足外部审计师所设定的独立鉴证标准。

降低声誉受损风险是综合报告的第四项益处。首先,综合报告能够站在整体角度,以透明的方式,从财务和可持续发展两个方面,让公司和外部利益相关者针对组织的业绩、市场地位、经营理念、愿景以及使命进行沟通,进而缩小其预期与现实之间的差距。其次,综合报告能够作为一个平台,用以改善公司与所有利益相关者的对话、合作和关系。例如,关注可持续发展的客户对公司抱有更坚定的信心。最后,通过内部协调与合作(如消除孤岛现象),综合报告能够进一步提高员工参与度,因为编制综合报告需要组织不同部门进行通力合作。

吸引长期投资者是综合报告的第五项益处。综合报告是一种沟通机制,围绕公司未来愿景以及如何应对非财务挑战和机会进行沟通,因此,能够提升长期投资者对公司领导层及其可持续价值创造能力的信心。[②]

[①] 美国反虚假财务报告委员会下属发起人委员会(COSO)制定的《内部控制——整合框架》,为内部控制系统的结构、实施和评估提供了指引。更多信息参见 www.coso.org/ic.htm。

[②] United Nations Global Compact, "Global Compact LEAD, PRI Introduce Strategies for Managing Impacts of Investor Short – Termism," May 2014, www.unglobalcompact.org/news/1001 – 05 – 20 – 2014.

（二）综合报告的成本

正如上文所讨论的那样，综合报告活动不仅仅是生成一份报告。在公司的组织化流程中，综合报告将环境、社会以及治理事宜整合起来并形成了相应的成本。编制一份综合报告需要收集、分析结构化和非结构化数据，对新的信息系统和数据集进行基础性投资，建立新的流程和控制系统，分配资源以及从第三方获取鉴证。①

相关证据和现场数据表明，新信息系统的成本是构成综合报告所有成本中最高的，原因在于：为了获得可持续发展数据，已着手综合报告实施工作的组织需要投入大量的资金来开发信息系统。此外，公司还需要投入资金来招募拥有丰富技能的专家，以便真正了解可持续发展数据，并将其纳入财务报告。②

为了通报竞争信息，综合报告很可能会产生一定的披露成本。为了确定事实是否如此或者在讨论综合报告成本时是否还要考虑其他因素，组织需要开展进一步调查。

图2简要说明了综合报告的成本和益处。

益处	成本
● 能够更加清晰地反映财务业绩和非财务业绩之间的关系以及这种关系如何影响价值创造	● 与收集和分析新数据有关的准备成本
	● 对新信息系统和数据集进行基础性投资
● 针对可持续发展战略做出更好的内部决策	● 新流程和控制系统
● 改善股东和利益相关者之间的关系，以便更加紧密地协作	● 具备分析技能的员工
	● 来自第三方的鉴证
● 降低声誉受损风险	● 潜在的专项披露成本以及竞争信息的披露
● 改善计量和控制系统以生成非财务信息	
● 提高员工参与度	
● 关注可持续发展让客户对公司抱有更坚定的信心	

图2 综合报告的成本和益处

---

①② George Serafeim, "Integrated Reporting and Investor Clientele," *Harvard Business School*, February 24, 2014, http：//hbswk.hbs.edu/item/7457.html.

三、启动综合报告流程

综合报告的成功有赖于全球上市公司的广泛实施。因此，我们有必要花些时间来识别综合报告在采用和实施过程中所面临的一些关键挑战，然后讨论如何形成实施动力。图3展示了综合报告所面临的主要挑战。下文将会对这些挑战作进一步讨论。

```
        采用                    实施
●  来自高层的支持         ●  理解重要性
●  就价值创造进行沟通     ●  不同报告的可比性
●  缺乏公认标准          ●  综合鉴证
                       ●  数据质量
```

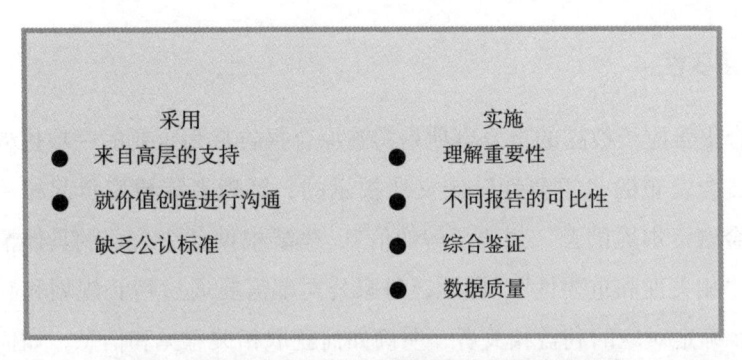

图3　综合报告在采用和实施过程中所面临的挑战

（一）采用

1. 来自高层的支持

实施综合报告需要获得CEO的全力支持，因为CEO对公司发送给所有利益相关者的信息承担最终责任。而董事会成员是由股东遴选的，对股东来说，综合报告是一种确保长期价值创造和提升透明度的机制，所以，董事会肩负着非常重要的职责。因此，采用综合报告需要获得董事会和CEO的支持。

为了获得高管层支持并应对有关挑战，在针对综合报告创建商业案例时，应着重强调综合报告的益处。图2列出了能够引发高管层共鸣的显著益处。

2. 就价值创造进行沟通缺乏公认标准

财务信息报告早已建立了成熟的程序和流程，而非财务信息涵盖了更多议题，涉及不同领域，并囊括了定量和定性信息。定量披露信息通常不以货币为计量单位，同时内部控制系统和数据收集流程并不是根据对非财务信息的需求来开发的。由于在衡量和报告非财务信息方面缺乏相关的指南和公认原则,公司面临着信息衡量和沟通方面的困境,而这些信息对于全面提供组织内部价值创造信息又尤为重要。为了克服这一挑战,组织可以考虑采用可持续会计准则委员会(SASB)、世界交易所联盟(WFE)以及国际综合报告委员会提供的建议标准和计量指标。①

(二)实施

1. 理解重要性

了解综合报告应予披露的重要事项是实施综合报告最为重要的一项挑战。正如国际综合报告委员会发布的"重要性"定义所揭示的,管理者需要肩负起相关职责,确定什么才是"金融资本提供者"想要了解的信息。② 要根据各个公司的具体情况来判断哪些事项具有"相关性和重要性",因此,每家公司都需要通过精心规划和制定流程来界定这些事项,确定对应的利益相关者,明确如何获取相关意见和信息,如何根据问题和报告受众来分配相对权重。本公告将在"重要性"部分详细讨论并界定重要性。

2. 不同报告的可比性/综合鉴证

如果能像财务报告一样具有可靠性和可比性,那么,综合报告的价值将充分得到体现。财务报告的可靠性和可比性源自相关审计。可靠性源自第三方提供的客观性,第三方对报告进行审核,以确保报告是根据有关会计准则[例如国际财务报告准则(IFRS)或美国公认会计原则(U. S. GAAP)]来编制的。信息的可比性源自组织采用了同样的会计准则和审计流程。③

因此,为了确立综合报告的可靠性和可比性,鉴证意见是必不可少的。目前,鉴证意见绝大多数都是"以消极方式提供合理保证"(即报告没有出现什么重大错误),但

---

① 参见:SASB(http://www.sasb.org),WFE(http://www.world-exchanges.org/home/index.php/news/world-exchange-news/world-exchanges-agree-enhanced-sustainability-guidance),and IIRC(http://integratedreporting.org/how-practical-advice-and-tools)。

② International Integrated Reporting Council, "Materiality in Integrated Reporting," http://integratedreporting.org/resource/materiality-in-integrated-reporting.

③ Eccles, R. G., Krzus, M. P. and Watson, L. A., "Integrated Reporting Requires Integrated Assurance." In *Effective Auditing for Corporates: Key Developments in Practice and Procedures*, 2012.

是，理想的鉴证意见应该是"以积极方式提供合理保证"。例如，"公司公允地列报了必要信息"（美式用语），或是"必要信息真实且公允"（国际用语）。[1]

3. 数据质量

针对非财务信息的内部控制并未像针对财务信息的内部控制那样发挥有效作用。数据质量也许会对非财务信息的报告产生影响。此外，数据质量也对独立审计师提供有关非财务信息的积极鉴证能力提出了挑战。

4. 形成实施动力

目前，想要估计实施综合报告的公司数量或比例是非常困难的，原因在于综合报告缺乏清晰的界定标准，而且无法确定有多少年报或其他类型的报告符合综合报告标准[2]。在评估实施综合报告的动力以及可持续发展报告的上升势头时，组织自称的综合报告数量可作为指示性数据。披露可持续发展报告是实施综合报告的第一步，在现已发布综合报告的公司中，大多数公司多年前就开始发布可持续发展报告。宣布已发布综合报告的组织从2010年的287家增至2012年的596家。[3]

监管力量能够影响实施综合报告的动力。目前，仅有南非强制要求企业发布综合报告，但世界范围内支持制定可持续发展报告的监管机构不断增加。近期的一份研究报告显示，在45个国家制定的与可持续发展报告有关的180项政策中，72%是强制性规定。[4] 欧盟委员会也紧跟潮流，施行了一项指令，要求大型公司（雇员超过500人，数量约为6000家）在管理报告中公布如下内容：关于公司政策的信息、环境事务方面的风险和成果、社会和员工方面、尊重人权、反贪腐问题以及董事会多样化等。[5] 该指令于2014年12月6日生效。欧盟成员国有两年的实施过渡期，两年之后该指令将正式成为国家法律。

---

[1] Eccles, R. G., Krzus, M. P. and Watson, L. A., "Integrated Reporting Requires Integrated Assurance." In *Effective Auditing for Corporates: Key Developments in Practice and Procedures*, 2012.

[2][3] Robert G. Eccles and Michael P. Krzus, "The Integrated Reporting Movement: Meaning, Momentum, Motives and Materiality," 2015.

[4] KPMG, Centre for Corporate Governance in Africa, Global Reporting Initiative, and UNEP (United Nations Environment Programme), "Carrots and Sticks: Sustainability reporting policies worldwide—today's best practice, tomorrow's trends," 2013.

[5] http://ec.europa.eu/finance/accounting/non-financial_reporting/index_en.htm.

四、应用指导原则

正如国际综合报告委员会的框架所描述,一系列指导原则构成了编制综合报告、沟通报告内容以及信息列报方式的基础。下面将审视这些原则,并就组织在综合报告中如何落实这些原则提供范例。

(一) 信息连通性

信息连通性是指所有影响组织和价值创造流程的因素。假定这些因素具有很高的黏合性和关联性。另一项对信息连通性产生影响的变量是组织及其业务流程应用整合思维①的程度。整合思维的应用程度越高,信息连通性所涉及的组织活动(如报告实践以及决策制定方式)范围就越广。

通过增强不同类型信息的关联性就能够实现信息连通性,这些信息类型包括:

(1) 能够提供组织流程整体状况的综合报告内容构成要素;

(2) 能够反映组织各个时期(如过去、现在以及将来)活动的综合账户;

(3) 综合报告中的资本②及其在价值创造过程中发挥的作用;

(4) 包含定量和定性数据的财务信息(通常通过纳入 KPI 以更好地连接定量和定性信息,从而实现两者的结合);

(5) 关于组织管理机构的信息、与董事会有关的信息以及对外发布的信息。

(二) 重要性

重要性也许是综合报告指导原则的基石。重要性假定纳入综合报告的信息代表了能够反映不同时期组织营运和价值创造流程的重要信息。作为一项原则,重要性并非一成不变,而是处于动态变化之中。因此,出于编制综合报告的目的,组织需要谨慎区分重要性事项。还需要指出的是,综合报告所列报的重要信息不应局限于正面信息。综合报

---

① "整合思维"是指对资本、资源、成果和影响如何作为商业模式不可或缺的组成部分进行更广泛的考虑,从而构建最适合价值创造方式的商业模式。

② "资本"是指受组织活动及产出的影响而出现增长、下降或转化的价值存量。在 IIRC 框架中,资本指的是金融资本、制造资本、智力资本、人力资本、社会和关系资本及自然资本。这些问题将在本公告的"制定指标"部分进行更为细致的讨论。

告应披露风险、机会、组织发展前景的积极和消极趋势。此外，综合报告还应同时囊括财务和非财务信息，以便全面遵循重要性原则。最后，在重要事项的识别过程中，所有与重要性有关的问题都必须纳入组织的管理之中。

重要事项是指与组织价值创造流程非常相关的问题。通常，利益相关者会和管理团队就重要事项进行商讨，以便确立这些事项与组织的关联性。重要事项往往很难或不便加以解决，但并非将这些事项排除在重要性确定流程之外的原因。让所有利益相关者全部参与到重要性确定流程之中，并且根据涉及组织价值创造流程的最大限度的相关性来确认重要事项，唯有如此，重要性原则才得到了贯彻。

因行业和实体不同，重要事项也有所区别，所以应尽可能地根据各个行业和特定组织情况来确定重要事项。国际综合报告委员会、国际碳排放信息披露项目（CDP）、全球报告倡议组织（GRI）以及可持续会计准则委员会（SASB）等各大机构针对组织非财务报告的重要性给出了不同的定义。在2015年，这些机构没有获得任何一个国家的官方支持，但它们在帮助各行各业的公司识别其重要事项方面作出了巨大贡献。[①]

案例学习：南非国家电力公司（Eskom）
组织类型：上市公司
地理位置：非洲
行　　业：公共事业

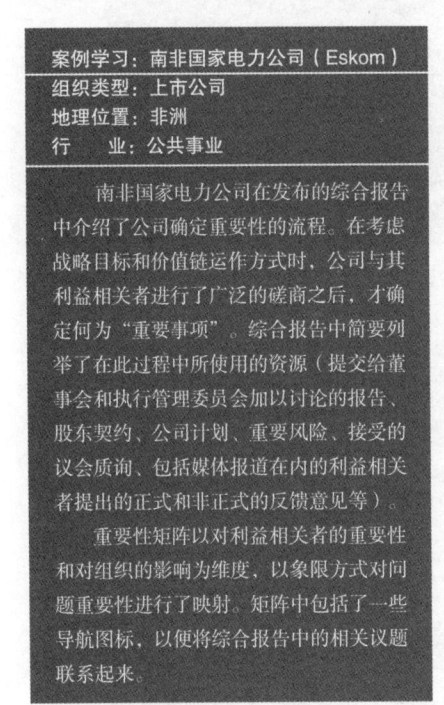

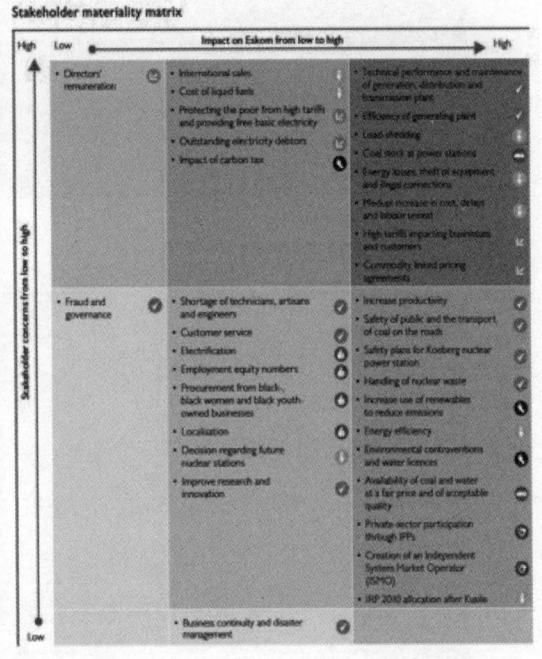

南非国家电力公司在发布的综合报告中介绍了公司确定重要性的流程。在考虑战略目标和价值链运作方式时，公司与其利益相关者进行了广泛的磋商之后，才确定何为"重要事项"。综合报告中简要列举了在此过程中所使用的资源（提交给董事会和执行管理委员会加以讨论的报告、股东契约、公司计划、重要风险、接受的议会质询、包括媒体报道在内的利益相关者提出的正式和非正式的反馈意见等）。

重要性矩阵以对利益相关者的重要性和对组织的影响为维度，以象限方式对问题重要性进行了映射。矩阵中包括了一些导航图标，以便将综合报告中的相关议题联系起来。

年报截图*：
Stakeholder materiality matrix

资料来源：Eskom Holdings SOC Limited Integrated Report 2011，p. 9。

说明：本公告选用的企业年报截图，是为了让读者更好地了解综合报告相关部分的体系与结构，因此年报具体内容虽不清晰但仍予以保留。读者若想进一步了解更多内容，可按提示来源搜索相关企业年报，本公告下同。

---

① Eccles and Krzus，2015.

（三）战略重点

战略重点意味着审视战略与价值创造的相互关系，即组织在长期价值创造过程中利用自身战略的能力。此外，关注战略还能够更为清晰地识别与组织营运及商业模式有关的重要风险、机会和影响因素。再次强调，这一指导原则最为重要的一点是，综合报告需要阐述组织在制定战略决策的过程中会涉及哪些资本以及这些资本所发挥的作用。我们将在下文的"制定指标"部分详细讨论资本的不同形式。

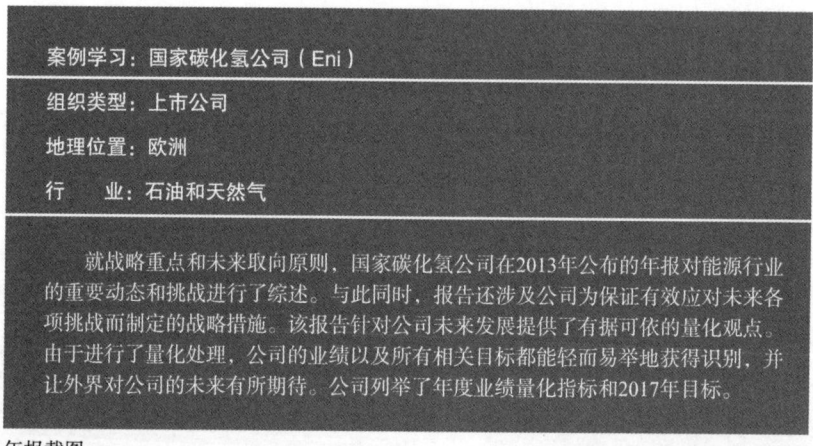

案例学习：国家碳化氢公司（Eni）
组织类型：上市公司
地理位置：欧洲
行　　业：石油和天然气
就战略重点和未来取向原则，国家碳化氢公司在2013年公布的年报对能源行业的重要动态和挑战进行了综述。与此同时，报告还涉及公司为保证有效应对未来各项挑战而制定的战略措施。该报告针对公司未来发展提供了有据可依的量化观点。由于进行了量化处理，公司的业绩以及所有相关目标都能轻而易举地获得识别，并让外界对公司的未来有所期待。公司列举了年度业绩量化指标和2017年目标。

年报截图：

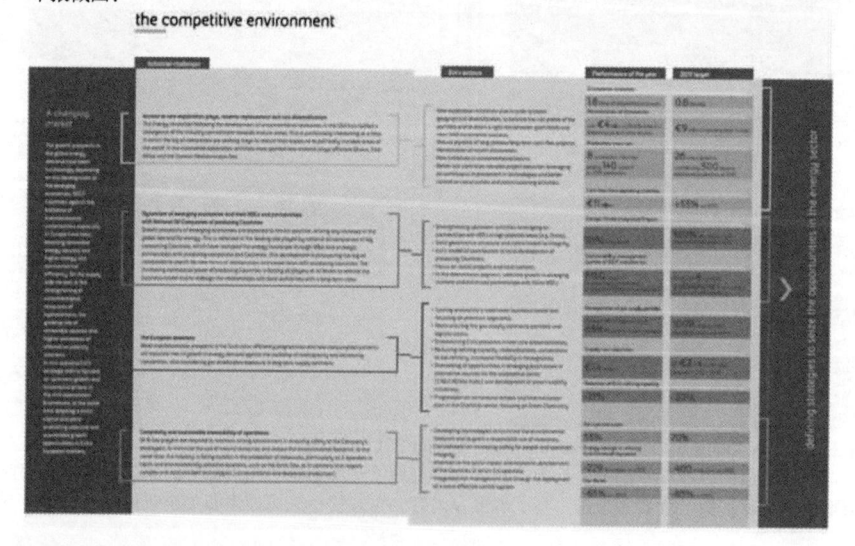

资料来源：Eni Annual Report 2013, pp. 16–17。

（四）未来取向

未来取向指导原则包含了前瞻信息的重要性以及组织战略重点在时间维度上的分布问题。除了关注未来以及短期、中期和长期的价值创造流程之外，厘清组织过去活动与未来前景的关系也非常重要。更为重要的是综合报告所列示的证据，这些证据能够表明组织已经考虑了过去的疏漏之处，并相应地调整了营运和战略决策，以便未来的进程能得到更好的信息支撑且更符合战略要求。

（五）简洁性

简洁性指导原则是指综合报告应简明扼要，直击要害。对读者来说，获得信息并借以详细了解组织战略、商业模式以及目标就足够了。与此同时，综合报告只需要提供相关信息，并去掉无关细节。组织不能因为追求简洁性而以牺牲其他指导原则和信息列报为代价，要在两者之间寻找到平衡点，这一点非常重要。因此，一份简洁的综合报告应当：

- 仔细报告重要事项的确定流程；
- 具有清晰的结构，没有打乱报告的整体思路，避免重复；
- 对概念进行清晰解释，避免技术词汇或过于复杂的术语；
- 披露组织的特定信息，避免通用短语。

（六）可靠性

综合报告的可靠性指导原则是指信息不能包括任何错误（换言之，信息是值得信赖的）。各种控制机制、内外部检查以及其他防范措施能够保证信息的可靠性。组织的治理结构决定了组织的职能运转、战略以及形成综合报告的整个流程。由高管层对综合报告信息进行近距离监管和仔细评估，这对于确保综合报告信息的可靠性是非常重要的。组织在编制报告之后，甚至需要进一步披露信息，以确保报告所涉及的前瞻性信息的可靠性。

案例学习：	TNT快递
组织类型：	上市公司
地理位置：	欧洲
行　　业：	快递服务

　　为了实现其全部价值，综合报告需要像财务报告一样可靠。财务报告的可靠性源自相关的审计活动和第三方的客观性；而第三方会对财务报告进行审核，以确保财务报告是根据有关会计准则进行编制的。TNT快递2014年度的综合报告是根据报告准则和GRI G4指南编制的，其聘用普华永道（PwC）为公司的全部报告提供合理鉴证（与此相反，有些组织只雇佣审计师事务所针对其报告的特定部分提供鉴证）。鉴证工作是依据《鉴证准则3810N：与可持续发展报告有关的鉴证业务》（the Assurance Standard 3810N "Assurance Engagements Relating to Sustainability Reports"）来开展的。在独立鉴证报告意见中，普华永道认为公司年报的数据和表格可靠且充分地反映了所有重要内容。

案例学习：	南非国家电力公司（Eskom）
组织类型：	上市公司
地理位置：	非洲
行　　业：	公共事业

年报截图：

　　南非国家电力公司发布的2011年度综合报告是遵循简洁性指导原则的优秀案例。首先，在组织综述和外部环境方面，综合报告对相关重要信息的陈述体现了良好的行文结构和简明风格。报告将可视化图标与特定问题相对应，以引导读者阅读整份报告。在此过程中，简洁性原则得到了充分体现。其次，在风险和机会方面，综合报告全面阐述了KPI和风险，但报告也提供了非常容易辨识的导读，以便告知读者何处可以获取额外信息。因此，综合报告并没有充斥过多信息。与此同时，读者可以根据自身兴趣轻而易举地获取额外信息。最后，在组织远景方面，综合报告以最简洁且尽可能最优的行文结构列举了今后的重点工作。通过具有视觉效果的图表，读者能够清楚地了解组织的重点工作。同样，在遵循简洁性原则的前提下，读者能够从报告的其他部分获取更为详细的信息，这使得阅读综合报告非常容易进行。

资料来源：Eskom Holdings SOC Limited Integrated Report 2011，p. 21。

五、综合报告的内容元素

内容元素统领着综合报告的全部内容。虽然国际综合报告委员会的框架并没有详细阐述需要报告哪些内容,但该框架以问答的方式提供了内容元素的相关指南。

(一)组织概述和外部环境

组织做了哪些工作?组织是在怎样的环境下开展业务的?综合报告为组织提供了一个沟通其使命和愿景的平台,内容涉及组织文化、道德观、价值观、所有权与营运结构、主要业务活动与市场、竞争格局与市场定位以及其他相关信息。组织开展业务所依托的外部环境涉及经济和监管情况、技术变革、社会问题和环境挑战等,所有这些因素都能直接或间接地影响组织的价值创造能力。

案例学习:南非联合银行集团(Absa)	
组织类型:	上市公司
地理位置:	非洲
行　　业:	金融服务

在2011年发布的综合报告中,南非联合银行集团通过几页篇幅非常清楚地介绍了组织的大致情况和外部环境。综合报告对公司目标、愿景和价值观与运营结构等基本信息同时进行了介绍,并辅以市值、消费者以及员工数量等重要的定量信息。公司战略是建立在四大支柱之上的。此外,不同利益相关者关注的重要事项以及与这些事项相关的业绩指标都在报告中有所体现。

在外部环境方面,集团提供了董事会主席所做的前瞻性声明,内容包括营运环境、竞争环境、监管和风险环境、利益相关者的参与等。此外,该声明还涉及某些重要利益相关者以及所面临的与业务相关的某些挑战。最后,报告也对集团的价值观和道德观主张、治理以及薪酬等进行了讨论,因为这些方面非常重要,可确保公司在制定决策时,通过优质管理解决社会关注的问题。

"对于关乎我们营运方式的基本原则,从加强我们的治理和道德管理、检查我们的薪酬方案到利益相关者的参与及响应方式,我们都极其关注并保持谨慎。这些方面都是我们实现可持续发展以及未来增长的重要基石。"

——Garth Griffn,集团主席

（二）治理

组织的治理结构是如何为组织的短期、中期和长期价值创造能力提供支撑的？综合报告可提供组织治理结构的相关信息：技能范畴和多样性、薪酬与激励的统一、组织文化的治理和监控以及对风险的态度。

案例学习：必和必拓（BHP）
组织类型：上市公司
地理位置：欧洲
行　　业：基础原料

在综合报告中，必和必拓列出了一张开展业务所需的重要技能和经验列表，以此来说明董事会以及董事会各个委员会中有多少名董事满足技能要求。此外，该公司还提供了一张表格来说明薪酬政策和结构是如何支撑和强化公司战略的六大关键驱动因素的。这六大战略驱动因素分为三类，分别是非财务类（驱动因素：人员、可持续发展）、财务类（驱动因素：世界级资产、金融实力与纪律）、增长类（驱动因素：项目通道、增长期权）。支撑上述驱动因素的薪酬政策构成元素和特定的薪酬结构一起在报告中得到呈现。

年报截图：

资料来源：BHP Billiton Annual Report 2011, pp. 112 and 130。

(三) 商业模式

组织具有怎样的商业模式？商业模式是指组织如何通过业务活动将投入转化为产出和成果，从而实现组织战略目标并在短期、中期以及长期创造价值。

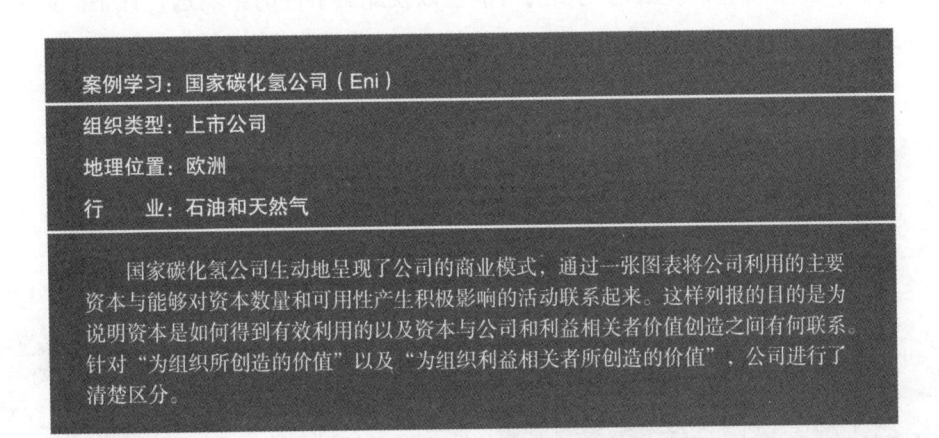

案例学习：	国家碳化氢公司（Eni）
组织类型：	上市公司
地理位置：	欧洲
行　　业：	石油和天然气

　　国家碳化氢公司生动地呈现了公司的商业模式，通过一张图表将公司利用的主要资本与能够对资本数量和可用性产生积极影响的活动联系起来。这样列报的目的是为说明资本是如何得到有效利用的以及资本与公司和利益相关者价值创造之间有何联系。针对"为组织所创造的价值"以及"为组织利益相关者所创造的价值"，公司进行了清楚区分。

年报截图：

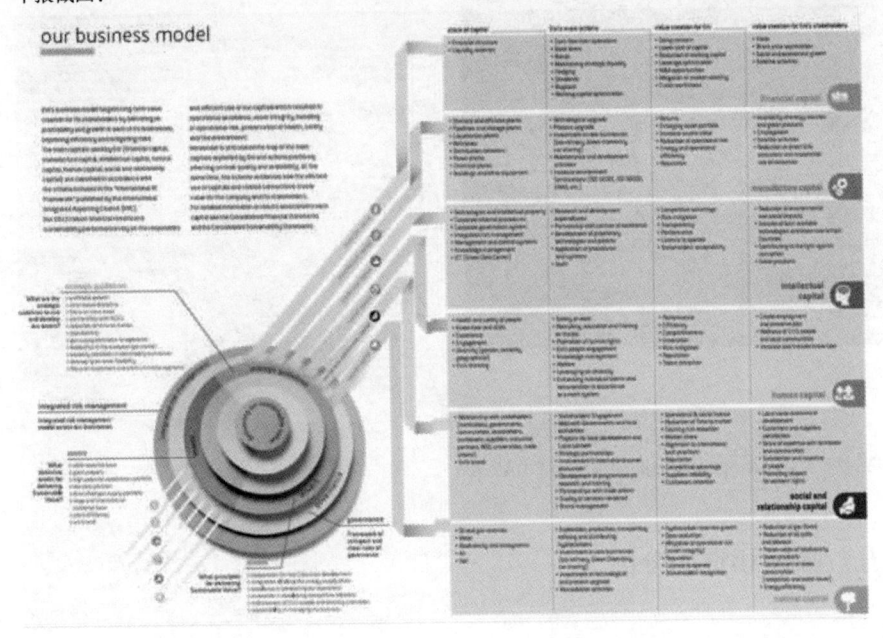

资料来源：Eni Annual Report 2013, p. 4。

（四）风险和机会

哪些特定的风险和机会会对组织的短期、中期以及长期价值创造能力产生影响？组织应该如何应对这些风险和机会？识别风险和机会不是简单地局限于在风险和机会显现时发现它们，还要对它们发展为现实的可能性以及此类事件的影响进行评估。此外，缓解或管理风险、利用机会的措施也要在综合报告中分别有所体现。

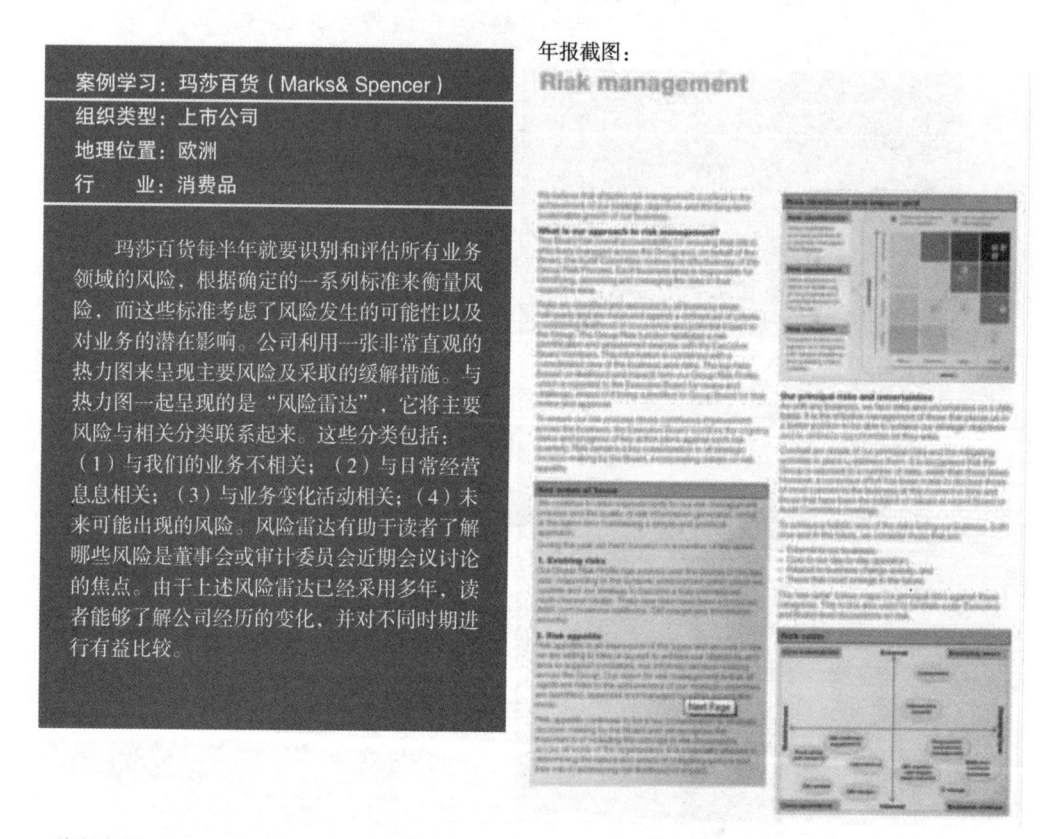

案例学习：玛莎百货（Marks & Spencer）
组织类型：上市公司
地理位置：欧洲
行　　业：消费品

玛莎百货每半年就要识别和评估所有业务领域的风险，根据确定的一系列标准来衡量风险，而这些标准考虑了风险发生的可能性以及对业务的潜在影响。公司利用一张非常直观的热力图来呈现主要风险及采取的缓解措施。与热力图一起呈现的是"风险雷达"，它将主要风险与相关分类联系起来。这些分类包括：（1）与我们的业务不相关；（2）与日常经营息息相关；（3）与业务变化活动相关；（4）未来可能出现的风险。风险雷达有助于读者了解哪些风险是董事会或审计委员会近期会议讨论的焦点。由于上述风险雷达已经采用多年，读者能够了解公司经历的变化，并对不同时期进行有益比较。

年报截图：Risk management

资料来源：Marks & Spencer Annual Report 2014，p.15。

（五）战略和资源分配

组织希望实现什么目标？准备如何实现这些目标？作为最重要的一项内容元素，战略不仅能够表明组织希望实现的未来目标，更为重要的是能够表明如何实现这一目标。战略和资源分配包括所有的战略目标（短期、中期和长期）以及针对这些目标的资源分配计划。

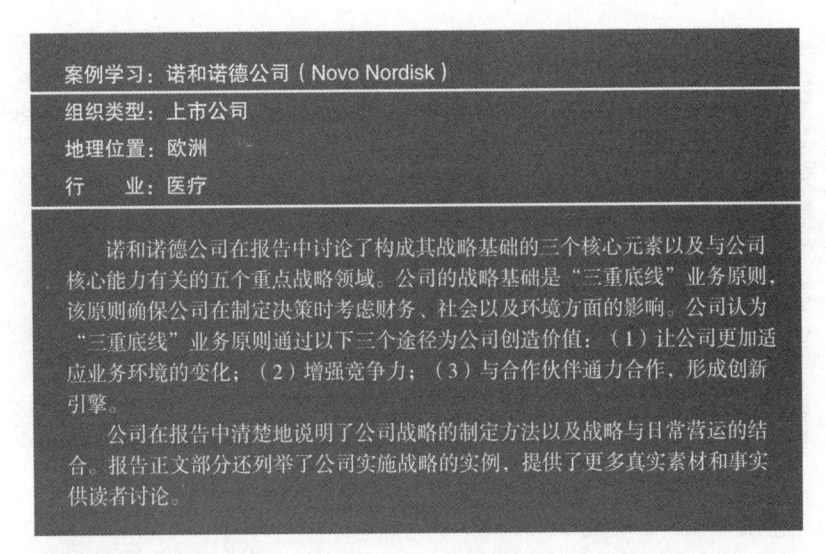

案例学习：诺和诺德公司（Novo Nordisk）
组织类型：上市公司
地理位置：欧洲
行　　业：医疗

　　诺和诺德公司在报告中讨论了构成其战略基础的三个核心元素以及与公司核心能力有关的五个重点战略领域。公司的战略基础是"三重底线"业务原则，该原则确保公司在制定决策时考虑财务、社会以及环境方面的影响。公司认为"三重底线"业务原则通过以下三个途径为公司创造价值：（1）让公司更加适应业务环境的变化；（2）增强竞争力；（3）与合作伙伴通力合作，形成创新引擎。

　　公司在报告中清楚地说明了公司战略的制定方法以及战略与日常营运的结合。报告正文部分还列举了公司实施战略的实例，提供了更多真实素材和事实供读者讨论。

年报截图：

资料来源：Novo Nordisk Annual Report 2013，pp. 16 – 17。

（六）绩效

　　组织战略目标在既定期间的实现程度如何？对资本产生了哪些影响？与绩效有关的定量和定性信息是不可或缺的，它们能够有效监控组织预期战略目标的实现程度，并与其他组织进行比较。KPI 包括财务和非财务信息，也应纳入报告，原因在于 KPI 有助于厘清财务绩效与不同形式的资本之间的关系。

> **案例学习：加拿大钾肥公司（Potash Corp）**
> **组织类型：** 上市公司
> **地理位置：** 北美
> **行　业：** 基础原料
>
> 　　在综合报告中，加拿大钾肥公司根据一系列既定目标，对公司主要目标的业绩进行了评估。公司对影响上一年度目标实现情况的某些宏观经济因素进行了讨论，与此同时，也对影响来年业绩的因素进行了探讨。公司报告了自身目标绩效的实现情况，即简要介绍每个目标的相关情况，列出报告周期所设定的目标，并在最后展示目标的进展状况。

（七）远景

组织在实施战略的过程中会面临哪些挑战和不确定性？对商业模式和未来业绩会有哪些潜在影响？综合报告为公司提供了一个讨论自身外部环境的机会并列示了相关挑战和机会。外部环境能够为投资者提供必要的信息，借此评估组织应对风险的情况，了解组织所采取的风险缓解战略，同时还有助于管理未来预期。

> **案例学习：阿斯利康公司（Astrazeneca）**
> **组织类型：** 上市公司
> **地理位置：** 欧洲
> **行　业：** 医疗
>
> 　　阿斯利康公司在综合报告中讨论了增长驱动因素以及公司在实施战略的过程中很可能遇到的挑战。增长驱动因素包括不断扩大的病患群体、未得到满足的医疗需求、科学技术的发展；挑战则包括研发能力、监管要求、定价压力、专利到期、通用化以及建立信任。
> 　　此外，阿斯利康公司还对重要风险和不确定性进行了全面的讨论，这些风险和不确定性对公司来说非常重要，因为它们可能会给公司的财务状况、经营成果以及（或）声誉带来显著影响。报告对所有已识别的风险进行了详细描述，并讨论了它们对公司的影响。（针对某些风险，公司还给出了具体的案例以进一步说明）

（八）报告编制和列报基础

组织如何决定将哪些事项纳入综合报告？如何量化或评估这些事项？

构成综合报告编制和列报基础的关键要素包括：

- 简要介绍组织的重要性确定流程，阐述如何识别、评估重要问题并对它们进行排序；
- 综合报告的报告边界以及对列报信息的限制；
- 简要介绍用于量化或评估重要事项的重要框架和方法。

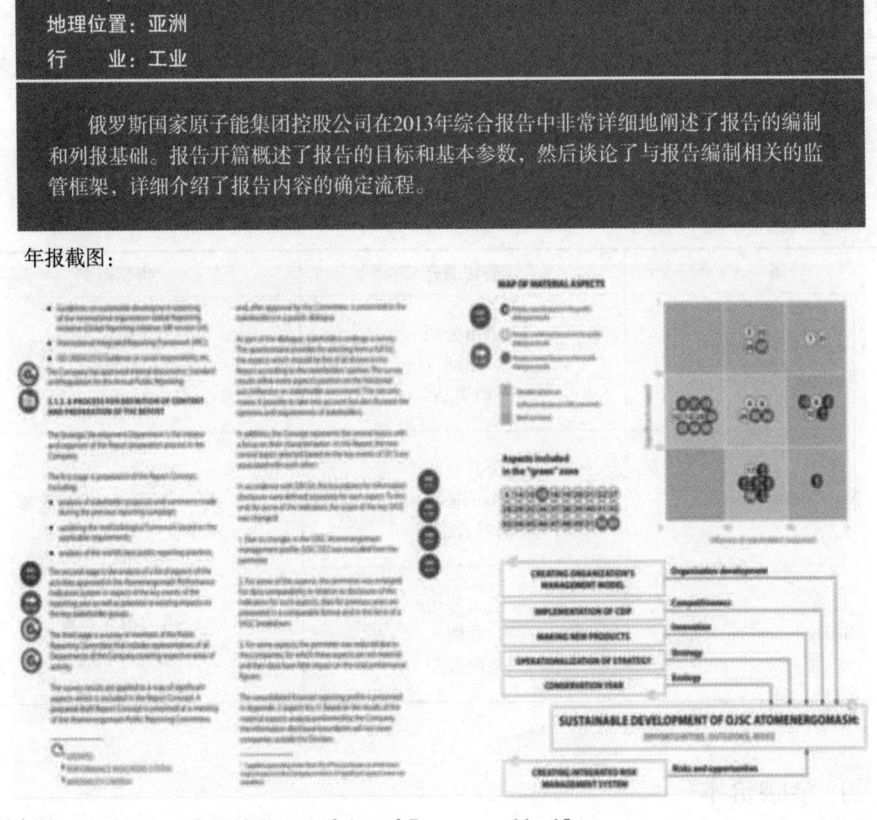

案例学习：俄罗斯国家原子能集团控股公司（OJSC Atomenergomash）
组织类型：上市公司
地理位置：亚洲
行　　业：工业
俄罗斯国家原子能集团控股公司在2013年综合报告中非常详细地阐述了报告的编制和列报基础。报告开篇概述了报告的目标和基本参数，然后谈论了与报告编制相关的监管框架，详细介绍了报告内容的确定流程。

年报截图：

资料来源：Atomenergomash 2013 Integrated Annual Report, pp. 14 – 15。

六、针对不同类型的资本制定指标

资本是指受组织活动及产出的影响而出现增长、下降或转化的价值存量。在综合报告框架下,资本可以分为金融资本、制造资本、智力资本、人力资本、社会和关系资本、自然资本。资本对每个组织的营运来说都是至关重要的,因此,组织需要制定恰当的指标来描述资本的整体存量以及资本之间的流动状况。这些指标因公司而异,但必须可量化。

(一)自然资本

自然资本是由可再生、不可再生资源以及可重复、不可重复的业务构成,主要用于生产产品或提供服务并为组织带来收益。当讨论自然资本时,通常涉及空气、水、土地、矿产以及融合了生物多样性和生态系统健康的森林(见表1)。

表1

公司	公司简介	指标范例
Coca-Cola Hellenic Bottling Company	上市公司 欧洲 消费品	水足迹
New Zealand Post	公共部门 Astralasia 消费者服务	每一美元收入的排放量
Banca Fideuram	上市公司 欧洲 金融服务	电力消耗总量 取暖油耗

(二)金融资本

金融资本可以视为资金池。组织能够利用这个资金池来生产产品以及提供服务。组织获得资金的方式包括筹资（如借债或股权融资）、营运活动或投资活动（见表2）。

表2

公司	公司简介	指标范例
Coca-Cola Hellenic Bottling Company	上市公司 欧洲 公用事业	水足迹
New Zealand Post	上市公司 欧洲 石油天然气	营运活动产生的净现金
Banca Fideuram	上市公司 欧洲 金融服务	银行和客户存款 净资产回报率

（三）人力资本

人力资本的形成基于一个前提，即员工的专长和能力对组织及其营运活动来说具有非常重要的意义。员工自身的潜力及其对创新的驱动是人力资本的重要方面。此外，员工对于治理模式的积极态度，职业道德问题，组织应对风险的方式，恪守组织战略并致力于维护组织利益，积极的领导技能，这些都是人力资本的重要组成部分（见表3）。

表3

公司	公司简介	指标范例
Atlantia	上市公司 欧洲 工业	提供的培训学时以及员工的参与比例 根据学历和性别统计的奖学金分布情况
CIMA	其他 欧洲 专业化服务	新学员数量
Itau Unibanco Holding S. A.	上市公司 南美洲 金融服务	薪水、费用和收益 培训学时

（四）社会资本

社会资本是指发生在社区内部以及跨越不同社区和不同利益集团，彼此交换信息以提高社会福利的合作关系。它包括共同的规范和价值观，基于信任和致力于外部利益相关者的利益所形成的关系（见表4）。此外，社会资本还包括与组织的品牌、声誉、业务的社会许可相关的无形资产。

表 4

公司	公司简介	指标范例
JSC Atomredmetzoloto	公共部门 亚洲 基础材料	作为地区预算一部分的已付税款
Atlantia	上市公司 欧洲 工业	集团的成本与道路安全 投资的百分比 安全导师制所覆盖的意大利网络
Sasol	上市公司 非洲 石油天然气	在技能培训和社会经济发展计划方面的投资额 员工离职率 薪水、费用和收益 培训学时

（五）智力资本

智力资本包括了与组织能力和知识有关的无形资产。具体来说，智力资本包括了知识产权（如专利权、版权、软件、权利和许可证）和组织资本（如隐性知识、系统、流程和协议），见表5。

表 5

公司	公司简介	指标范例
Eni	上市公司 欧洲 石油天然气	研发支出 现有专利

续表

公司	公司简介	指标范例
Coca-Cola Hellenic Bottling Company	上市公司 欧洲 消费品	质量指标可以衡量许多因素，从口味、碳酸饱和度到闭合功能和条件，满分为100分
Itau Unibanco Holding S. A.	上市公司 南美洲	软件的内部开发 设备和数据处理系统

（六）制造资本

从本质上来说，制造资本是指制作完成的物理对象，这与自然的物理对象有所区别（见表6）。拥有制造资本的组织能够利用该资本生产产品和（或）提供服务（如建筑物、设备、道路、港口、桥梁等基础设施、废物以及水资源管理），还包括从其他组织租赁但由报告组织控制且供内部使用的制成品。

表6

公司	公司简介	指标范例
Iberdrola	上市公司 欧洲 公用事业	内部质量检查 质量和环境证书的数量
Rosneft	上市公司 亚洲 石油天然气	石油产品 石油化工产品
Sasol	上市公司 非洲 石油天然气	物业、厂房和设备在建资产

七、与投资者进行沟通

公司的竞争力在很大程度上取决于有效管理不同类型资本的能力，而这正是综合报告的目标所在。提供各类资本的管理信息对投资者来说是非常重要的,如果公司没有就信息进行有效的沟通,那么公司就不能假定投资者和利益相关者能够理解各类资本与财务业绩之间的关系。

投资者越来越多地将非财务信息视为决策的重要组成部分,并将此类信息整合到他们的评估模型中。综合报告能为公司提供独一无二的机会,让公司能够向投资者讲述价值创造"故事",改变公司与投资者和其他利益相关者的沟通方式。综合报告不只是一份报告,更是一个对话平台。

沟通以及在线工具及社交媒体等技术渠道相结合,能够有效改善组织与投资者和其他利益相关者的对话并积极地寻求反馈信息。虽然综合报告是按年度发布的,但在线呈报的信息可以更为频繁地定期更新,能让公司就报告中所讨论的重要动态进行沟通。公司能够释放在线报告的潜力,按照利益相关者希望的频率来更新公司的战略和绩效信息。与此同时,科技能够让反馈信息及时得到提交,以便公司根据列报信息作出更为明智的决策。

飞利浦和SAP便是两个优秀代表,两者充分利用在线平台来展示公司的价值创造方法以及所获得的成功。① 这两家公司官网的导航功能方便易用,采用可视化方式来展示公司的营运活动并使用了大量图表。在飞利浦官网的"可持续发展"部分,访问者可以获取有关飞利浦可持续发展方法和相关措施的信息,用于说明飞利浦可持续发展方法的图表也可供下载。该公司的综合报告具有可视化的特点,内容丰富,架构完善,读者通过大致浏览就能获得所需信息。在线综合报告最具创新性和吸引力的部分就是能够创建定制化版本,允许读者将感兴趣的内容编撰在一起,轻击图标就能在瞬间生成和下载定制化报告。对于只对报告特定信息感兴趣的读者而言,这是一个非常有用的工具。SAP是首家在线公布综合报告的公司,其官网的出色质量得到公认。

此外,综合报告还能为改变在既定沟通场合呈报的信息提供所需指南,如季度电话会议。按照传统做法,这类电话会议都会以上一季度的财务业绩为基础进行沟通,然后为下一季度提供财务指导。然而近期一项研究发现,在季度收益电话会议上,公司未能说明其各类资本是如何创造价值的。② 在对四大行业(金融、医疗、科技与通信、运输)的领先公司进行比较之后,我们发现尽管在理解自身的价值创造流程并在可持续发

---

① For Philips see http://www.philips.com/about/sustainability/integratedannualreport/index.page, and for SAP go to http://www.sapintegratedreport.com.

② Forthcoming: KKS Advisors and Generation Foundation, 2015: "Integrated Guidance".

展报告/综合报告中加以阐述方面,所有公司都取得了重大进步,但这些努力并没有在季度收益电话会议上得到体现。在与分析师群体进行沟通时,可持续发展报告所列出的重要问题被一带而过,甚至被完全忽略。在通过各种渠道进行充分沟通方面,默克公司是制药行业的典范。

这项研究还发现,投资者越来越关注与价值创造流程和非财务指标有关的信息。在季度电话会议上,一些分析师会针对所审查的各项内容坚持要求公司提供此类信息。而在这些分析师中,华尔街顶尖分析师的占比非常高。这就凸显了非财务信息的重要性,它能确保分析师在评估公司价值时能够把握公司的长期远景和战略定位。CEO 和 CFO 能够利用本公司综合报告的结构和信息,针对各类资本,向投资者提供有价值且具前瞻性的信息。这种方法能让公司将注意力从追逐季度目标转向花费更多的时间来关注企业的长期经营。

八、综合报告的未来

从全球范围来看,依然只有极少数公司开展了综合报告这项管理实践。如想未来实现综合报告的普遍采用,就需要市场和监管力量共同努力。要让公司了解综合报告所能带来的诸多益处,例如更好地理解财务业绩和非财务业绩之间的关系,改善内部计量和控制系统以生成可靠和及时的非财务信息,降低声誉受损风险,提高员工参与度,让客户关注可持续发展并坚定信心,吸引更多看重可持续发展战略的长期投资者以及改善与其他利益相关者的关系等,从而推动公司自愿采用综合报告,进而成为一个重要的市场力量。[①]

与财务报告有关的信息技术系统和组织化流程已经得到了多年发展并改善,而综合报告的编制系统和流程以及内容传播才刚起步,仍处于发展阶段。国际综合报告委员会所开展的试点项目已经认识到,在创建有益且具操作性的综合报告框架并加以实践应用方面,公司发挥着重要作用。

推动公司自愿采用综合报告的另一个市场力量是来自公开和私募股权市场的大型机构投资者的压力。在公开市场上,拥有公司相当比例股份的投资者可通过几种办法向公司施压,以迫使其实施综合报告,例如在年度股东大会上提出某个议题,抑或通过委托

---

① Eccles, Krzus, and Tapscott, Chapter 6, "It's Time for One Report;" 2010, and Eccles and Armbrester, 2011.

书进行提议。作为私募股权基金的有限责任合伙人（LP），大型机构投资者可以鼓励这类基金提供投资组合公司层面的短期综合报告。

此外，消费者也发挥着重要作用。个人消费者选择从那些采用政策进而形成可持续发展战略并生产可持续发展产品的公司购买产品，这一行为一方面能帮助这些公司取得成功，另一方面也会给那些尚未开展类似商业实践的公司带来压力。公司消费者会鼓励公司在自身的供应链中采用综合报告，甚至将其作为需求建议书的要求之一。

公司出于自身利益考虑并受市场力量驱动而自愿采用综合报告，但这还不足以推动综合报告的广泛采用。只有实现不同企业（至少是在同一行业内）的比较时，综合报告的全面价值才能得到体现。因此，监管机构有必要明确综合报告的框架以及报告非财务信息时应采用的标准。

近期，欧盟就强制实施非财务报告进行了立法，类似的立法行动能够加速综合报告的采用。[1] 诸如 G20 等多国组织能够促进全球层面的合作，而国家层面的立法行动也能发挥类似作用。国家级证券监管机构［例如美国证券交易委员会（SEC）和中国证监会（CSRC）］所采取的监管行动也能促进综合报告实践活动。国际证监会组织（IOSCO）可以发挥类似的协调和同化作用。借助证券交易所上市要求，综合报告活动能够促进和推动综合报告的实践应用。

而且，非政府组织（NGO）能够对投资者和公司产生影响。[2] NGO 能够向政府、证监会和其他监管机构、证券交易所施加压力，要求它们提供支持，推动综合报告的应用。

在促使公司实施综合报告的过程中，诸如会计师事务所、数据聚合商、代理机构、评级机构以及董事会等市场中介也扮演着重要的角色。会计师事务所能为计量和报告准则的制定以及独立第三方鉴证方法的发展作出贡献。如果附有综合鉴证声明，那么，综合报告将具有极高的可信度。此外，鉴于非财务因素日益成为风险的重要组成部分，评级机构在进行评级时也应该考虑非财务因素。董事会肩负着股东和其他利益相关者的受托责任，需要综合报告来协助自己正确履行职责。董事会也可以鼓励，甚至要求管理层向外界提供综合报告。

---

[1] European Commission, "Disclosure of non-financial information: Europe's largest companies to be more transparent on social and environmental issues," European Commission Statement, September 2014, http://europa.eu/rapid/press-release_STATEMENT-14-291_en.htm.

[2] Steve Waygood, "Civil Society and Capital Markets," *Sustainable Investing: The Art of Long-Term Performance*, edited by Cary Krosinsky and Nick Robins, Earthscan, New York, N.Y., p.178.

综合报告为组织提供了一个诱人的机会,即采用更具可持续发展能力的商业模式和战略,创造长期价值。尽管这种报告模式目前还面临着许多问题,但综合报告具有通过"整体思维"和价值创造来进行创新的潜力,借此,综合报告必定能提高组织的生产力、盈利能力和可持续发展能力。

评论

企业财务报告该往何处去?
——评《综合报告》

刘凤委

信息是决策的基础,对于公司而言,有效的信息披露能够帮助资本市场综合评判公司价值,有助于利益相关者更全面地了解信息并作出相应决策。现有的公司年度财务报告被认为是最全面、规范和标准的信息沟通媒介,财务报告以财务报表信息和审计鉴证为基础,但一个不容忽视的问题是,以财务报表为载体、财务结果为导向的披露方式越来越难以满足各方利益相关者的决策需要,由于不符合法定会计标准而无法纳入表内的信息越来越多,而有关公司战略、风险管理、公司治理、环境成本等决定公司长期可持续发展能力的非财务信息反而越来越对各方利益相关者的决策产生重要影响。财务报告的内容以及模式正受到来自信息需求方的挑战。

一、国际综合报告委员会

2010年8月2日,可持续发展会计体系项目(A4S)和全球报告倡议组织宣布成立国际综合报告委员会(IIRC)。国际综合报告委员会是一个由监管机构、投资者、公司、标准制订者、会计专业人士和非政府组织组成的全球联盟,宗旨是创建可持续性会计框架,并能够获得全世界的接受和认可。该委员会成员有一个共同的看法,即公司报告演变的下一步应该是有关价值创造的沟通,需要将财务信息、环境信息、社会信息和治理信息综合起来,以清晰、简明、一致和可比的形式列示,来满足新兴的、可持续的、全球化经济发展的需要。2011年9月,IIRC发布里程碑式的讨论稿《迈向综合报告:在21世纪传播价值》(*Towards Integrated Reporting—Communicating Value in the 21st Century*),论述了采用综合报告的合理性和必要性,阐述了国际综合报告框架的意义及其包含的元素,并概述了后续推进的步骤。

综合报告致力于提高金融资本提供者可获取信息的质量，实现更具效率和效果的资本配置；在借鉴各种不同的公司报告流派的基础上，形成一种更连贯、更有效的公司报告方法，以反映所有对机构持续价值创造能力产生重大影响的因素；加强对广义资本（财务、制造、智力、人力、社会、关系以及自然）的问责制和受托经管责任，提高对资本间相互依赖关系的理解；支持以在短期、中期和长期的价值创造为重点的整合思维、决策和行动。

综合报告在很多方面都有别于其他报告和沟通文件，特别是其专注于组织在短期、中期和长期创造价值的能力，后者通过强调简练、注重战略和面向未来、信息连通性、资本及其相互依赖关系，以及强调整合思维在组织中的重要性来实现。所谓整合思维，是指组织对其各个经营和职能部门与该组织所使用或影响的资本之间的关系的积极考量——考量组织短期、中期和长期的价值创造的整合决策和行为。

二、公告讨论的主旨

本篇公告认为尽管综合报告已经在世界范围内被诸多公司采用，但仍处于初级阶段，认识综合报告是如何演进的、相关的成本和收益对比、阻碍广泛采用的障碍有哪些、应该如何克服这些障碍、围绕综合报告的实施工作应采取哪些方法来加以推动等非常重要。

公告分别就综合报告的指导原则以及内容构成要素进行了阐述，尤其是通过提供特定的案例，来系统介绍领先的公司是如何在实践中应用指导原则以及如何根据各种不同的内容构成要素来提供综合报告信息的。除了提供具体的案例外，公告针对所讨论的不同资本类型，详细阐述了相关指标如何构建。最后，还讨论了如何优化综合报告，以及未来的综合报告的发展。

从指导综合报告编制和应用实践而言，公告提供了大量重要的研究文献与具体实践案例，对综合报告的收益与成本做了详细分析，并提及了需要面对的各项挑战。总体来说，公告为企业编制和应用综合报告提供了很好的经验、启示及范例。

三、综合报告在中国的发展与预期

从全球范围来看，综合报告得到了非常多的国家与国际化公司的积极反馈，但在具体实施过程中还面临很多难题。在中国，2014年，由IIRC起草并组织翻译的《国际综合报告框架》中文版正式发布，但实践中，绝大多数企业依然并不十分了解这一国际组织及综合报告的核心内容。有关环境和社会责任等可持续发展专项报告内容在中国的上市公司中有所涉及，当然，更多公司是在财务报告中体现这些事项。上海国家会计学院在2008年就开始关注企业社会责任问题，并针对中国上市公司社会责任的信息披露情况进行了深入分析，编制了社会责任指数排行榜。但有关企业社会责任问题，从内容上仍然属于专项报告，更多是从社会资本等外部视角来阐述公司可持续发展问题，没有从驱动企业内部价值创造的战略、商业模式和风险角度提供更多信息，因此按照综合报告涉及的内容范围来看，这部分内容要更全面、更系统。

从中国资本市场发展及公司治理的情况来看，我国上市公司在信息披露方面仍然是以法定强制性披露要求为主，或者说披露的目标仅仅是满足法律的基本要求，因此从短期看，要让中国企业能够接受主动积极地披露更多关于公司可持续发展的信息并非易事。尤其是考虑到综合报告编制过程中对信息系统等资本支出增加的问题，包括如何通过流程控制确保非财务数据准确获取以及能够被第三方鉴证机构出具鉴定意见，这些方面都存在不小的困难。或者说，我国上市公司信息披露在最低的法定要求面前都还存在着一定的差距，因此探讨让更多公司通过外部信息披露来为投资者等利益相关者提供更多有助于判断公司价值创造的信息就更困难了。

但这不意味着综合报告无法在中国得到应用。综合报告所涵盖的信息对于综合评判公司价值创造活动与结果具有重要意义，尤其是在数字经济时代，企业流程与业务的梳理以及获取的非财务数据信息是企业应该高度重视的核心资源，在这类资源基础上所汇总的报告内容，对公司战略层和经营层完整地了解企业发展现状并有针对性地制定公司发展战略至关重要。从这一角度讲，现阶段中国企业完全可以借鉴综合报告的思想，一方面在企业内部报告的内容完善方面下功夫，帮助战略层和经营层直接创造价值；另一方面在未来相对合适的时机，结合综合报告在全球范围内的发展程度，来逐步依据立法的形式实施对外报告披露。这意味着，无论现阶段企业是否愿意对外提供综合报告，管理会计师都可以借鉴综合报告的内容、原则和思想，不断补充完善管理会计报告的内容，尤其是面向战略层和经营层的管理会计报告。我国财政部也已经颁布了相应的管理会计报告，但有关管理会计报告内容方面还有很大的不足，从实践角度看，综合报告的内容对完善管理会计报告非常重要。

另外，可以先从更多角度的专项报告入手，逐步完善相关非财务战略信息内容的披露，也可以为未来全面综合报告的实施奠定基础，至少可以引发社会各界对非财务核心信息内容的重要性和必要性的关注。2016年10月，德勤、易观与上海国家会计学院成立了联合课题组,共同展开对"第四张报表"的相关研究,在 2016~2017 年间,围绕"第四张报表"议题举办了一系列研讨会,推动对其的开发和研究。由于传统的三张财务报表存在固有的时滞性缺陷:业务发生在前,绩效反馈在后,即企业行为与经营结果脱节。滞后性导致纯财务信息无法满足管理需求,如何从更多业务数据中提炼有价值的信息,及时反馈经营状况,帮助管理者进行业务改善和管理提升,是第四张报表重点研究的问题。而所谓第四报表,就是强调要建立基于非财务数据的企业价值评估体系,尤其是企业数字用户资产,围绕"用户""产品""渠道"三个维度建立相对全面的评价体系和分析指标,重点选择与企业价值密切相关的数据来生成报表,为企业管理者提供决策支持。从这个角度讲,第四报表的发源理念与综合报告的核心价值是一致的,反映了即使在中国市场,企业仍有必要关注关键的非财务战略信息。

最后,从历史发展趋势来看,综合报告的推出正当其时。我们相信,随着中国资本市场的发展和投资者构成的逐步调整,中国上市公司也会逐步提升信息披露目标及水平,能够通过综合报告积极与各利益相关方就公司价值创造信息进行全面的沟通。

弹性预算在可持续发展绩效计量中的应用

关于作者

乔恩·巴特利（Jon Bartley，CPA）博士，北卡罗来纳州立大学普尔管理学院会计学荣休教授，学院前院长，IMA 北卡罗来纳州三角研究园分会会员。

弗兰克·巴克利斯（Frank Buckless）博士，北卡罗来纳州立大学普尔管理学院毕马威特聘教授，会计系主任，IMA 北卡罗来纳州三角研究园分会会员。

Y. S. 陈（Y. S. Al Chen，CMA，CPA，CFM，CGMA）博士，北卡罗来纳州立大学普尔管理学院首席研究员，会计学教授，IMA 北卡罗来纳州三角研究园分会会员。

D. 斯科特·肖沃尔特（D. Scott Showalter，CPA，CGMA，CGFM），北卡罗来纳州罗利市北卡罗来纳州立大学普尔管理学院实务教授，IMA 北卡罗来纳州三角研究园分会会员。

吉尔罗伊·朱克曼（Gilroy Zuckerman）博士，北卡罗来纳州立大学普尔管理学院会计学副教授，前学术事务副院长，IMA 北卡罗来纳州三角研究园分会会员。

一、执行摘要

全球的利益相关者均期待获得关于企业可持续发展绩效表现的计量结果和报告。目前涌现出了许多全球性组织，致力于制定计量和报告可持续发展绩效的操作指南，并开展了归集相关数据和评估企业绩效的相关研究工作。各专业会计组织也呼吁企业的会计人员参与到可持续发展绩效计量和报告的运动中来。但是除了个别情况外，执业管理会计师仍对此持观望态度。百加得有限公司（Bacardi Limited）制定了精密的计量指标来评估影响可持续发展绩效的变量在效率方面的改善情况。

在其可持续发展绩效计量和报告的初始阶段，百加得有限公司认为，按照主要的可持续发展组织制定的报告指南，对其关键可持续发展变量的运营效率改善情况进行计量时会产生错误结果。百加得制定的新指标纠正了计量上的错误。会计人员会意识到这一全新的效率指标所反映的正是将弹性预算概念应用于可持续发展变量（如温室气体排放吨数及耗水量立方米数等）的计量之中。百加得的创新案例表明管理会计师与环境工程师合作，并直接参与到可持续发展绩效计量和报告中，不仅必要，而且也会带来新的发展机遇。

二、主要研究成果

我们所开展的研究得到了 IMA®（美国管理会计师协会）的赞助，主要基于对百加得有限公司在绩效指标创新方面的案例分析，即将弹性预算概念应用于计量可持续发展变量的效率变化，如用电量、耗水量和温室气体排放量。本研究还调查了百加得有限公司企业责任倡议的实施情况，其中包括环境可持续发展绩效。

本次研究的主要成果包括：

（1）利益相关者对企业和其他组织改善环境可持续发展绩效管理水平的期望日益提高。对管理会计师而言，这既是挑战也是机遇。管理会计师可以在可持续发展实务指标的数据搜集、分析和报告领域贡献自身的专业能力。

（2）对大多数公司而言，目前全球认可的计量方法由于忽略了产品组合的变化，在计量可持续发展中实务变量的效率改善时，会产生重大错误。

（3）百加得有限公司用弹性预算法计算出根据产品组合变化而调整的效率改善指

标，该指标纠正了当前实务操作中的错误。

（4）百加得有限公司采用的新指标也可以计算出单个关键绩效指标（KPI）的总体（全公司范围的）计量结果，例如能耗，即使该能耗作业是采用不同的计量单位进行计量的（例如吨数、工时和行驶里程等）。

（5）通过分别计量可持续发展 KPI 的可变驱动因素和固定驱动因素，提高了 KPI 效率改善计量结果的准确性。

（6）通过将可持续发展数据快速整合到公司的标准管理实务和管理信息系统中，从而使得改善可持续发展绩效变得更为便利。

（7）百加得有限公司采用的计量方法表明，在可持续发展绩效数据的计量和报告方面，管理会计师具备做出巨大贡献的潜力。

三、可持续发展绩效计量与报告所处的环境

由于利益相关者要求获得更多企业社会责任和环境绩效方面的信息，过去 20 年间，企业、非营利组织和政府的绩效报告范围急剧扩大。在私营企业中，"企业责任"报告和"可持续发展"报告业已成为披露企业社会责任、治理和环境绩效的首选。治理与责任研究所（Governance & Accountability Institute, Inc.）近期发布的一项调查发现，2013 年有 72% 的标准普尔 500 指数公司发布了正式的企业责任或可持续发展报告，较 2011 年的 20% 有了大幅度的提高。[①]

在过去十年间，利益相关者日益关注企业业务活动对环境和社会产生的潜在负面影响，这就迫使企业更主动地披露相关的非财务绩效数据。各国政府也已开始强制要求企业增加对环境和社会相关信息的公开报告和披露。近年来，欧盟和

"可持续性"经常与"环境效能"互换使用。这种说法来源于 1987 年联合国世界环境和发展委员会对可持续发展能力的定义："能满足当代人的需要，又不对后代人满足其需要的能力构成危害的发展。"[②] 如今，许多组织将"可持续性"和"企业社会责任"两个术语互换使用，并更广泛地指代环境、社会和经济绩效。本报告中，"可持续性"是指企业对自然环境的影响。

---

① Hank Boerner, "Flash Report: 72% of S&P 500 Companies Now Publishing Sustainability/Responsibility Reports," Governance & Accountability Institute, June 2014, http://ga-institute.com/Sustainability-Update/2014/06/03/flash-report-72-of-sp-500-companies-now-publishing-sustainability-responsibility-reports.

② United Nations, *Report of the World Commission on Environment and Development: Our Common Future*, March 1987, www.un-documents.net/our-common-future.pdf.

其他一些国家，包括澳大利亚、韩国、英国和南非，开始要求部分公司公开报告关于环境绩效的部分指定数据。2010 年，美国证券交易委员会（SEC）颁布了《气候变化披露指南》（Commission Guidance Regarding Disclosure Related to Climate Change），明确要求财务报表编制者将与气候变化相关的风险纳入商业风险披露中。[①] 为了响应 SEC 的要求，非营利性组织可持续会计准则理事会（SASB）于 2013 年成立，旨在建立"基于各行业的可持续发展准则，用于确认和披露美国证券交易所上市公司对环境、社会和治理的重大影响。"[②] 在全球范围内，联合国可持续证券交易所倡议（Sustainable Stock Exchanges Initiative）将证券交易所、监管机构、投资者和其他关键利益相关者召集在一起，共同推动改善企业的环境、社会和治理绩效的披露。[③]

许多非营利性组织主张企业与公共机构应该更多、更规范地披露可持续发展绩效。其中一些组织提供了报告框架、数据归集和绩效评级等，为进行基准化分析创造了便利条件，也使利益相关者能够对可持续发展绩效进行比较和评价。全球报告倡议组织（Global Reporting Initiative）发布的《可持续发展报告指南》（Sustainability Reporting Guidelines）是目前应用最为广泛的自愿报告框架。[④] 其他发布可持续发展报告框架、指南的组织还包括：温室气体议定书倡议（GHG Protocol）、联合国全球契约组织（Global Compact）、国际碳排放信息披露项目（Carbon Disclosure Project）、世界可持续发展工商理事会（WBCSD）、AA 1000 原则标准（AccountAbility）和碳信托（Carbon Trust）。[⑤]

[①] Securities & Exchange Commission (SEC), Commission Guidance Regarding Disclosure Related to Climate Change, February 2010, www.sec.gov/rules/interp/2010/33 – 9106.pdf.

[②] SASB (Sustainability Accounting Standards Board), *Conceptual Framework of the Sustainability Accounting Standards Board*, October 2013, www.sasb.org/wp-content/uploads/2013/10/SASB-Conceptual-Framework-Final-Formatted – 10 – 22 – 13.pdf.

[③] Sustainable Stock Exchanges (SSE), "About the SSE," 2009, www.sseinitiative.org/about.

[④] Global Reporting Initiative (GRI), *G4 Sustainability Reporting Guidelines*, 2013, www.globalreporting.org/reporting/g4/Pages/default.aspx.

[⑤] The Greenhouse Gas (GHG) Protocol, *Corporate Accounting and Reporting Standard (revised edition)*, World Business Council for Sustainable Development and World Resources Institute, 2014, www.ghgprotocol.org/files/ghgp/public/ghg-protocol-revised.pdf; United Nations, "Global Compact: Communication of Progress, March 2013-March 2014," 2014, www.unglobalcompact.org/COP/index.html; Carbon Disclosure Project, "Strategic plan 2014 – 16," 2014, www.cdp.net/Documents/CDP-strategic-plan-2014 – 2016.pdf; World Business Council for Sustainable Development and the International Finance Corporation, *Measuring Impact Framework Methodology: Understanding the Business Contribution to Society*, April 2008, www.wbcsd.org/pages/edocument/edocumentdetails.aspx?id = 205&nosearchcontextkey = true; AccountAbility, AA1000 *AccountAbility Principles Standard 2008*, 2008, www.accountability.org/standards/aa1000aps.html; and Carbon Trust, "Footprint Measurement," www.carbontrust.com/client-services/footprinting/footprint-measurement.

国际综合报告委员会（IIRC）倡导将企业业绩的所有重大方面（包括财务和非财务数据）整合为一份单一文件的报告框架体系。该组织所做的努力得到了美国注册会计师协会（AICPA）和国际会计师联合会（IFAC）的支持。[1] 在实践中，可持续管理越来越多地渗透到公司的所有职能部门当中，综合报告运动的发展正是顺应了这一趋势。[2] IMA 研究基金会发布的报告《同时管理社会、环境和财务业绩》（Managing Social, Environmental, and Financial Performance Simultaneously: What Can We Learn From Corporate Best Practices），展示了相关领军企业是如何成功整合财务管理、可持续发展绩效管理和社会绩效管理的。[3]

四、会计人员的新疆界

利益相关者对社会和环境绩效报告的需求日益增长，这对于会计行业来说，既是机遇也是挑战。从历史上看，对于社会和可持续发展绩效的计量与报告问题，会计行业只关心如何计量促进绩效改善的相关活动的成本或成本节约状况。例如，IFAC 已经论述了在计量"生态效率"时会计师应起的作用：将成本与可持续发展实务指标联系起来。20 世纪 60 和 70 年代，学术界和商界人士共同倡导推行"社会会计和审计"，但最终未能对会计实务产生影响。[4] 诸如卡普兰（Robert S. Kaplan）和诺顿（David Norton）提出的平衡计分卡、埃尔金顿（John Elkington）提出的"三重底线"等理论框架都为将内部绩效计量和外部报告扩展到财务领域之外提供了概念基础。[5] 虽然这些框架缺乏对于应报告绩效数据的性质的明确说明，却依旧被许多企业所采纳。

---

[1] International Integrated Reporting Council (IIRC), *The International < IR > Framework*, December 2013, www.theiirc.org/wp-content/uploads/2013/12/13-12-08-THE-INTERNATIONAL-IR-FRAMEWORK-2-1.pdf.

[2] AccountAbility, "Leading in a 'Material World'—The Sustainability Outlook 2013 Survey," February 2013, www.accountability.org/about-us/news/accountability-1/leading-in-a-material-world.html.

[3] Mark J. Epstein, Adriana Rejc Buhovac, and Kristi Yuthas, "Managing Social, Environmental, and Financial Performance Simultaneously: What Can We Learn From Corporate Best Practices?" IMA® (Institute of Management Accountants), 2009.

[4] Raymond A. Bauer and Dan H. Fenn, Jr., "What Is a Corporate Social Audit?" *Harvard Business Review*, January/February 1973, pp.42-43; and American Institute of Certified Public Accountants (AICPA), *The Measurement of Corporate Social Performance*, New York, N.Y., AICPA, 1977.

[5] Robert S. Kaplan and David P. Norton, "The Balanced Scorecard—Measures that Drive Performance," *Harvard Business Review*, January/February 1992, pp.71-79; and John Elkington, "Towards Sustainable Corporation: Win-win Business Strategies for Sustainable Development," *California Management Review*, Winter 1994, pp.90-100.

虽然会计学术界主张通过使用平衡计分卡和三重底线报告，更多地参与环境和社会责任绩效计量，但执业会计师却仍持观望态度，这使得环境、工程和社会领域的专业人员成为制定必要的计量和报告框架的主力军。

关于公司应该如何实施可持续发展和社会绩效计量的研究非常有限。粗略浏览企业的社会责任报告就会发现，虽然大多数公司都参照了诸如全球报告倡议组织、碳披露项目、温室气体议定书等国际可持续发展组织指南的一些要素来披露企业责任报告，但这些企业责任报告却完全不具备一致性。

这些组织建议，与可持续发展不同要素相关的 KPI 指标（即公众密切关注的可持续发展变量），包含两种形式：绝对数量指标和消耗强度（效率）指标。消耗强度指标可将运营规模变化的绝对数量进行规范化处理（例如每生产一吨材料耗水立方米数和每百万美元的收入所消耗的万亿焦耳能量）。虽然"消耗强度"是可持续发展相关文献中最常见的术语，但它经常与"效率"互换使用。不过温室气体议定书倡议是个例外。温室气体议定书倡议将"效率"定义为消耗强度的倒数，但概念显然是相同的（例如，每万亿焦耳的能量消耗所产生的以百万美元为单位计量的收入）。

> 在可持续发展相关文献中，"要素"通常指影响可持续发展的变量，例如，排放的温室气体，消耗的水资源和产生的废物都是可持续发展的要素。本文将使用"要素"，而不是财务概念中常用的"变量"。

可持续发展要素的绝对数量指标是最常被推荐的计量方法，因为这些指标反映了企业活动对环境生态系统的直接影响。绝对数量指标也是许多其他可持续发展绩效指标的基础。大多数可持续发展组织的指南也建议披露消耗强度指标。计量消耗强度指标及其变化旨在尽可能地反映公司的可持续发展绩效。最佳实践做法是公司制定年度和跨年度环境改善目标，将每个可持续发展要素的当前绩效表现与基准年度进行比较。每一个重要的可持续发展要素都要同时使用绝对数量指标和消耗强度指标来进行计量。尽管一些公司只以业务单元或产品线为单位报告汇总指标，但大多数公司还是会以公司整体为单位，汇总各个要素的总体计量结果。

目前的实践做法，即计量自基准年度起，针对某个可持续发展要素 KPI 的消耗强度的百分比变化，对于计量公司可持续发展要素的效率改善情况，存在着重大的局限性。具体来说，当 KPI 的消耗强度随着基准年度业务单元之间、产品线之间或产品线的不同配置之间的相对业务量的变化而变化时，目前广泛采用的实践做法将无法进行相应的调整。在财务文献中，这些变化通常被成为"产品组合"变化。当我们将产品线和业务部门的某一要素消耗强度 KPI 简单加总求得公司总额时,如果不对产品组合变化进行调整会导致最为严重的计量误差。如果可持续发展要素的计量仅针对一条统一的产品线,或者针对不同的产品线和业务部门,但其可持续发展要素消耗强度不发生变化,则不会产生计量错误,但大多数公司的现实情况并非如此。

在大多数情况下,可持续发展专业文章和公司可持续发展报告中,由于未将产品组合变化规范化而产生的计量错误并未被发现。《新闻周刊》发表了针对美国 500 强上市公司的《2012 年绿色排行榜:美国公司》(Newsweek's "Green Rankings 2012:U. S. Companies")报告,当我们查阅其中排名前 50 的企业的可持续发展报告时,发现没有一家企业提到产品组合变化带来的影响。① 由百加得有限公司开发的计量方法可以通过计量消耗强度指标的改善程度来准确地反映效率变化。这一计量方法采用了与管理会计师日常应用的弹性预算相同的逻辑,同时表明了管理会计师在可持续发展绩效的计量和报告中可以扮演更重要的角色。

> 在大多数可持续发展专业文献和企业责任报告中,"消耗强度"和"效率"这两个术语可互换使用。可持续发展要素消耗强度的降低(例如,单位作业耗水量减少)就等于效率的增加。在环境可持续发展领域,尽管 IFAC 将"生态效率"一词同时用于环境影响的降低和成本的下降,但"效率"通常与计量实物要素的消耗强度有关,而不是财务上通用的效率概念。目前计量可持续发展要素消耗强度变化的方法几乎无法准确计量技术效率的变化,尤其在企业整体层面(计量公司范围内的消耗强度变化指标),计量误差达到最大。因此,在本文中,只有在消耗强度变化改善时才使用"效率"一词。

在目前可用于可持续发展绩效计量的框架和指南中,温室气体议定书倡议为可持续发展指标的跨年度比较给予了最为广泛的讨论和指导。温室气体议定书倡议明确要求重新计算基准年度的绝对数量,来反映已发生的结构性变化(例如,收购、资产处置、外包和内包),但它指出在计量消耗强度变化时,几乎不需要进行上述调整,其确实意识到,当规范化作业变量(消耗强度比率的分母)是以美元计价的销售收入时,由于产品价格和产品组合的变化,消耗强度计量结果可能会失真。温室气体议定书倡议指出,在这种情况下进行重新计算是必要的,但是没有就如何进行重新计算提供相应的指导。由于不考虑规范化变量,产品组合的变化将导致效率改善计量结果的严重失真,截至目前,这一事实并未被任何正式的可持续绩效计量指南明确确认。

---

① "Green Rankings 2012:U. S. Companies," Newsweek, October 2012, www.newsweek.com/2012/10/22/newsweek-green-rankings-2012-u-s-500-list.html.

会计行业一直满足于计量与环境和社会活动相关的传统财务成本，但是目前重要的挑战是如何将其会计行业计量和报告的专业技能应用于诸如能源消耗、水资源消耗、废物排放和温室气体排放等非财务要素的计量中来。会计行业拥有计量可持续发展绩效的相关专业知识和技能，如果能够更多地参与到可持续发展绩效的计量和报告中来，将促进可持续发展报告的持续改善，并成为满足公众相关需求的重要信息来源。会计师的技能可能无法直接应用于对非财务要素的实物计量，这是环境工程师和社会科学家的领域，尽管如此，在非财务要素的实物计量领域，管理会计师依然可以把握机遇，将会计的严谨和各项方法应用于实物数据的汇总、分析和报告。利益相关者对企业责任报告的需求清楚地表明，如果会计行业不能将其专业应用扩展到传统财务计量和报告领域之外，就意味着会失去成长的机会，会计行业与利益相关者的需求也会渐行渐远。

会计行业领军组织已经认识到对非财务数据日渐增长的需求带来的挑战和机遇，并呼吁会计行业投身到可持续发展绩效的会计计量和报告中来。[1] 在这方面，百加得有限公司已经运用了精细且实用的管理会计方法来改善可持续发展绩效的计量和报告。

五、研究概览

百加得有限公司，以下简称百加得，是一家总部设在百慕大首府汉密尔顿的私人控股公司，其美国总部位于佛罗里达州珊瑚阁（Coral Gables）。公司拥有 6000 多名员工，在 15 个国家设立了 28 家生产工厂，年营业额超过 44 亿美元。除了百加得品牌外，该公司生产的其他主要烈性酒品牌包括 Dewar's、Grey Goose、Martini、Bombay Sapphire 和 Eristoff。同时，百加得还是饮料行业环境圆桌会议（BIER）的活跃成员之一。该圆桌会议是一家由全球饮料公司和供应商组成的全球联盟组织，致力于保护资源、增加能源效率和减缓气候恶化。自 2009 年以来，百加得是唯一一家世界各地的生产工厂全部通过国际标准化组织 ISO 9001 认证、ISO 14001 认证以及职业、健康和安全管理体系 OH-

---

[1] IMA (Institute of Management Accountants), *Implementing Corporate Environmental Strategies*, Montvale, N. J., 1995, www.imanet.org/docs/default-source/thought_leadership/management_control_systems/implementing_corporate_environmental_strategies.pdf? sfvrsn = 2; IMA, *The Evolution of Accountability – Sustainability Reporting for Accountants*, Montvale, N. J., 2008, www.imanet.org/docs/default-source/research/sma/the-evolution-of-accountability.pdf? sfvrsn = 2; International Federation of Accountants (IFAC), *Environmental Management Accounting*, August 2005, www.ifac.org/publications-resources/international-guidance-document-environmental-management-accounting; and IFAC, *Sustainability Framework* 2.0, March 2011, www.ifac.org/publications-resources/ ifac-sustainability-framework – 20.

SAS 18001 认证的烈性酒公司。

我们的研究基于由北卡罗来纳州立大学会计系教员发起的针对百加得"企业责任倡议"进行的为期 4 年的案例分析。由百加得环境、健康和安全全球总监斯蒂芬·哈维（Stephen Harvey）制定的绩效指标可以计量效率变化。这一创新的绩效计量方法，称为百加得环境可持续发展跟踪法（Bacardi Environmental Sustainability Tracking，BEST 模型），是弹性预算法在环境可持续发展计量和报告领域的直接应用，充分表明了管理会计师可以在可持续发展计量和报告领域发挥重要作用。公司将产品线或业务部门间的消耗强度指标加总来计量整个公司的效率改善指标时会出现失真，而 BEST 模型可以消除这一事项。百加得在 2008 财年企业责任报告[①]中，首次公开披露了这一模型指标的最初版本。2013 年发布的企业责任报告涵盖了水资源利用、能源使用和温室气体排放的 BEST 模型效率指标。[②]

2011 年，由于百加得无法判断是否有任何其他公司在其企业责任报告中使用类似于 BEST 模型的效率指标，因此他们与我们取得联系，要求我们对其计量效率改善的新指标的效果进行独立查验。在看到该计量方法应用弹性预算法对数据进行规范化调整之后，我们立即被其吸引。需要强调的是，了解百加得创新的效率改善计量方法是我们查验其可持续发展计量经验的初衷。为了更深入了解模型的背景，我们最终将研究范围扩展为查验百加得的整体企业责任运作状况。

我们针对百加得运作情况开展的审查包括实地考察；开放式、结构化的访谈；以及查阅公开和内部文件。我们针对每个受访者不同的组织层级和职位描述，精心设计了访谈问题，这些问题得到了北卡罗来纳州立大学机构审查委员会批准。每个受访者的回复都是保密的。一共有 16 名管理人员和普通员工接受了正式的访谈，其中包括首席执行官和其他集团管理人员、区域经理、经理和工厂普通员工。此外，我们还与大量的员工进行非正式的会议和交谈，受访者遍布加拿大、欧洲、拉丁美洲和美国。大多数访谈都是面对面进行的，也有一些是通过视频连线进行的。在本次调研过程中，我们与百加得紧密合作以寻求 BEST 模型指标中可能的改善。

---

① Bacardi Limited，"Corporate Responsibility Report 2008，" 2008，www.bacardilimited.com/corporate-responsibility/about-this-report/ downloads.

② Bacardi Limited，"2013 Corporate Responsibility Report：Our Spirit Is Clear，" 2014，www.bacardilimited.com/Content/uploads/ corporate/responsible/pdf/corp_resp_report_2013.pdf.

六、百加得的企业责任

百加得是世界上最大的朗姆酒酿造商,过去 20 年间急剧扩张,通过收购其他烈性酒公司成为一家产品多元化、业务全球化的企业。这一变化让企业认识到,其客户和其他利益相关者均期望企业能够更加重视管理和报告包括环境可持续发展在内的企业责任绩效。基于此,百加得董事会要求管理层加强对企业责任的管理和报告,并启动了企业责任倡议活动。长期以来,百加得家族和公司与员工和当地社区保持积极互动,这一传统创造了重视企业责任绩效的企业文化。

百加得的目标是成为"烈性酒行业中践行企业责任的一流企业"。过去 10 年中,公司开始设定质量、环境影响、健康和安全的五年规划和年度经营目标。公司在所有分支机构都建立了管理控制系统,设定了用于跟踪可持续发展因素改善的 KPI。对于外部报告,公司选择 2006 财年作为计量的初始基准年度,并于 2008 财年发布了第一份企业责任报告。随后,由于计量范围变化和增加了更具包容性的计量指标,一些 KPI 的基准年度改为 2009 财年和 2010 财年。百加得最新发布的报告符合《联合国全球契约》(United Nations Global Compact)的原则,同时公司遵循全球报告倡议组织发布的《G3 指南》(G3 Guidelines),自行宣布按照 B 级要求进行编制报告。目前公司在官网上发布其企业责任报告。在 2012 财年之前,公司还同时发布了纸质版企业责任报告。

CEO 负责公司的企业责任倡议活动,并每年向董事会汇报。由各职能和业务部门的高级管理人员组成的"企业责任领导团队"(CRLT)制定战略和目标,协调企业责任活动的管理,并负责定期向 CEO 和百加得全球领导团队汇报。最初,企业责任倡议活动的管理围绕五大业务功能进行,即市场;环境、健康和安全;对环境负责的采购;人员;慈善和社区发展。2013 财年,公司将对环境负责的采购活动与环境、健康和安全整合,以便更好地协调和管理上游活动和下游影响。整合后的职能称为"百加得可持续发展计划"(Bacardi Sustainability Program)。全球管理者和专业员工对各项企业责任负责(例如,全球技术总监负责百加得可持续发展计划,而在可持续发展总监负责提供员工支持)。

最初,企业责任管理独立于其他业务管理,但公司正在逐步对业务进行整合以实现将企业责任完全融入核心业务的目标。百加得在 2011 年推出了一个全新的全球绩效管理系统，提供更加强有力的流程和控制，从而将员工绩效、目标设定、人才管理、薪酬、发展与百加得的愿景和价值观统一起来。

目前，所有业务部门和工厂经理都有自己的企业责任 KPI 目标，他们的薪酬与该年度目标的实现情况挂钩。

百加得公司发起了旨在提高员工企业责任倡议参与度的各种活动。2010 年，ONE 百加得计划启动，宣布要将企业责任融入公司文化中。230 名高级管理人员参加了启动仪式，紧接着与全球所有员工沟通了这一盛事。公司还启动了 ONE 百加得内部网络平台，用于定期与员工就企业责任进行沟通。此外，公司还推出了"企业责任周"活动，现在已发展为"企业责任月"活动，以鼓励员工参与志愿者服务，支持公司的慈善和社区互动活动。2012 年，公司开展了全球员工参与度调查，2015 年再开展了一次。

百加得报告详尽程度的显著提高反映了该公司企业责任倡议活动取得的快速进展。相较于 2008 财年发布的 32 页报告，2013 财年公司企业责任报告篇幅增至 173 页。在倡议活动启动之初，用于跟踪可持续发展绩效的数据收集任务是分散化的，并仅限于某些职能部门。例如，可持续发展绩效数据的采集和汇总是以电子表格方式进行的，游离于正常的管理信息系统之外。随着倡议活动的逐步推进，数据采集很快就实现了标准化，一个全新的全球绩效管理系统吸收了可持续发展绩效数据，旨在改善公司范围内的数据汇总和沟通流程。

自倡议活动启动以来，公司所跟踪的 KPI 数量也在迅速增多。2008 财年和 2009 财年，可持续发展绩效计量和目标重点关注公司对环境的直接影响。随后，公司将可持续发展报告范围扩大到对整个价值链上游和下游的影响。

起初，百加得在有限的外部支持下设定了企业责任目标和具体 KPI 目标。2010 年，百加得开始收集有关客户至上的相关信息以为企业责任活动提供指导。2012 年，公司进行了独立的、以一对一访谈方式开展的利益相关者调研，以此制定更加结构化、系统化的方法来设立企业责任的优先级别。

公司将利益相关者的优先级别进行先后排序，并结合管理层对相关事项对业务影响的评估，来确定企业责任改进措施的优先级顺序。市场表现（例如负责任的市场营销、负责任的饮酒和产品责任）被确定为最重要的事项。紧随其后的是直接环境影响以及可持续农业和采购。这些信息有助于更有效地分配管理层的注意力和资源。实现企业责任目标的管理过程也更加侧重于通过制定如何实现 KPI 目标的具体计划来实现。从 2013

年百加得发布的企业责任报告中,我们可以看到其推行的企业责任倡议活动的效果。[①] 自 2006 年以来可持续发展 KPI 的改善详细信息如下:用水总量下降了 54%、水资源利用率提高了 45.1%、不可再生能源效率提高了 25.3%、温室气体总排放量减少了 31.3%,这意味着总体效率提高了 26.4%。

七、百加得发现当前计算可持续发展要素强度(效率)变化的方法会产生失真

之前百加得一直遵循常规操作,报告环境要素的绝对数量和根据作业水平变化的规范化消耗强度指标。当公司开始计量诸如温室气体排放总量和每生产 1 升烈酒的温室气体排放量等 KPI 指标时,他们把汇总的公司整体要素消耗强度值与基准年度整体消耗强度值相比较,很快就发现了计量方法存在问题。一些可持续发展要素计量结果显示,所有业务部门的消耗强度值都比基准年度有所改善(消耗强度有所降低)。然而,针对整个公司进行合并计量时,总消耗强度测算值却有所增加。经过调查,百加得发现其产品组合的变化是计量失真的根源。公司认为在多产品环境下,当产品组合发生变化时,总体消耗强度的变化无法准确计量总效率的变化。基于这样的理解,该公司开发出 BEST 模型来计量可持续发展要素效率的变化。

为了解释为什么比较某个可持续要素总体的消耗强度和其以前期间的总体消耗强度无法提供有意义的效率变化计量,我们设计了两个简单的案例。在这两个案例中,一个假定的公司只计量一项可持续发展要素:能源消耗。该公司生产 A 与 B 两种产品,A 与 B 的总产量一直保持在 200 个单位。在案例 1 中,两个产品的能源消耗强度保持不变。在案例 2 中,产品 A 和产品 B 的能源消耗强度都有所降低(即效率增加)。

案例 1:效率不变前提下的总体绝对数量和消耗强度指标变化计量

基准年度信息:

产品 A:每生产 1 个单位产品 A 需要消耗 1 个单位能源。

[①] Bacardi Limited, "2013 Corporate Responsibility Report: Our Spirit Is Clear," 2014, www.bacardilimited.com/Content/uploads/ corporate/responsible/pdf/corp_resp_report_2013. pdf.

产品 B：每产生 1 个单位产品 B 需要消耗 2 个单位能源。

实际产量：100 个单位产品 A 和 100 个单位产品 B。

在情景 1 中（见表 1），相较于基准年度，第 X 年产品组合从低能源消耗强度的产品 A 转移到了高能源消耗强度的产品 B。即使在 A 或 B 的生产过程中能源消耗强度（效率）没有变化，这也影响了能源消耗的总体绝对数量（增加了 17%）和总体消耗强度指标值（增加 17%）。显而易见，绝对数量的百分比变化和消耗强度的变化两者都不能反映总体层面上效率的实际变化量。总体层面上效率没有变化。值得注意的是，仅在单一产品层面（即单独计量产品 A 或产品 B），消耗强度变化才能准确计量效率的变化。

表1

产品	情景 1					
	基准年度			第 X 年		
	产量	能源消耗	消耗强度	产量	能源消耗	消耗强度
产品 A	100	100	1.0	50	50	1.0
产品 B	100	200	2.0	150	300	2.0
总计	200	300	1.5	200	350	1.75

总能源消耗变化绝对数量	50	
总能源消耗变化绝对数量百分比	17%	=（350－300）/300

消耗强度变化百分比	17%

在情景 2 中（见表 2），假定总产量还保持在 200 个单位，但相对于基准年度，第 Y 年产品组合变化方向相反。产品组合从高能源密集型的产品 B 转向低能源密集型的产品 A。与计量第 X 年一样，虽然在生产 A 或 B 的过程中能源消耗效率没有变化，产品组合的变化影响了总体计量绝对数量（单位能源消耗减少 17%）和总体消耗强度指标值（减少 17%）。

表2

产品	情景2						
	基准年度			第Y年		
	产量	能源消耗	消耗强度	产量	能源消耗	消耗强度
产品A	100	100	1.0	150	150	1.0
产品B	100	200	2.0	50	100	2.0
总计	200	300	1.5	200	250	1.25

总能源消耗变化绝对数量　　　　　　　　　　　　　　－50

总能源消耗变化绝对数量百分比　　　　　　　　　　　－17%　＝－50/300

消耗强度变化百分比　　　　　　　　　　　　　　　　17%

　　　　　　　　　　　　　　　　　　　　　　　　　＝(350－300)/300

这两种情景下，每个单一产品的能源消耗强度都没有变化。因此，能源效率没有变化。但当我们计量总体能源消耗强度变化时，确切地显示，X期期末（情景1）的能源消耗强度更高而Y期期末（情景2）能源消耗强度降低。总体消耗强度的这些变化显然未能计量总体效率的变化，因为产品A或产品B的能源消耗强度效率没有变化。

案例2：包括能源消耗效率变化影响在内的总体绝对数量和能源消耗强度变化计量

在案例2中，两种假设情景中产品A和产品B的产量与案例1相同。在第一种情景下，产品组合从低能源密集型的产品A转移到了高能源密集型的产品B。在第二种情景下，产品结构从高能源密集型的产品B转移到低能源密集型的产品A。此外，在这两种情景下，产品A和产品B的能源消耗强度（效率）分别提高20%和10%。情景1中（见表3），能源消耗总量和能源消耗强度在第R年底都增加了3%。情景2中（见表4），能源消耗总量和能源消耗强度在第S年底下降了30%。然而，很明显的是，这些百分比变化也不能代表总体效率的变化。对于单个产品，产品A（消耗强度从1.0降低到0.8）的消耗强度（效率）提高了20%，而产品B（消耗强度从2.0降低到1.8）提高了10%。因此，我们预期总体效率应该会提高10%~20%。但显然，情景1实际增加了3%而情景2则下降了30%，都超出了我们的预期范围，也就说明第R年和第S年的总体消耗强度变化并不能为总效率的实际变化提供有利于决策的指导。在这两种情景下，产品组合的变化和两种产品的能量消耗强度的变化使结果产生了混淆。

表3

产品	情景1					
	基准年度			第R年		
	产量	能源消耗	消耗强度	产量	能源消耗	消耗强度
产品A	100	100	1.0	50	40	0.8
产品B	100	200	2.0	150	270	1.8
总计	200	300	1.5	200	310	1.55

总能源消耗变化绝对数量	10	
总能源消耗变化绝对数量百分比	3%	= (310 − 300)/300

消耗强度变化百分比	3%	
		= (1.55 − 1.5)/1.5

表4

产品	情景2					
	基准年度			第S年		
	产量	能源消耗	消耗强度	产量	能源消耗	消耗强度
产品A	100	100	1.0	150	120	0.8
产品B	100	200	2.0	50	90	1.8
总计	200	300	1.5	200	210	1.05

总能源消耗变化绝对数量	−90	
总能源消耗变化绝对数量百分比	−30%	= (210 − 300)/300

消耗强度变化百分比	30%	
		= (1.05 − 1.5)/1.5

八、百加得环境可持续发展跟踪（BEST）模型

鉴于目前的可持续发展计量方法无法分离出总体效率变化，百加得的环境、健康与

安全部门的工作人员开始制定自己的方法。该公司最初制定的方法是基于产品层面（例如朗姆酒、苏格兰酒和伏特加酒等）的效率变化加权平均值。在百加得邀请我们共同开展合作之后，我们通过采用管理会计师通用的弹性预算法简化了该公司开发的数学方法。将弹性预算法用于计量可持续发展要素的效率变化的这种应用被称为百加得环境可持续发展跟踪（BEST）模型。（参见案例2.1了解如何使用BEST模型。）

BEST模型不仅改善了对可持续发展要素效率变化的计量，而且还解决了不同业务部门间作业指标不同时（例如，每生产1单位产品产生的碳排放量吨数和每行驶1英里所排放碳吨数）应该如何汇总计量效率的问题。目前的可持续发展报告指南试图通过建议使用收入作为统一作业指标来解决汇总计量的问题。然而收入和可持续发展要素之间的关系非常薄弱，基于收入的可持续发展消耗强度指标实际上很难让人理解。

案例2.1：应用BEST模型

案例2.1表明，应用弹性预算法对计量公司可持续发展要素总体效率变化意义重大。所有实物计量、生产数量和能源消耗强度的数据与案例2相同。

在情景1中（见表5），采用弹性预算法来计算能源消耗量。如果第R年产品A和产品B的能源消耗强度（效率）与基准年度保持一致时，使用"弹性预算能源消耗量"（即，将R年生产的产品A和B的实际数量乘以基准年度能源消耗强度），那么产品A的弹性预算能源消耗为50个单位（50×1.0），而产品B的为300个单位（150×2.0）。BEST模型将第R年的实际能耗除以第R年弹性预算消耗量再乘以100计算出效率指数。以产品A为例，第R年的效率指数为80［(40/50)×100］。这个指数的解释也很直观：R年使用的能量仅为弹性预算数量的80%，表明效率提高了20%。

表5

产品	情景1							
	基准年度			第R年			
	产量	能源消耗	消耗强度	产量	能源消耗	弹性预算	BEST指数
产品A	100	100	1.0	50	40	50	0.8
产品B	100	200	2.0	150	270	300	0.9
总计	200	300	1.5	200	310	350	0.89
总体效率改进							11%
							效率改进

百加得取得的重大突破，就是通过运用弹性预算逻辑对产品线 A 和 B 的能源耗用效率进行汇总。在第 R 年，如果产品 A 和 B 的能量消耗强度与基准年度保持一致，将所消耗的实际能源量（310）与计算出的弹性预算消耗量（350）进行比较，得出总体效率指数为 89［(310/350)×100］，表明能效提高了 11%。这正如我们所直观期望的那样，在产品 A 和 B 效率提高了 10% 至 20% 的幅度范围内，更接近产品 B 的 10% 的效率提高（因为产品 B 产量更高）。情景 2（见表 6）在第 S 年继续应用灵活预算方法。相较于基准年度，总体能效提高了 16%，也就是说在产品 A 和 B 效能提高了 10% 至 20% 的幅度范围内，更接近于产品 A20% 的效能提高（产品 A 产量更高）。

表 6

产品	基准年度			第 S 年			
	产量	能源消耗	消耗强度	产量	能源消耗	弹性预算	BEST 指数
产品 A	100	100	1.0	150	120	150	0.8
产品 B	100	200	2.0	50	90	100	0.9
总计	200	300	1.5	200	210	250	0.84
总体效率改进							16%
							效率改进

九、业务部门间能耗作业指标不同的情景下应用 BEST 模型

BEST 模型的一个重要优势是可以在业务部门间能耗作业计量指标不同的情景下加总效率指数。这解决了在不使用收入作为统一作业指标的情况下，无法将拥有不同能耗作业的多业务部门的能量消耗强度进行加总计量的问题。

在案例 3 中我们假设通过百加得创新的应用弹性预算法，来说明在现实中有多条生产线或多个业务部门的企业应该如何计量可持续发展业绩。在这个案例中，公司正在加总计量六个业务部门的二氧化碳当量（CO_2e）排放量：苏格兰威士忌蒸馏、朗姆酒蒸馏、苏格兰酒装瓶、朗姆酒装瓶、行政办公室和运输。每个业务部门使用不同的计量标准来计量各自的能耗作业水平。

案例 3：BEST 模型：使用弹性预算法来计量公司所有业务单元的可持续发展绩效指标（CO$_2$e 排放量）的总体变化

见表 7。

表 7

项目			基准年度			当前年度		弹性预算	
业务部门	作业指标	作业量	实际 CO$_2$e 排放量	效率比率	作业量	实际 CO$_2$e 排放量	CO$_2$ 排放量	效能指数
朗姆酒蒸馏	千升纯酒精	10500	25200	2.40	17400	42200	41760	101
苏格兰威士忌蒸馏	千升纯酒精	36000	63000	1.75	39900	67325	69825	96
朗姆酒灌装	千箱	7500	3600	0.48	9900	4620	4752	97
苏格兰威士忌灌装	千箱	12000	4800	0.40	12300	5492	4920	112
运输	百万吨	4000	34800	8.70	4500	37240	39150	95
办公室	员工人数	8000	9000	1.13	8200	8947	9225	97
			140400			165824	169632	(98)

产量	实际 CO$_2$e 排放量	强度	产量	实际 CO$_2$e 排放量	强度	强度指数
19500	140400	7.2	22200	165824	7.47	104

对于每个业务部门，我们首先测算情景公司基准年度可持续发展要素 KPI 的实物量与基准年度作业水平之间的关系。在这个例子中，我们测算了基准年度朗姆蒸馏厂的 CO$_2$e 排放，发现酿酒厂生产 10500 千升纯酒精（K-LPA）的同时排放 25200 单位的 CO$_2$e。因此，基准年度每千升纯酒精的排放比率为 2.40 单位 CO$_2$e 排放。当前年度，朗姆酒蒸馏作业的实际水平为 17400 千升纯酒精。当前年度的弹性预算排放量为 41760 单位 CO$_2$e（2.40 单位 × 17400 K-LPA）。这就意味着如果效率没有变化，41760 单位的 CO$_2$e 将是在较高作业水平下的预期排放。情景公司将本年度实际排放的 CO$_2$e（42200 个单位）与弹性预算数量（41760 个单位）进行比较，从会计角度看，440 个 CO$_2$e 排放（42200 − 41360）的差异将作为不利弹性预算差异。BEST 模型进一步扩展分析，将差异转化为指数形式加以体现，当前年度的指数为 101（100 × 42200/41360）。也就是

说,朗姆酒蒸馏厂的 CO_2e 排放效率下降了 1%。同理,将此分析方法运用到其他五个业务部门。

百加得面临的挑战是如何针对作业指标不同的部门(例如,朗姆酒生产的千升纯酒精与行政部门行政工作人员人数)提供有意义的可持续发展 KPI 指标汇总。这需要继续采用弹性预算法来解决。例如,假设相较于基准年度效率并没有提高,本年度弹性预算法预估的 CO_2e 排放总量计为 169632 个单位,这样就取得了所有业务部门预期的排放总量。而当前年度所有业务部门的实际排放总量为 165824 个单位。通过将 165824 除以 169632 并乘以 100 计算出 98 这一指数而得出汇总指数。这一结果我们可以理解为,所有业务部门汇总后,虽然 CO_2e 消耗强度增加 4%,CO_2e 排放量绝对数量从 140400 单位增加到 165824 单位,但 CO_2e 排放量的效率提高了 2%。

BEST 模型消除了将汇总消耗强度的变化作为计量效率变化这一常见实务中的固有误差,并且在计算作业指标不同的业务部门的汇总指数时,能够得出一个有意义的计量指标。

十、修改 BEST 模型以增加可持续发展要素的固定能耗驱动因素和多种变动能耗驱动因素

案例 3 演示了百加得当前计量可持续发展要素 KPI 效率改善的过程。该方法存在的潜在局限性是认为可持续发展 KPI 是完全变动的。这是因为百加得采用的方法源自基于财务报告目的而采用的成本会计方法,该成本会计方法将固定制造成本分摊到单位产品成本中(即所有成本都被视作变动成本)。当假定可持续发展要素与作业直接相关时,如果 KPI 的固定来源成分较高,随着作业水平的增加或减少,当前年度可持续发展 KPI 的预算数量会被高估或低估。预算数量的误差将导致弹性预算法效率计量产生误差。案例 4 采用弹性预算法概念来说明如何调整 BEST 模型,将可持续发展 KPI 的固定和变动驱动因素都纳入其中,从而计算出更为精确的效率变化指标。为了简单起见,案例 4 仅考虑两条生产线,即朗姆酒蒸馏和朗姆酒灌装。在蒸馏和灌装作业中,产量是电力消耗的变动驱动因素。另外,两条生产线都存在通用照明所产生的固定成本。灌装业务部门还存在额外的电力消耗变动驱动因素,即加热、通风和空调(HVAC)。

案例 4：能源消耗的变动和固定来源分析

见表 8。

表 8

项目		基准年度			当前年度		弹性预算	
产品分类	单位	作业量	用电量	效率比率	作业量	用电量	用电量	效率指数
朗姆酒蒸馏——固定驱动因素	千升纯酒精		4000				4000	
朗姆酒蒸馏——生产变动驱动因素	千升纯酒精	30000	53000	1.77	39000		69030	
朗姆酒蒸馏——总计	千升纯酒精		57000			73500	73030	101
朗姆酒罐装——固定驱动因素	千箱		3000				3000	
朗姆酒罐装——生产变动驱动因素	千箱	10000	32000	3.20	15000		48000	
朗姆酒罐装——HAVC 变动驱动因素	HAVC	4000	23000	5.75	5000		28750	
朗姆酒罐装——总计	千箱		58000			72500	79750	91
			115000			146000	152780	95.6
汇总强度			11.50 ←		→ 9.73			
			=（115000/10000）		=（146000/15000）			
			强度降低 15%（11.5 − 9.73）/11.5					

在朗姆酒蒸馏厂，固定驱动因素为 4000 单位电量。朗姆酒蒸馏的变动比率为每千升纯酒精（K-LPA）消耗 1.77 单位电量。当前年度，作业数量增长至 39000K-LPA。将 39000 乘以 1.77 的比率得到变动驱动因素的弹性预算量为 69030。再加上固定消耗 4000，得出弹性预算法耗电总量 73030 单位。而实际用电量增加到 73500 单位，比弹性预算数量 73030 增加 470 单位。由此我们计算出的用电量效率指数为 101，反映出相较于基准年度，效率下降了 1%。

在朗姆酒灌装厂，固定驱动因素为 3000 单位电量。变动比率为每灌装一千箱瓶装酒消耗 3.20 单位电量，以及每单位 HVAC 消耗 5.75 单位电量。当前年度，生产产量增加至 15000 千箱,HVAC 的数量(例如加热天数和冷却天数)增加到 5000。变动部分的弹性预算消耗量分别为 48000 个单位和 28750 单位电量。再加上固定消耗,得到 79750 单位的弹性预算消耗总量。与实际用电量(72500 单位)相比,得出的指数为 91,反映出灌装厂与基准年度相较效率提高了 9%。

朗姆酒蒸馏和灌装的弹性预算耗电量共计 152780 单位,实际耗电量为 146000 单位,这样就计算得出 95.6〔(146000/152780)×100〕的效率指数,该指数说明总效率提高了 4.4%,该提高明显小于总消耗强度 15% 的降低幅度。请注意,效率提高的来源可能是可持续发展要素的固定或变动消耗驱动因素之一,也可能是两者兼而有之。案例 5 将演示如果我们忽略案例 4 中固定驱动因素,分析朗姆酒蒸馏厂耗电量将产生的错误。如果我们错误地把耗电量作为变动驱动因素,效率指数变成 99,明显改善了 1%,而并不像基于固定和可变耗电而计算出来的指数 101 所表明的 1% 的实际效率下降。

案例 5:假设所有能耗可变动,朗姆酒蒸馏能耗分析的错误

见表 9。

表 9

项目		基准年度			当前年度		弹性预算	
产品分类	单位	作业量	用电量	效能比率	作业量	用电量	用电量	效能指数
朗姆酒蒸馏——固定驱动因素	千升纯酒精		4000				4000	
朗姆酒蒸馏——生产变动驱动因素	千升纯酒精	30000	53000	1.77	39000		68900	
朗姆酒蒸馏——总计	千升纯酒精	30000	57000	1.90	39000	73500	74100	99

总的来说,在效率计量中忽略固定驱动因素会产生可预见的偏差。当作业增加时,效率的提高会被高估,而当作业减少时又被低估。如果固定驱动因素相对较小,则偏差将无足轻重。

这些分析表明,除了改善效率变化计量外,对可持续发展要素的固定和变动消耗驱动因素进行单独计量与分析,可以发现更有效地管理这些要素的机会[①]。百加得目前正

[①] 更详细的讨论见 Jon Bartley, Frank Buckless, Y. S. Al Chen, Stephen K. Harvey, D. Scott Showalter, and Gilroy Zuckerman, "Flexible Budgeting Meets Sustainability at Bacardi Limited," *Strategic Finance*, December 2012, pp. 29–34.

在研究其可持续发展的固定和变动驱动因素 KPI，以确定是否需要在 BEST 模型中加以进一步细化。

十一、管理层对 BEST 模型的回应

2009 年，百加得运用 BEST 模型效率指数取代了消耗强度 KPI 的百分比变化。为了确保公布的效率改善计量指标准确反映公司提高总体效率的长期目标，这一改变是必要的。此外，这些指数解决了在有多种作业指标时（例如，每升温室气体排放吨数、每行驶一英里的温室气体排放吨数，以及每人的温室气体吨数）如何汇总计量消耗强度指标的问题。

从 2009 年开始，在区域和全球层面，而不是工厂层面，百加得将新的效率指标纳入管理层绩效评估和薪酬体系。我们也征询了经理们对更复杂的新指标的看法。负责全球、区域或单个工厂的经理们都表示相信 BEST 模型可以充分说明效率的改善，并且纠正以前消耗强度改善指标对效率的曲解。

因为 BEST 模型有助于更为明智的决策、改善绩效评估和薪酬管理，一些工厂经理也表示希望能像公司汇总所有各厂数据那样，在其工厂使用该方法。然而，百加得目前缺乏足够详细的数据以支持单个工厂应用 BEST 模型。

如果单个工厂开展可持续发展要素强度不同的混合作业（例如，多种尺寸的瓶子或同时参与蒸馏生产和管理作业），拟应用 BEST 模型将需要比目前更加详细的要素和经营作业计量指标。比如一家包括了一个大型访客中心和大型行政办公室的生产工厂。如果不能对生产经营、访客中心和行政办公室的作业水平和要素进行单独计量，那么对作业组合变动的调整将毫无可能。百加得尝试在一家工厂引入了 BEST 模型，并对取得详尽的经营作业信息和计量要素信息进行成本效益分析，以期可以将 BEST 模型应用到其他工厂。

虽然绝大多数经理们对 BEST 模型计量指标抱有信心，但是也有极少数经理对详细计算和自身验证计量结果的能力表示怀疑。例如，一些工厂经理指出存在超出其完全控制但又影响其经营效率的特殊情况，他们不确定 BEST 模型指标是否可以根据这些特殊情况进行调整。这一发现强调了让关键员工参与制订新计量指标的重要性，同时也强调了对使用能力指标并基于该指标计量其业绩的关键员工给予充分的培训的重要性。在某种程度上，管理者对 BEST 模型指标的疑虑可能是由于这些数据是由环境、健康和安全

部门制作的电子表格分析得来的,而非来自公司的企业资源规划系统(ERP)。

在最佳实践中,新的业绩指标几乎总能被快速地集成到现有的 ERP 系统中,同时,百加得近期已经完成了数据的集成。该公司定制的环境、健康和安全管理软件中涵盖了可持续发展要素 KPI。这一 ERP 系统组件可以协助工厂层面的数据输入,并且在总公司层面提供了计算 BEST 模型计量数据的自动化集成和报告。新流程既提高了可持续发展报告的及时性,也更好地保证了的数据准确性。

十二、经理和员工对企业可持续发展倡议的回应

根据通过员工调查获得的反馈,百加得在整个公司内部成功地传达了企业责任倡议。这一成功是公司努力地将可持续发展目标与有力沟通、培训和业绩考核相结合的结果。当百加得对所有工厂设定一套统一的新管理实践时,可持续发展管理实践得以充分整合,为管理者和员工采取必要行动以实现公司目标提供更加有力的保障。

在我们的研究访谈中,管理者提到,对于企业责任倡议活动的五大业务职能的接受程度存在地域性差异。欧洲对该倡议活动的总体支持度最高,其次是美国,拉丁美洲和亚洲的支持度最低;即使在各区域内,对于企业责任倡议活动的五大业务职能的支持程度也存在差异。在可持续发展(环境)要素方面,尽管一些欧洲工厂实施能耗改善比较滞后,但总体支持度最高。拉丁美洲的工厂主动实现减少用水、能源消耗和污染,但对企业责任倡议活动的其他要素的支持度偏低。

这些地域性差异并非源自管理层支持度的差异,但该差异一直很高。我们推测,文化差异或国家特定的环境挑战构成一部分原因。研究结果表明,为了适应不同的环境,公司应该在企业内部调整其用以实现可持续发展目标的沟通方式和激励措施。

虽然百加得工厂经理一直支持企业责任倡议活动,但是少数经理对自身是否具有达到现行可持续发展 KPI 的能力提出了保留意见。很明显,管理者的担忧是,他们已经"摘取了低垂的硕果",通过比较容易实现的目标改善了绩效,因此实现进一步的改善可能会更加困难。在实施企业责任倡议活动的前六年间,耗水量减少了近一半,能源消耗量减少了 1/4,温室气体排放量减少了 1/3。

企业责任领导团队制定的 2014 年目标证实了这一现实。例如,公司制定的减少用水量和增加不可再生能源消耗的目标均为 1%。在企业责任倡议活动实施之初,大多数可持续发展要素的年度目标都在 5% 至 10% 的范围内。可持续发展绩效面临很多低成本

改进的机会，在绝对数量和 BEST 模型效率指标的计量上也很容易实现总体目标。随着效率的提高，增量改进变得更具挑战性，工厂经理对于实现目标所面临的困难感到担忧。这就导致个体工厂经理和总公司管理层之间对于可持续发展 KPI 目标进行的协商变得更加困难。

此外，我们所做的访谈显示，在资本投资预算编制的过程中，对是否将可持续发展支出列为优先事项缺乏一致性。工厂经理的普遍看法是，资本预算过程没有为实现可持续发展目标所需的投资水平提供足够的预算。他们的担忧变得越发尖锐，因为大多数可以带来巨额成本节约的可持续发展项目已经完成，而剩下的都是那些在标准投资回报分析中表现不佳的项目。

工厂经理对资本预算过程的担忧与上层管理层支持较长投资回收期的可持续发展项目并表示分配充足资金形成了对比。由于百加得在资本预算过程中严重依赖投资回报分析，所以分析可持续投资非常困难。尽管公司鼓励管理者提交投资回收期比其他项目长得多的可持续发展项目，但是在权衡回收期长的可持续发展项目和公司的财务业绩目标之间并没有一个统一的标准。

因为很难估算可持续发展绩效改进后的财务收益，也因为很难平衡非财务收益与财务收益和成本，对于如何更好地对可持续发展项目做出资本投资预算决策，对所有公司而言都是一大挑战。这些问题也引发了基于投资回收期或现值计算的资本投资预算分析是否适合大多数可持续发展项目的疑问。许多公司都在为对可持续发展资本项目进行选择排序而挣扎。一些企业对所有项目使用相同的标准，而其他企业则延长了可持续发展项目的投资回收期，实践中存在较大的差异。

为了解决平衡资本预算与可持续发展改善目标的挑战，百加得采用了设定 1%～2% 的年度改进目标的做法，这些目标不因工厂而异。在总公司层面，针对每个可持续发展要素跨年度的改善，则采用了明显较高的总目标。例如，其 2017 年温室气体排放量的目标是较 2006 年的基准减少 50%。

公司期望工厂经理通过不需要大量资本投资的业务增量改善来实现 1%～2% 的改善目标。为了在公司层面实现更高的跨年度目标，要确定可以大幅改进特定可持续发展 KPI 的重要项目，并且在资本投资预算中批准必要的投资。选择具体的可持续发展项目则是基于公司层面对每个项目提高可持续发展绩效潜力的分析。这有助于可持续发展 KPI 的增量改善投资收益的最大化。虽然新的流程可以促进更明智的决策，但可持续发展绩效和财务业绩之间的紧张关系仍未缓解。

十三、会计人员参与企业责任报告

为了满足利益相关者对披露更多社会和环境绩效的更高需求,包含可持续发展绩效数据的企业责任报告正迅速成为一种约定俗成的要求。虽然社会科学家和环境工程师有计量社会责任和环境绩效的必要专业知识,但管理会计师的职能不仅仅是计算成本,而是有机会在企业责任报告中发挥更加重要的作用。一些专业组织,如 IMA 和美国注册会计师协会(AICPA)注意到了这个机会,并鼓励会计专业人士更多地参与企业责任报告的编制。[①] 然而,执业会计师并没有对这个新兴领域表示出多少兴趣,因此,会计行业也将面临与利益相关者的相关性下降的风险。

百加得革新地将弹性预算概念应用于可持续发展要素的实物计量,如水和电力消耗与温室气体排放。百加得开发了这种计量方法,纠正公司在其可持续发展要素的效率改善计量中发现的重大错误。这些错误是由于公司产品组合发生巨大变化带来的,即使公司采用了全球公认的计量可持续发展效率变化的方法,这些错误依然无法避免。

百加得环境、健康和安全部门的工作人员在没有会计人员协助的情况下,通过反复试错,制定了解决方案。我们的研究团队成员意识到,百加得效率提高计量代表了弹性预算法概念的革新应用,并能够协助改善 BEST 模型。

BEST 模型纠正了全球领先的可持续发展组织发布的指南中存在的计量误差,这些误差可能存在于几乎每个公司报告的效率改善计量指标中。因此,BEST 模型的产生和应用是可持续发展报告向前迈出的重要一步。如果管理会计师尽早参与到可持续发展计量和报告中来,就可以避免有缺陷的计量方法被广泛地使用。

随着企业责任报告数量的快速增长,管理会计师将有更多的机会采用完善的会计方法。例如,BEST 模型可以用于激励和评价整个价值链的效率改善、用于扩展外包决策中应考虑的因素以及评估收购和资产剥离。如今,会计师面临的挑战是如何参与到可持续发展组织中,与正在制定和处理企业责任绩效数据的公司员工合作,把我们的专业知识和严谨精神应用到非财务绩效数据的汇总、分析和报告中去。

[①] American Institute of Certified Public Accountants (AICPA), Sustainability Reporting and Assurance website, www.aicpa.org/interestareas/businessindustryandgovernment/resources/sustainability/pages/sustainability% 20accounting,% 20reporting,% 20assurance% 20and% 20other% 20services.aspx.

参 考 文 献

AccountAbility, AA1000 *AccountAbility Principles Standard* 2008, 2008, www. accountability. org/standards/aa1000aps. html.

AccountAbility, "Leading in a 'Material World' —The Sustainability Outlook 2013 Survey," February 2013, www. accountability. org/about-us/news/accountability-1/leading-in-a-material-world. html.

American Institute of Certified Public Accountants (AICPA), *The Measurement of CorporateSocial Performance*, New York, N. Y. , AICPA, 1977.

American Institute of Certified Public Accountants (AICPA), Sustainability Reporting and Assurance website, www. aicpa. org/interestareas/businessindustryandgovernment/resources/sustainability/pages/sustainability% 20accounting,% 20reporting,% 20assurance% 20and% 20other% 20services. aspx.

Bacardi Limited, "Corporate Responsibility Report 2008," 2008, www. bacardilimited. com/ corporate-responsibility/about-thisreport/downloads.

Bacardi Limited, "2013 Corporate Responsibility Report: Our Spirit Is Clear," 2014, www. bacardilimited. com/Content/uploads/corporate/responsible/pdf/corp_resp_report_2013. pdf.

Jon Bartley, Frank Buckless, Y. S. Al Chen, Stephen K. Harvey, D. Scott Showalter, and Gilroy Zuckerman, "Flexible Budgeting Meets Sustainability at Bacardi Limited," *Strategic Finance*, December 2012, pp. 29 – 34.

R. A. Bauer and D. H. Fenn, Jr. , "What Is a Corporate Social Audit?" *Harvard Business Review*, January/February 1973, pp. 42 – 43.

Hank Boerner, "Flash Report: 72% of S&P 500 Companies Now Publishing Sustainability/ Responsibility Reports," Governance & Accountability Institute, June 2014, http://ga-institute. com/Sustainability-Update/2014/06/03/flash-report-72-ofsp-500-companies-now-publishing-sustainability-responsibility-reports.

Carbon Disclosure Project, "Strategic plan 2014 – 16," 2014, www. cdp. net/Documents/CDP-strategic-plan-2014 – 2016. pdf.

Carbon Trust, "Footprint Measurement," www. carbontrust. com/client-services/footprinting/footprint-measurement.

John Elkington, "Towards Sustainable Corporation: Win-win Business Strategies for Sustainable Development," *California Management Review*, Winter 1994.

Mark J. Epstein, Adriana Rejc Buhovac, and Kristi Yuthas, "Managing Social, Environmental, and Financial Performance Simultaneously: What Can We Learn From Corporate Best Practices?" IMA (Institute of Management Accountants), Montvale, N. J., 2009.

The Greenhouse Gas (GHG) Protocol, Corporate Accounting and Reporting Standard (revisededition), World Business Council for Sustainable Development and World Resources Institute, 2014, www. ghgprotocol. org/files/ghgp/public/ghg-protocolrevised. pdf.

"Green Rankings 2012: U. S. Companies," Newsweek, October 2012, www. newsweek. com/2012/10/22/newsweek-greenrankings-2012-u-s-500-list. html.

Global Reporting Initiative (GRI), *G4 Sustainability Reporting Guidelines*, 2013, www. globalreporting. org/reporting/g4/Pages/default. aspx.

IMA (Institute of Management Accountants), *Implementing Corporate Environmental Strategies*, Montvale, N. J., 1995, www. imanet. org/docs/default-source/thought _ leadership/management _ control _ systems/implementing _ corporate _ environmental _ strategies. pdf? sfvrsn = 2.

IMA (Institute of Management Accountants), *The Evolution of Accountability—Sustainability Reporting for Accountants*, Montvale, N. J., 2008, www. imanet. org/docs/default-source/research/sma/the-evolution-of-accountability. pdf? sfvrsn = 2.

International Federation of Accountants (IFAC), *Environmental Management Accounting*, August 2005, www. ifac. org/publications-resources/international-guidance-document-environmental-management-accounting.

International Federation of Accountants (IFAC), *Sustainability Framework* 2. 0, March 2011, www. ifac. org/publications-resources/ifac-sustainability-framework – 20.

International Integrated Reporting Council (IIRC), *The International <IR> ramework*, December 2013, www. theiirc. org/wp-content/uploads/2013/12/13-12-08-THE-INTERNATIONAL-IR-FRAMEWORK-2 – 1. pdf.

Robert S. Kaplan and David P. Norton, "The Balanced Scorecard—Measures that Drive Performance," *Harvard Business Review*, January/February 1992.

SASB (Sustainability Accounting Standards Board), *Conceptual Framework of the Sustainability Accounting Standards Board*, October 2013, www. sasb. org/wp-content/uploads/2013/10/SASB-Conceptual-Framework-Final-Formatted-10 – 22 – 13. pdf.

SEC (Securities & Exchange Commission), *Commission Guidance Regarding Disclosure Related to Climate Change*, February 2010, www. sec. gov/rules/interp/2010/33 – 9106. pdf.

Sustainable Stock Exchanges (SSE), "About the SSE," 2009, www. sseinitiative. org/about.

United Nations, *Report of the World Commission on Environment and Development: Our Common Future*, March 1987, www. un-documents. net/our-common-future. pdf.

United Nations, "Global Compact: Communication of Progress, March 2013-March 2014," 2014, www. unglobalcompact. org/COP/index. html.

World Business Council for Sustainable Development and the International Finance Corporation, *Measuring Impact Framework Methodology: Understanding the Business Contribution to Society*, April 2008, www. wbcsd. org/pages/edocument/edocument details. aspx? id = 205&nosearchcontext key = true.

评论

创新企业环境责任评价

——评《弹性预算在可持续发展绩效计量中的应用》

江百灵

本篇公告是美国一所大学的教授们的一篇研究报告。几位教授们跟踪研究百加得公司如何利用弹性预算的方法，探索如何科学测算企业对自然环境的影响（如二氧化碳排放、电力消耗等）。

一、可持续发展及其绩效评估

企业想要获得持续性发展，就必须协调统一社会、经济、生态的可持续性发展目标。对于企业来说，环境责任是一个重大而又不可回避的问题，因此，通过对企业的环境责任进行分析计量，在评价企业总体社会责任的同时，建立行之有效的企业环境责任评价体系，使得企业环境责任的履行行为能够定量的显现出来，将有利于各方对企业社会责任的监督，也有利于企业自身履行环境责任。对企业的环境责任进行评价，可将企业在生产经营过程中在承担环境责任方面做得好或不好的方面直观、公正地对外公布，有利于增强政府对企业的监控，增强社会公众对企业的了解，规范企业自身行为，因此具有重要的意义。

企业可持续发展的努力成果（即绩效）如何计量和披露，是一个复杂的问题，许多组织和个人都对此进行了研究。

理论与实务中，"可持续性"和"企业社会责任"两个术语往往交换使用，广泛地指代环境、社会和经济绩效（即"三重底线"概念）。

本篇公告中，"可持续性"是指企业对自然环境的影响。

会计学术界有人主张通过使用平衡计分卡和三重底线报告，更多地参与环境和社会责任绩效计量，但实务中会计师却很少参与，环境、工程和社会领域的专业人员成为对可持续发展绩效评估制定必要的计量和报告框架的主力军。

企业通常披露可持续发展要素（如消耗的水、电，排放的二氧化碳等）的绝对数量指标，因为这可以反映企业活动对环境生态系统的直接影响。此外，企业往往还披露消耗强度指标（如每万元收入消耗的电力、每吨货物消耗的水、每件新产品排放的二氧化碳等）。公司通常制定年度和跨年度环境改善目标，将每个可持续发展要素的本年业绩与基准年度进行比较。重要的可持续发展要素通常同时使用绝对数量指标和消耗强度指标来进行计量。

二、可持续发展绩效评估中存在的问题

传统的可持续发展绩效评估中，无论是能源总消耗量还是消耗强度的变化指标，都存在不科学甚至矛盾之处。表1中的例子可以清晰地表明这一点。

表1 　　　　　　　　　　　　　　　　能源消耗情况比较

产品	上年度			本年度 – 情景1			本年度 – 情景2		
	产量	能源消耗	消耗强度	产量	能源消耗	消耗强度	产量	能源消耗	消耗强度
产品A	100	100	1.0	50	50	1.0	150	150	1.0
产品B	100	200	2.0	150	300	2.0	50	100	2.0
总计	200	300	1.5	200	350	1.75	200	250	1.25
总能源消耗变化绝对数量				50			−50		
总能源消耗变化绝对数量百分比				17% = (350 − 300)/300			−17% = (250 − 300)/300		
消耗强度变化百分比				17% = (1.75 − 1.5)/1.5			−17% = (1.25 − 1.5)/1.5		

比较情景1和情景2：

从绝对量分析，情景1下能源消耗量增加了，情景2下能源消耗量减少了。但因为每种产品的产量有变化，所以并不能直接得出可持续发展绩效下降的结论。

再从相对数能源消耗强度的变化来分析：产品A和产品B的能源消耗强度都没有变化，因此，能源效率没有变化。但当我们计量总体能源消耗强度变化时，却发现：情景1的能源消耗强度上升而情景2的能源消耗强度降低了，即情景1下能源效率下降了，情景2下的能源效率提高了。总体消耗强度的这些变化显然未能真实地计量总体能源效率的变化，因为产品A和产品B的能源消耗强度（或效率）并没有变化。

每种产品的能源消耗强度没有变化,情景 1 和情景 2 的计量得出了矛盾的结论。如何解决这一问题呢?Bacardi 公司利用弹性预算的方法作出了卓有成效的探索。

三、弹性预算的原理

弹性预算法(flexible budget)是在变动成本法的基础上,以未来不同业务量水平为基础编制预算的方法。弹性预算能适应多种业务量水平的费用预算,以便分别反映在不同业务量下所对应开支(或取得)的费用(或利润)水平。弹性预算是与固定预算相对的概念。固定预算(fixed budget)是以单一工作量水平为基础编制的预算,尽管在预算执行过程中业务量水平不同,通常不会随业务量的变动而调整。表 2 中的例子对固定预算与弹性预算进行了比较。

表 2   固定预算与弹性预算比较

固定预算				弹性预算(材料成本 Y = 5X)			
项目	预算	实际	差异	项目	预算	实际	差异
生产量	500 件	800 件	300 件	生产量	800 件	800 件	0
材料成本	2500 元	4200 元	1700 元	材料成本	4000 元	4200 元	200 元
材料成本上升了 1700 元				材料成本上升了 200 元			

表 2 中,预算数和实际数在两种方法下分别相同,但计算的差异却不同。固定预算法下,产量增加了,材料成本相应增加,这是完全合理的。我们不认为 1700 元不利差异这个数字有实际意义。

与之相比,弹性预算方法下,材料成本超支 200 元,是能说明问题的。

四、公告采用的 BEST 方法的优越性

本篇公告依据弹性预算的原理,引入 BEST 模型(即 Bacardi Environmental Sustainability Tracking Model)计算得到 BEST 指数。比较表 3、表 4 中的例子,可以直观看到 BEST 方法的优越性。

表3

产品	上年度 产量	上年度 能源消耗	上年度 消耗强度	本年度 产量	本年度 能源消耗	本年度 消耗强度	能源效率
产品 A	100	100	1.0	50	40	0.8	上升
产品 B	100	200	2.0	150	270	1.8	上升
总计	200	300	1.5	200	310	1.55	下降

总能源消耗变化绝对数量 10

总能源消耗变化绝对数量百分比　3% =（310－300）/300

消耗强度变化百分比　3% =（1.55－1.5）/1.5

表3中，产品 A 和产品 B 的消耗强度均有所降低，但总体消耗强度反而上升了 3%，这显然不能正确体现能源效率的变化情况。如何解决这一问题呢？Bacardi 公司采用 BEST 方法从而得出完全不同的结论。

表4

产品	上年度 产量	上年度 能源消耗	上年度 消耗强度	本年度 产量	本年度 能源消耗	本年度 弹性预算	BEST 指数
产品 A	100	100	1.0	50	40	50	0.8
产品 B	100	200	2.0	150	270	300	0.9
总计	200	300	1.5	200	310	350	0.89

总体效率改进 11%

表4中产量、能源消耗与表3相同。对产品 A 采用弹性预算方法，计算出弹性预算为 $50 \times 1.0 = 50$，BEST 指数为 $40/50 \times 100\% = 0.8$，能源消耗强度下降，能源效率上升。总体 BEST 指数为 0.89，即总体效率提升了 11%。对比表4与表3的结论，显然，表4中每种产品的效率均有所提升，总体效率也有所提升，这样的结论更科学合理。

此外，还可以根据成本习性，将成本划分为固定成本与变动成本，而表4中默认所有成本都是变动成本，这在理论与实务中均存在不合理之处。如果进一步将成本划分为固定成本与变动成本，表4中的结论可能又得改写，合理性会进一步提高。

五、总结

本篇公告创造性地采用弹性预算方法计量可持续发展的绩效，BEST 模型大大改善了绩效评估方法和薪酬管理，有助于公司决策。弹性预算方法还可以应用于敏感性分析、保本点的计算等。如果百加得公司在此方面进一步进行探索，也许带来更加让人惊异的成果。

会计行业一直满足于计量与环境和社会活动相关的传统财务成本，但是目前重要的挑战是如何将其专业技能应用于诸如能源消耗、水资源消耗、废物排放和温室气体排放等非财务要素的计量中来。

会计师的技能可能无法直接应用于对非财务要素的实物计量，这是环境工程师和社会科学家的领域。尽管如此，在非财务要素的实物计量领域，会计师依然可以把握机遇，将会计的严谨和方法论应用于实物数据的汇总、分析和报告。利益相关者对企业责任报告的需求清楚地表明，如果会计行业不能将其专业应用扩展到传统财务计量和报告领域之外，就意味着会失去成长的机会，会计行业与利益相关者的需求也会渐行渐远。

会计行业拥有着可持续发展绩效计量可用的相关专业知识和技能，如果能够更多地参与到可持续发展绩效的计量和报告中来，将促进可持续发展报告的持续改善，并成为满足公众相关需求的重要信息来源。

百加得公司也存在着一些会计师们无法克服的问题。因为很难估算可持续发展绩效改进后的财务收益，也因为很难平衡非财务收益与财务收益和成本，对于如何更好地对可持续发展项目做出资本投资预算决策，对所有公司而言都是一大挑战。这些问题也引发了基于投资回收期或现值计算的资本投资预算分析是否适合大多数可持续发展项目的疑问。对此，广大会计师们同样可以去探索。